社会心理服务体系建设丛书

社会心理服务体系建设

闫洪丰 等 编著

人民邮电出版社
北 京

图书在版编目（CIP）数据

社会心理服务体系建设. 理论方法篇 / 闫洪丰等编
著. -- 北京 : 人民邮电出版社，2023.12
ISBN 978-7-115-62745-2

Ⅰ. ①社… Ⅱ. ①闫… Ⅲ. ①社会心理学－心理咨询
－咨询服务－政策－研究－中国 Ⅳ. ①C912.6-0

中国国家版本馆CIP数据核字(2023)第175557号

内 容 提 要

社会心理服务体系建设是党中央提出的一项重要战略部署，经过三年试点，目前在全国范围内得到普遍推开。它面向个体、群体、社会提供多元化的社会心理服务，并逐步融入社会治理和精神文明建设，融入健康中国、平安中国、幸福中国建设，在实现社会安定和谐进步中发挥重要作用。

本书阐述了社会心理服务工作胜任力的基础和核心，即社会心理服务工作者在实际工作中需要学习、掌握并融合运用的有关社会治理、心理工作、社会工作的基本知识、方法和技术。在此基础上，本书针对面向个体、各类群体及全社会和全人群的社会心理服务方向，提出了社会心理服务体系中独有的、创新的、具有中国特色的工作方法和模式。

本书可供各级政府部门、企事业单位、社会组织、社会心理服务机构等社会心理服务体系建设相关从业人员及心理工作者、社会工作者参阅。

◆编　　著　闫洪丰　等
　　责任编辑　黄海娜
　　责任印制　彭志环

◆人民邮电出版社出版发行　　北京市丰台区成寿寺路 11 号
　　邮编　100164　　电子邮件　315@ptpress.com.cn
　　网址　https://www.ptpress.com.cn
　　固安县铭成印刷有限公司印刷

◆开本：787×1092　1/16
　　印张：21　　　　　　　　　　　　2023 年 12 月第 1 版
　　字数：370 千字　　　　　　　　 2025 年 1 月河北第 3 次印刷

定　价：89.00 元

读者服务热线：（010）81055656　印装质量热线：（010）81055316
反盗版热线：（010）81055315

广告经营许可证：京东市监广登字 20170147 号

专家指导委员会

编委会

总　序

党的二十大报告指出，从现在起，中国共产党的中心任务就是团结带领全国各族人民全面建成社会主义现代化强国、实现第二个百年奋斗目标，以中国式现代化全面推进中华民族伟大复兴。自党中央提出加强社会心理服务体系建设以来，为贯彻落实党中央的决策部署，2018年全国社会心理服务体系建设试点工作拉开帷幕，各地积极响应、有序推进。除国家试点地区外，不少省份开展省级试点，很多地区自行探索推进，我国社会心理服务体系建设呈现出蓬勃发展的大好局面，成为中国式现代化进程中一颗璀璨的明珠。

随着全国社会心理服务体系建设迈向高质量发展阶段，此时系统总结全国社会心理服务体系建设试点工作以来的理论与实践经验恰逢其时。习近平总书记多次指出，加快构建中国特色哲学社会科学，归根结底是建构中国自主的知识体系，要按照立足中国、借鉴国外，挖掘历史、把握当代，关怀人类、面向未来的思路，着力构建中国特色哲学社会科学，在指导思想、学科体系、学术体系、话语体系等方面充分体现中国特色、中国风格、中国气派。这为我们建构中国自主社会心理服务理论体系、助力中国特色哲学社会科学体系建设指明了方向。应该说，新时代中国特色社会心理服务体系建设是基于中国国情和文化，在政策规范引领下，运用心理学、社会工作等学科的理论与方法，积极主动预防和解决个体、群体与社会层面的各类问题，提升社会治理效能和民众幸福感，形成全方位、全周期、多元化的社会支持系统。由此可以看出，面向中国式现代化的社会心理服务体系建设必须坚持"顶天立地，四面八方"的基本原则："顶天"即在政策规范引领下，坚持政治性与人民性；"立地"指立足于中国具体实际，坚持实践性与服务性；"四面"指在国情和文化的基础上融合心理学、社会工作、社会治理等理论、技术和方法，坚持科学性与融合性；"八方"即打造以人民为中心，覆盖自我、家庭、亲朋邻里与同学同事、社区（村）与组织（单位）、专业机构与行业组织、政府与法治、社会与文化、生态环境的八层社会支持系统，坚持目标性与系统性。

面向中国式现代化的社会心理服务体系建设核心要义可以用一副对联集中呈现，上联是"一心二合三兼顾"，下联是"四讲五要六内容"，横批是"七方八圆"。具体而言，"一心"是指以人民为中心，提供全方位社会支持；以人民为中心，全心全意为人民服务。"二合"是指两结合，一是和中国具体实际、中华优秀传统文化相结合，二是问题导向和系统观念相结合。"三兼顾"是在具体开展社会心理服务的过程中要兼顾事前、事中、事后，微观、中观、宏观，全体人群、心理亚健康人群、特殊重点人群，微观心理学、中观社会工作、宏观社会治理，防治疾病、维护健康、提升素质，化解社会矛盾、维护社会稳定、提高社会文明。"四讲"是指讲政治、讲科学、讲系统、讲实效，其中讲系统是指社会心理服务体系建设的四大系统，包括教育系统、机关和企事业单位系统、医疗卫生系统、基层社区及农村系统，讲政治、讲科学、讲实效是四大系统建设的要求。"五要"是指人、财、物、机构、机制五大要素，"六内容"是指社会心理服务科普宣传教育体系、测评体系、教育培训体系、咨询服务体系、危机干预与管理体系、保障与评估体系，也指"党委领导、政府负责、部门联动、社会参与、专业支持、群众受益"的长效工作机制。最后，"七方八圆"中的"七方"是指社会心理服务人才队伍培养的七大模块，要融合心理工作、社会工作、社会治理三大基础模块，同时注重根植于中国国情和文化，在政策规范、文化特色、运营服务三大提升模块之上落脚到最后的实践模块，发挥有益效果；"八圆"是指构筑"自我支持－家庭支持－亲朋邻里与同学同事支持－社区（村）与组织（单位）支持－专业机构与行业组织支持－政府与法治支持－社会与文化支持－生态环境支持"的八层全周期社会心理服务支持链。

总而言之，社会心理服务体系建设是对全社会、全人群和各领域、各组织进行赋能，以实现更系统的思维方式、更科学的管理方式、更优化的工作模式、更幸福的生活方式，从而构筑完善的社会支持系统。让我们携手并肩系统性地解决当下民众面临的各类心理问题，让我们共同努力为全体国民的健康、平安与幸福提供全方位、多层次、多元化的社会支持贡献智慧与力量，使每一个人都能成为一个顶天立地、获得四面八方社会支持的快乐而幸福的中国人！

前　言

　　为认真贯彻落实党的十八大以来党中央关于"加强社会心理服务体系建设，培育自尊自信、理性平和、积极向上的社会心态"的各项决策精神，回顾和总结全国社会心理服务体系建设试点经验，并为接下来社会心理服务体系在新时代的新发展提供参考和指导，特编撰"社会心理服务体系建设丛书"。本丛书以助力实现健康中国、平安中国和幸福中国建设，推进社会治理体系和治理能力现代化为目标，重在解决我国当下广大民众呈现的各类社会心理心态问题。本丛书遵循"融合、创新、服务、发展"的系统观念，共分为四大板块：政策概念篇、理论方法篇、实践应用篇及服务案例篇，强调以政策为指导，以理论方法为抓手，以实践服务为目的，政策、理论方法与实践服务融会贯通的总体思路。本丛书主要依托试点地区社会心理服务体系建设经验并加以提炼，尝试总结和探索社会治理及建设健康、平安和幸福社会的理论、方法与应用模式，以期引领中国社会心理服务体系建设的未来发展。

　　习近平总书记加快构建中国特色哲学社会科学的指导精神和重要论断为建设彰显中国特色、中国风格和中国气派的社会心理服务体系和自主知识体系指明了方向。掌握科学的理论理念和有效的方法技能对稳步规范推进面向中国式现代化的社会心理服务体系建设至关重要。科学、高效地开展社会心理服务工作，仅仅依靠单一学科是不够的，需要容纳和整合包括心理学、社会工作、社会治理等多学科领域在内的理论与实证研究成果，以及实践技能和方法。结合社会心理服务人才培养的"3+3+1"（三叶草模型），开展社会心理服务工作离不开"三基础＋三提升＋一实践"的内容：第一个"3"是指社会心理服务工作所必备的基本知识、方法和技术，是社会心理服务工作胜任力的基础和核心，包括社会治理、心理工作、社会工作三个方面；第二个"3"是指社会心理服务体系中独有的、创新的、具有中国特色的工作方法和模式，围绕社会心理服务工作者的创新工作能力和综合素质的提升，包括政策与规范、文化与特色、运营与服务三个方面；最后的"1"是指案例学习和实践操作。

本书聚焦于社会心理服务工作者在实际的实践服务中需要学习、掌握并运用的基础理论、实操方法和技术。具体来说，本书将集中介绍与社会治理、心理工作和社会工作三大基础模块对应的专业理论和方法，以及社会心理服务工作伦理规范的内容。

目 录

第一章

绪论

第一节 社会心理服务体系：兼顾健康、平安和幸福中国

党的十八大以来，以习近平同志为核心的党中央高瞻远瞩，高度重视社会心理服务体系建设并不断创新推进、丰富发展，尤其在三年建设试点工作结束后，我国社会心理服务体系建设呈现星火燎原、蓬勃发展之势。为进一步推动和落实党中央的战略部署，我们必须准确地把握社会心理服务体系的内涵要点和建设目标，积极推进健康中国、平安中国和幸福中国建设。

近年来，各类心理和心态问题的发生率持续攀升，其影响早已不再局限于个体心理健康层面，而与社会安全稳定、人民群众主观幸福感等交织、叠加的特点日益凸显，愈发影响社会平安、文明及国家稳定发展。目前，个人心理和社会心态问题成为全国各地区保障、改善民生和优化社会治理普遍面临的挑战：一方面，民众出现常见心理行为问题及精神障碍的人数逐年增多，重大群体性心理危机事件和精神障碍患者肇事案（事）件也偶有发生；另一方面，由心理和心态问题引发的个人极端事件持续出现，对群众生命财产安全和社会稳定造成了威胁。如何及早识别、预防和干预个人身心健康、群体心理失衡和社会心态走偏问题，如何防范和化解个人、群体心理危机与社会风险，是全国及各地区社会治理、卫生健康和学校教育等各政府部门工作的重点和难点。

尽管社会心理服务体系建设在试点工作的扎实推进下取得了阶段性成效，但仍存在核心要点认识不清、机制模式运行不畅、人才培养方式不明、服务质量效果不佳等问题。在这些问题中，认识不清最为关键，认识不清则方向不对，方向不对则进展不顺。由于对社会心理服务体系的本质和建设目标理解不够，一些地区有关部门、组织机构及从业人员错将社会心理服务等同于心理健康服务，甚至认为其就是看病、治病的，因而将其认定为卫生健康部门的工作范畴，没有充分意识到社会心理服务体系对健康中国、平安中国和幸福中国建设的重要意义。

要真正实现国家长治久安，促进"从心之治"稳步发展，我们急需深入推动和完善社会心理服务体系建设，全面加深对社会心理服务体系的理解：社会心理服务体系建设是全心全意为人民服务在新时代的集中体现和重要抓手，体系建设的目标

是建成以人民为中心的全方位、全周期、多元化社会支持系统，旨在提高人民群众的身心健康和社会治理现代化水平，推动实现健康中国、平安中国和幸福中国。因而，社会心理服务包括但绝不限于聚焦部分个人心理问题的传统心理健康服务，它是面向全社会、全人群、全领域的系统性专业助人服务和普惠性民生工程，关心、关注和关乎个体、群体和社会的健康、平安和幸福。

综上所述，新时代中国特色社会心理服务体系建设必须平衡兼顾健康中国、平安中国和幸福中国建设。其中，健康中国是基础，平安中国是保障，幸福中国是目的。首先，健康中国是基础：社会心理服务体系建设的首要任务是为人民群众的身心健康保驾护航，注重提升民众身心素质、减少身心疾病和问题的产生，促进个体和群体身心健康及社会心态平和。其次，平安中国是保障：社会心理服务体系不仅要保障个体和群体的身心健康，更要防范和化解社会风险，强化社会治理和推进社会和谐，保障个人和公共安全及社会安定和谐。最后，社会心理服务体系建设的最终目标是幸福中国，满足人民群众多元需求，加强精神文明建设，助推人民物质和精神生活共同富裕，不断实现人民对美好生活的向往！

第二节　社会心理服务工作：融合心理工作、社会工作及社会治理

当前中国社会的主要矛盾是人民日益增长的美好生活需要和不平衡不充分的发展之间的矛盾。具体而言，中国社会正面临攸关人民群众心理和心态健康、社会安宁和谐、国家稳定发展的诸多困难和挑战。民众心理行为问题和精神疾病的发生率不断攀升，个人或群体性心理危机事件出现的频次也较此前有所增加，由心理和心态问题诱发的造成公共秩序混乱或危及公共安全的极端事件也不时发生。导致上述心理和心态问题产生的原因大多不是单一的，而是包括生物、心理和社会等在内的诸多因素综合作用的结果。因而，问题的解决不能一概而论，也无法一蹴而就，更不是仅从单一角度和维度切入或单凭某一学科就能全面实现的。针对社会心理和心态问题，我们应该基于系统思维，从多视角、多维度、多方面统筹考虑，整合多学

科、多专业、多领域的理论方法，寻求全方位、全链条、多元化的解决方案。

社会心理服务体系建设注重问题导向、目标导向，通过与中国的实际情况和中华优秀传统文化相结合，融合心理工作、社会工作和社会治理，开展综合性服务实践，致力于解决人民群众在生产、生活中遇到的实际问题。社会心理服务体系建设的目标是建立以人民为中心，以中国国情与文化为基础，完善全方位、全周期、多元化的社会支持系统，提升人民群众身心健康水平，助力国家治理体系和治理能力现代化，推进健康中国、平安中国和幸福中国建设的社会心理服务共同体。如前所述，社会心理服务体系建设要解决新时代中国社会的各类心理和心态问题，要兼顾健康中国、平安中国和幸福中国建设，这必然要求社会心理服务工作是一项兼具专业性、交叉性及落地实效性的综合性服务实践，需要融合相关学科领域的理论和方法，兼顾微观个体、中观群体和宏观社会的健康、平安和幸福需求。毫无疑问，与此最相关的学科和领域就是聚焦微观个体的心理学（工作）、聚焦中观群体的社会工作及聚焦宏观社会的社会治理。

切实开展常态化、高质量的社会心理服务工作离不开心理学、社会工作和社会治理的融合，因此社会心理服务人才培养和专业能力通识培训就需要同时包含心理工作、社会工作和社会治理的相关内容。社会心理服务工作者首先要厘清心理工作、社会工作和社会治理三者之间的区别及其在社会心理服务工作中的联系，并在日常实践过程中根据实际需要和工作场景有机整合心理工作、社会工作和社会治理的理论、方法和技术。简单来说，心理工作是开展社会心理服务的基础，心理学的理论和方法是社会心理服务工作者必备的知识和技术；社会工作为社会心理服务提供了一种主动助人的服务模式和专业方法，是链接微观个体、中观群体和宏观社会的重要桥梁；社会治理则为社会心理服务划定了底线和原则，一切社会心理服务工作都必须建立在合理、合法、合规的基础之上。

至于心理工作，正如"社会心理服务体系"之名所明示的，社会心理服务体系建设与心理学科和心理工作之间的密切联系似乎不言自明。然而，这里尤其需要澄清的是，"社会心理服务体系建设"中的"心理"所指的绝不仅仅是心理学科，更不是特指某个或某些心理学分支，也并非局限于传统心理健康的范畴。从相对狭义、具体的角度而言，"社会心理服务体系建设"中的"心理"是指心理学专业理念、理论和方法为开展社会心理服务工作奠定基础，提供核心技术和有效工具。社会心理服务工作者必须优先了解和学习可用于服务实践的心理学理论、方法和技术，不断接受训练和培训，以提升自身专业助人的服务能力。同时，"社会心理服务体系建设"中的"心理"具有更广阔和全面的内涵：从宏观层面讲，社会心理服务体系建设是习近平新时代中国特色社会主义思想在"心理建设"领域的具体展开，涵盖了心理健康服务体系的内容并成为其延伸和发展，通过心理赋能全社会、全人群、全领域，提高全体民众心理健康素养和水平，提升各部门、组织和机构的工作质量和效果，有力推进国家治理体系和治理能力现代化。

关于社会工作，《全国社会心理服务体系建设试点2021年重点工作任务的通知》中多次提到将社会工作融入社会心理服务体系建设，如搭建基层社会心理服务平台、在村（社区）建设社会工作室等。一系列政策和重要举措也显示，社会工作融入社会心理服务体系建设已是党和政府进行社会建设的重要导向。社会工作是我国社会心理服务体系建设不可或缺的组成部分，它能够作为贯通微观个体、中观群体和宏观社会的重要沟通桥梁。社会工作的主动服务模式和工作方法，以及资源链接等技术是社会心理服务工作者必学、必备的专业技能。具有社会工作专业背景的社会心理服务工作者可以在基层工作中发挥心理疏导、情绪支持、矛盾预防、纠纷化解等一系列功能，并以专业的工作方法和技巧介入社会心理服务体系建设，从多方面、多领域、多层次为我国和谐社会的建设贡献力量。

至于社会治理，党中央关于社会心理服务体系建设的重要部署最初就是在"加强与创新社会治理"的整体布局下提出的，而后也在不断强调建设社会心理服务体系，以维护社会稳定和安全，助力平安中国建设。当前国家政策、地方实践与学理研究在不断结合社会转型和基于社会治理内在需求的角度探讨"原生性"的心理问题。深刻把握社会心理服务体系建设的社会治理语境对解决中国社会主要矛盾及民众心理和心态问题尤为关键。为发挥社会心理服务体系建设在化解社会风险、维护社会稳定、促进柔性社会治理中的积极作用，我们应剖析社会心理服务体系建设的各方面构成要素，探究社会心理需求结构和社会治理规律，把握国民心理状况及其变化趋势，将社会心理服务体系建设融入从源头到末梢的社会治理与平安建设全过程，有效提升社会治理工作的预见性与精准性，进而打造健康中国、平安中国，实现幸福中国。与此同时，社会治理强调底线意识、法治观念和系统思维，社会心理服务工作者必须在遵守法律法规和职业伦理的前提下开展工作。

在全国社会心理服务体系建设如火如荼地开展这一背景下，我们应该着力培养高质量的社会心理服务专业人才。社会心理服务工作者应当主动学习和掌握与心理工作、社会工作和社会治理相关的知识及技能，成为能够高效解决实际问题的应用型复合人才。社会心理服务工作者应借助社会心理服务实践中的心理工作、社会工作和社会治理的理论方法，帮助服务对象解决遇到的心理问题，同时应主动加强与其他学科，特别是心理学的融合，构筑社会心理服务体系建设共同体，为社会心理服务的发展带来丰富的资源和创新的思路。社会工作参与社会心理服务建设，对处理和解决社会心理问题及建设全方位、全周期、多元化的社会支持系统起到了积极的作用。

综上所述，具有中国特色的社会心理服务体系建设是一门兼顾微观个体、中观群体和宏观社会，兼具心理学专业技术和方法、社会工作主动服务模式，以及社会治理底线和系统思维的综合实践艺术。社会心理服务工作是一项融合心理工作、社会工作和社会治理的科学理论、技术和方法的专业助人服务，比传统心理工作更系统、更宏观，比社会工作更细腻、更专业，比社会治理更柔性、更具体。社会心理服务工作者是兼备心理工作、社会工作和社会治理的基础能力，能够解决人民群众实际问题的应用复合型人才。在以中国式现代化推进中华民族伟大复兴的新征程上，各地区有关部门及社会机构需要精准把握社会心理服务体系建设的核心要点和价值内涵，坚持把社会心理服务体系建设同中国的具体实际相结合、同中华优秀传统文化相结合，兼顾健康中国、平安中国和幸福中国建设。我们要高度重视社会心理服务专业人才培训，讲授并示范融合心理工作、社会工作和社会治理的科学理论、方法及工作伦理原则，积极培养社会心理服务工作者的发展理念、创新思维和系统观念，提高其政治站位格局和实践服务能力，以高质量的社会心理服务全面助力人民群众的身心健康和美好生活，助推健康中国、平安中国和幸福中国建设！

第二章

社会治理现代化与社会心理服务体系

2

本章将主要介绍社会治理现代化视角下社会心理服务体系建设的背景，社会心理服务体系融入社会治理的成效与路径，市域、基层社会治理创新与社会心理服务，社会风险防范与社会心理危机干预等，体现社会心理服务及其体系建设对社会治理现代化的意义和作用，从而深刻理解社会心理服务体系建设是以习近平同志为核心的党中央推动国家治理体系和治理能力现代化的重大战略部署。

第一节　社会治理视角下的社会心理服务体系

近年来，特别是自党的十八届三中全会以来，国家在宏观政策上不断强化社会心理服务体系建设在社会治理中的作用，加大了对社会心理服务领域的工作部署，明确了社会心理服务体系是社会治理体系组成部分的定位。这使社会心理服务有了更为明确的目标，即服务于国家治理体系和治理能力现代化，全面推进社会主义精神文明建设，最终建成健康中国、平安中国和幸福中国。可以说，社会心理服务体系建设既是新时代社会治理创新的重要内容，也与发展和健全社会治理同步。

➲ 社会治理现代化背景下的社会心理服务体系

社会心理服务体系的柔性是对刚性社会治理的重要补充

社会心理服务体系是"从心"的柔性社会治理。有效的社会治理需要社会上的个体、群体遵循社会规则有序地进行行为表达。传统社会治理更强调制度、法律等控制要素，而现代化的社会治理更为强调内化于人们心中的个体和谐、群体信任、文化认同、价值共识等柔性力量。社会心理服务体系通过促进国民心理健康和提升国民素养，满足民众内生性精神文化需求等途径，指导和完善个体、群体、社会的行为模式，最终助力社会治理实践。

社会心理服务体系的发展与社会治理现代化的需要相契合

物质生产实践和精神生产实践是社会制度和社会秩序得以正常运行的两大结构

要素。以往的社会治理过程一般从结构要素、制度安排、利益分配等物质要素的视角探讨社会秩序紊乱、社会矛盾等问题，却鲜少关注当代中国物质生产与精神丰富之间不相适应的问题，特别是道德沦丧和思维能力退化导致的理性秩序缺失是造成社会不稳定的因素之一。因而，在社会治理过程中强调丰富精神生活显得尤为关键。社会心理服务体系重视民众内生性精神文化需求，适应目前社会治理现代化的需要，其从个体和谐－群际和谐－社会和谐的发展思路符合社会治理开展的逻辑。在个体层面，社会心理服务体系着力消除个体的亚健康心理状态和心理疾病，培养个体秩序感和自律性规范，提升公民意识和政治认同，树立健康、向上的现代人格和现代品质。在群际层面，个体秩序感与个体和谐的确立，可以防止社会心理分层、社会心态分化等问题。随着社会转型的加剧，社会阶层的日益分化使更多的社会主体产生孤独感、挫败感和被剥夺感，价值观念分化和冲突也日益增多，社会心理服务体系要在整合社会心态、培育公共精神、强化社会信任和价值认同等方面发挥作用。在社会层面，社会心理服务体系应重视国民心理健康建设和道德素质建设，提升公民意识和社会参与感，整合并优化社会秩序规范、行为准则、伦理标准、意识形态和公共信任体系，培育自尊自信、理性平和、积极向上的社会心态，实现中华民族精神文明持续发展。这也是将社会心理服务体系上升至国家战略层面，从社会稳定及社会治理等角度建立并发展社会心理服务体系的内在原因。

社会心理服务体系更侧重社会治理

传统的心理健康服务体系多关注个体心理问题、疾病的预防和治疗，而且多为心理疾病出现后的倒逼式诊疗，覆盖的群体范围有限，也难以将心理学研究更好地与社会政策制定良性结合。而社会心理服务体系是心理健康服务体系发展的高级阶段，它基于社会治理的视角，将心理学等若干学科融入社会建设，更注重国民心理建设的综合治理、系统治理、源头治理和依法治理。在综合治理方面，社会心理服务体系兼顾多元主体，开始由国家一元管理转向"国家－社会－市场"多元主体治理模式，即不同于以往由卫生健康部门主导或者单一供给心理健康服务，而是向全社会协同供给转变。在系统治理方面，社会心理服务体系旨在塑造公共心理服务的系统工程。它不同于心理健康服务体系侧重于出现心理疾患后的保守心理疏导和倒逼式心理治疗，而是着眼于全方位的系统治理。在时间维度，社会心理服务体系注重社会心态监测和预警、社会心态控制与减损、社会心态整合与优化的全流程管理；在空间维度，社会心理服务体系注重从微观到宏观的"个体－群际－社会"心理关怀模式。在源头治理方面，社会心理服务体系未来有望成为社会现实问题的安全阀，它通过认识国民心理和行为规律，深入剖析新的社会矛盾下国民的社会需求及其结构，畅通诉求表达渠道，从根源上挖掘并消除产生社会心理问题的病灶，再通过社会联动矫正社会心理问题。在依法治理方面，社会心理服务体系在国家宏观政策、发展性文件和学理研究的基础上，健全社会心理服务法律制度，明确相关机构职责，通过法律法规引导与心理建设相关的公共服务规范化建设。

● 社会心理服务体系融入社会治理的成效

党的十九大报告明确提出，"加强社会心理服务体系建设，培育自尊自信、理性平和、积极向上的社会心态"。党的二十大报告提出，"完善社会治理体系，健全共建共治共享的社会治理制度"。社会心理服务作为打造共建共治共享社会治理格局的重要举措，其作用日益显现。进一步加强和改进社会心理服务体系，并将其融入社会治理，是新时代提出的新命题，事关国家长治久安和人民幸福安康。

当前社会心理服务体系融入社会治理存在的困境

改革开放以来，随着经济社会深刻变迁、城市化进程加速，社会主要矛盾发生了历史性的变化，人民群众在精神文明和心理素质等方面的要求日益增长，传统社会治理模式面临巨大挑战。人口、资源、产业等要素日益向市域聚集，社会成员的交互方式和信息传播方式发生革命性的变化，矛盾纠纷呈跨界性，特别是在市域和县域范围内集中出现、交织叠加。社会治理主体关系面临调整，社会治理结构面临再造，传统社会治理体系面临重塑。社会心理服务参与社会治理还面临着一系列挑战。

社会治理机制有待完善

社会治理承担着向基层群众提供民生保障和公共服务、协调利益关系、化解矛盾纠纷、创造平安和谐环境、打造幸福安康生活的重大任务。但在基层社会治理实务中，部分部门和单位在管理、运行过程中仅满足于问题的解决和任务的完成，对于问题处置的群众满意度、社会影响力和经验总结等精细化管理方面缺乏有效的评估，造成整体成效不高，甚至存在个别单位很少主动担起职责，多个部门单位之间相互"踢皮球"的现象，基层治理多元化联动机制尚未形成。

社会心理服务融入的不确定性

目前，社会心理服务在融入社会治理上面临"双重不确定性"的困境。一是治理主体和治理对象同时具有不确定性，治理主体涉及多个职能部门，各职能部门的职责是否明晰，跨部门合作是否协调、顺畅，都是值得考虑的问题，而治理对象不仅仅是传统精神卫生领域所覆盖的罹患心理疾病的人员，还包括全体人群、特殊重点人群等，厘清社会心理服务对不同治理对象的介入程度、介入机制同样十分重要。二是治理主体所具有的不确定性，使其自身成为重要的治理对象。我们不仅要对"人"所带有的风险加以防范，还要健全能够充分调动和发挥"人"的能动性的治理机制。在这种双重不确定的困境下，社会心理服务在居民生活方面的融入变得更加困难。同时，民众对社会心理服务存在一定误解，对心理问题、精神障碍等方面的知识了解不够，或者将心理问题与精神病混为一谈，这就导致民众对社会心理服务产生了一定的认知偏差和心理抗拒。

职能部门治理角色不清与权责不等

《关于加强心理健康服务的指导意见》中提到的职能单位涉及二十多个部门，但在落实过程中，职责不够明确，协作性不强，工作开展晦涩受制，难以提供真实有效的社会心理疏导服务。社会治理对象与治理主体容易片面性地将"社会心理服务体系"等同于"心理健康服务体系"或"心理诊疗和咨询"，各级党委政府缺乏足够的重视、支持，社会心理服务体系建设的普及率、保障率不高。在具体实践中，治理主体在服务提供过程中也可能存在角色模糊不清、权责不对称的情况，因不同地区存在或多或少的权责主体不一、部门利益博弈等问题，社会心理服务体系建设也容易出现选择性执行的现象。

多元治理主体协同性不强，社会参与度不够

社会心理服务在与社会治理主体兼容的过程中，兼容性和协同性不强，而且治理主体间缺乏联动机制。一方面，由于既有的治理主体间往往形成了较为固定的职

责分工和配合模式，社会心理服务作为一种专业性较强的新型治理方式，在融入治理体系的过程中可能会打破原有治理主体间的配合模式，使治理工作变得紊乱，社会心理服务在融入社会治理方面出现困境。另一方面，传统治理主体习惯在治理过程中采取行政化的处理方式，对社会心理服务的预防式治理方式认识不到位且信任度不高，治理主体在目标和实践上难以达成一致。因缺少具有协调性功能的组织机构或制度规范，多元治理主体在各自的行动中容易导致"囚徒困境"与"搭便车行为"的现象出现。

目前，在我国的社会治理过程中，社会参与度较低，参与空间较为狭窄。就目前来看，尽管社会组织也是推进国家治理体系和治理能力现代化的不可或缺的重要社会力量，然而，由于我国社区类社会组织数量少、地位相对低下，因此其作用未得到充分发挥。社会组织流于形式或主要以兴趣团体为主，专业能力低等问题普遍存在。同时，从当前法治化水平来看，针对社会组织的保护与扶持不足，该类主体的社会治理参与度低、能力有限。民众的参与度也不高，他们认为社会治理是政府的事，与自己关系并不紧密，并且民众存在依赖心理。

基层治理智慧化与专业化程度低

首先，当前我国有些基层地区社会治理数字化赋能不够，这严重制约了基层社会治理能力的提升。一是社会治理运用现代化手段不足。基层社会治理智能化水平有待提升，资金匮乏，储备人才不足。这表现在部分地区的基层社会治理在日常排查工作方面仍运用传统手段，工作效率较低，对新技术的应用还存在不足。二是应用场景还需整合，现有平台融合不够。基层社会治理系统与资源、服务体系之间的连接还需深化，数据资源社会化利用程度不高，影响了基层社会治理的效能。

其次，基层工作人员在开展社会心理服务方面实操机会少，专职工作人员接受培训不足，专业队伍的素质和能力参差不齐，导致其在实践中的功能发挥有限。治理涉及日常生活的各个方面，社会心理服务参与社会治理，不仅要依靠专业服务力量，也有赖于治理主体对社会心理服务知识与技能的正确理解、应用和普及。但目前大多数治理主体不具备相关能力，在与民众沟通和工作的过程中，缺乏社会心理服务的专业性技巧，不利于从根本上解决问题。

社会心理服务体系融入社会治理的回顾与成效

党的十九大以来，社会心理服务及其体系建设作为社会治理的创新性体现，不断加强了其在社会治理实践中的探索。随着新时期现代化进程不断加快，许多地区在社会心理服务体系融入社会治理的探索上也逐步取得了各具特色的显著成效。

促进社会治理体制的完善

社会治理体制建设情况是衡量一个国家现代化的重要标准，也是国家治国能力提升的重要体现。社会治理体制创新需要经过长时间的摸索和实践，在经验的基础上才具有可行性。其关键在于社会治理各主体间的沟通与合作，以及不同业务之间的目标连续性，最终使社会治理形成整体大于部分之和的效能。社会心理服务体系融入社会治理，不仅提升了社会治理以人为本的专业化能力，也促进了社会资源的整合与治理体制的完善。例如，在党建引领方面，为解决城镇化过程中农民的融入困境，安徽省宿州市在 10 个社区开展了"党建＋五社一心"试点工作，主要搭建以党建为引领，以社区为平台，以社会工作为支撑，以社会组织为载体，以社区驻地单位为支持，以社区志愿服务为补充，心理服务专业化力量积极参与的多元化社会心理服务阵地，实行"志愿服务"共同建、"组织联合"统一管、"线上线下"畅沟通等方法模式。社会心理服务通过为党建赋能，有效地建立了其与社会治理之间的联系，在角色方面有效调动了社会心理服务组织参与社会治理。

预防和化解社会矛盾

随着社会的快速发展，社会主要矛盾出现新变化，因生活失意、心态失衡等心理问题引发的极端事件偶有发生，患有抑郁、焦虑等常见心理问题的人逐年增多。因此，在社会治理体制的完善中融入社会心理服务体系建设，对培育良好社会心态、预防和化解社会矛盾十分必要。根据安全生产领域的理论模型，排查并化解心理方面的矛盾、风险、隐患，就能减少和避免很多极端事件的发生。矛盾治理的启示在于，要以预防为先，从源头治理，把风险和隐患防范并化解在早、在小、在基层。在具体实践探索中，针对治安和风险防范，安徽省宿州市坚持问题导向和为民导向，从源头治理，探索出了一条"心防＋"抗疫惠民新模式。该模式在组织和载体上，首先以提升领导力为着重点，成立由政府主要领导负总责、政法委和卫健委"双牵头"的组织机构，在线上和线下同时搭建社会心理服务基础设施和平台，最后以社区为平台、以社会组织为载体、以社会工作专业人才为支撑，成立了多个心理咨询社会组织和若干心理志愿者服务队，推动了心理服务资源和重心下移。在实际解决矛盾纠纷方面，安徽省宿州市一是实行心理顾问参与信访矛盾化解制度，与专业机构签订合同并指派专业人员采取定期"坐诊"、个体和团体辅导等方式，有针对性地进行心理疏导；二是推广心理顾问制度；三是通过热线电话、心理援助、公益课等方式，开展线上心理服务和心理疏导工作。在社区保障方面，安徽省宿州市坚持做好严重精神障碍患者的服务管理工作，包括精神专科医院建设、精防组织建设、精神障碍患者的特殊帮扶与照顾、集中供养或托养严重精神障碍患者和残疾人员等；同时，坚持健全和完善社会心理服务和心理疏导、危机干预机制，将社会矛盾化解至最小。河南省各地将心理疏导引入基层矛盾化解工作，聘请心理学教授、专家等开班培训、共同交流，通过发放心理问卷、调查走访等方式，从沟通入手打开特殊重点群体的心结，化解疑难矛盾纠纷。三年疫情防控期间，浙江省杭州市拱墅区通过开通暖心热线、一线心理走访和基层送慰问等服务活动守护参战人员的心理健康。

创新社会治安防控体系建设

随着社会发展的不断加快，心理问题也成为产生治安问题和矛盾纠纷的影响因素。党的十九届四中全会强调要"健全社会心理服务体系和危机干预机制"。加强心理防控建设，完善治安防控体系心理服务工作，是创新立体化治安防控体系发展的关键举措。例如，江苏省昆山市成立"全民心防"工程领导小组，建立公安专班，进行实体化运作，推动"全民心防"融入服务管理各领域、各环节。河南省新乡市公安局将"心防工程"上升为"一把手"工程，要求各级公安机关成立领导小组，组织动员特警、交警、刑警、治安民警等各警种在各自岗位参与此项工作。上海市长宁区针对特殊人群，依托现有体制机制和社会工作者队伍，拓展个案、小组和社区工作品牌，积极建立特殊人群心理预测、预警、预防机制，实现从被动应对处置向主动预测、预警、预防转变。江西省赣州市把心防工程引入铁路护路联防体系，对可能影响铁路治安的肇事或肇祸精神障碍患者、刑满释放人员等治安重点人群进行排查摸底和风险等级评估，严防影响铁路安全的极端事件发生。从各地的实践来看，社会心理服务从危机干预、主动预测等角度切入，有效地维护了社会治安，弥补了社会治安防控体系中易被忽视的薄弱环节。

健全公共安全体制机制

在公共安全管理系统中，遵循动态和局部和谐等原理，即系统中的各要素基本都是动态的，维持和加强局部之间的联系，才能实现整体的和谐。社会心理服务体系作为社会治理创新中的重要组成部分，通过与有关社会治理的其他体系和机制有机融合，有利于建立公共安全预防控制体系，构建统一指挥的应急管理体制，保障人们的身心安全和健康。遵循新的发展理念，以高质量发展统揽全局，坚持统筹发展和安全，全力保障公共安全，才能不断满足人民群众对美好生活的需要。在社会心理服务体系的创新融入方面，浙江省嘉兴市秀洲区构建社会心理健康全程服务链，为群众提供线上和线下专业化服务。四川省自贡市筱溪街坚持服务机制规范化，建立健全心理宣传教育、网格动态筛查、疏导帮助和心理危机干预四大机制。天津市北辰区通过构建公共安全"心防"工程，一是面向不同群体搭建服务平台，建立了5个社区心理辅导站；二是统筹校企资源，通过专业人员的培训和考试提升心理咨询专业水平；三是推动现有的4个心理咨询服务平台之间建立合作机制；四是加大针对性宣传，利用传统媒体和新媒体向居民广泛宣传心理健康知识。安徽省芜湖市湾沚区红杨镇利用网格化管理机制，建立社会心理服务电子档案，定期开展社会心态分析研判和风险评估。同时，安徽省芜湖市消防救援支队通过心理服务结合"政工""训战"和"卫生"等机制，提升整体整治工作能力、队伍作战训练安全水平和职业身心健康水平。加强社会心理服务体系与多种机制的动态联系，才能致力于公共安全机制体制的健全和完善。

构建基层社会治理新格局

首先，构建基层多元社会治理新格局。党的十九届四中全会首次明确提出"构建基层社会治理新格局"的目标要求。党的二十大指出，要坚持尽力而为、量力而行，深入群众、深入基层，夯实国家安全和社会稳定基层基础，以新安全格局保障新发展格局。城乡基层治理格局作为社会治理的起点和重心，其优化和提升是推进社会治理现代化的关键。社会心理服务体系由"心"出发并融入社会治理，吸引更多社会组织、基层民众参与社会治理和解决社会心理问题，有助于基层社会治理共建共治共享格局的建设。在新时代，社会心理服务既是应对基层社会矛盾新变化的需要，也是建设"社会治理共同体"的客观需要。其中部分地区取得了显著成效，不仅建立了贯穿区、街道、社区三层级的社会心理服务网络，也形成了集信息搜集、定点处置、上门服务为一体的治理模式。天津市在乡镇（街道）设立心灵驿站，在村（社区）设立心理咨询室或社会工作室，构建校园、机关和企事业单位心理服务网络。福建省厦门市翔安区采用政府购买服务模式打造社会心理服务"1+5+X"枢纽型管理模式，即1个区级中心+5个镇街工作站+若干综治责任单位心理咨询室。从上述内容中我们可以看出，社会心理服务融入基层治理，不仅能使社会心理服务设施和平台等发挥更大效用，吸收多方资源共同促进社会心理服务保障的长效进行，还能最大限度地突出基层群众参与社会共治的优势与重要性。

其次，推进市域社会治理现代化与社会心理服务智能化。2018年，中央政法委首次提出"市域社会治理"概念。在党的十九届四中全会上，"加快推进市域社会治理现代化"作为"坚持和完善共建共治共享的社会治理制度"的重要内容被写进《中共中央关于坚持和完善中国特色社会主义制度　推进国家治理体系和治理能力现代化若干重大问题的决定》（下文简称《决定》）。党的二十大报告强调要推进市域社会治理现代化，提高市域社会治理能力。市域社会治理现代化的提出是对我国社会治理体系的创新调整。现代化市域社会治理与联动治理理论具有一定的契合性，即以市级为主导，运用现代化、智能化手段，通过上下层级的连带行动、横向层级的合作协同，以城带乡，实现市域的现代化治理建设。社会心理服务体系融入市域社会治理，并结合现代化、智能化的技术和手段，可以最大限度地发挥社会心理服务对市域治理的革新作用，实现与时俱进。特别是当今移动互联网的飞速发展，心理咨询、心理疏导等服务可以依托市域社会治理系统，多层次、多方面地完善服务网络，推动社会心理服务在市域现代化进程中的补充与优化。福建省龙岩市于"互联网"与"专网"之间铺设高速通道，将社会治理综合信息系统与线上公共服务平台"e龙岩"对接，开设社会心理服务模块，支撑市、县、乡、村四级联网应用，强化心理科普、监测预警、在线诊治和危机干预。湖北省宜昌市启动首个"互联网+心理"线上心理服务公益平台"宜心健"，为市民提供心理咨询、心理科普、心理测评等服务。内蒙古自治区呼和浩特市运用人工智能，实现实时语音转文字，通过智能机器人在线问答、电话回访、智能筛查，实现智能辅助、智能质检，以及对热点、难点社会心理问题进行梳理分析和决策。内蒙古自治区搭建免费心理咨询服务平台，并通过各种媒介发布热线电话及专家手机号码，确保有需求的人员及时获取专业、可靠的服务。

⇒ 未来社会治理背景下社会心理服务体系建设路径

社会心理服务体系建设是中国特色社会主义新时代推进国家治理体系和治理能力现代化的现实需求。社会心理服务体系的建设为社会治理现代化明确了前进的方向，为社会治理理论相关研究提供了现实依据和理论参考。当前，社会心理服务体系建设需坚持预防为主、突出重点、问题导向、注重实效的原则，融入社会治理体系和精神文明建设。

进一步完善体制机制

在未来的治理工作中，因社会心理服务体系的融入，社会治理体制机制也需要及时得到完善与更新。针对治理主体间的协同性与联动机制的问题，我们可以从以下几个方面入手。一是完善治理主体的跨部门工作协调机制，在基层治理中有效利用辖区内资源搭建社会心理服务平台，同时明确管理工作中的具体分工。具体而言，首先，要将社会心理服务视作一个系统，明确各治理主体单位在社会心理服务中的角色定位，加强行政工作人员对社会心理服务的教育，提高其认知。在减少行政化干预的同时，要以群众需求为导向。其次，服务提供者要明确自身的角色定位，更好地促进政社之间的良性互动。二是完善社会心理服务工作机制和信息共享机制，建立市、县（区）、乡（镇）、村（社区）四级社会心理服务体系，明确时间表、路线图。治理主体要将各基层较为零散的信息资源进行整合，建立统一的社会心理服务官方网站、官方微博和官方公众号等。社区要广泛宣传社会心理服务相关信息，使广大群众都能受到关注。我们要在社会多个层面建立健全顺畅的沟通机制，尽快完善民生保障，着力推进社会各阶层的和谐与融合。三是完善社会心理服务网络，整合心理健康服务资源。相关治理主体单位要引导专业机构参与社会心理健康服务，将重心下移，为有需求的居民提供健康教育、咨询等心理服务，并按期摸排基层居民各类矛盾和纠纷；通过多管齐下、多措并举，使各个层面的人群都能积极地参与进来，减少其对社会心理服务的心理抵触和抗拒。

加快社会心理服务平台建设

我们要落实中央政法委《关于充分发挥综治中心作用加强社会心理服务疏导和危机干预工作的若干意见》的要求，加强综治中心"心防"工作区域的软硬件建设。当前社会心理服务体系与社会治理的体制机制尚未形成有机整体，只有加强社会心理服务体系平台建设，才能促进其与社会治理体系的其他体制机制的衔接贯通。我们可以通过以下方式加快社会心理服务平台建设：一是加大投入力度，建好省、市、县二级精神病专科医院，加快综合医院的心理专科建设，提升专科医生和人员的服务能力，满足人民群众的需求；二是引入社会力量，通过完善政策、提供支持、加强培训等方式，整合政法工作者、教育工作者、社会工作者等各方力量，培育并壮大社会心理服务组织；三是整合利用资源，建立省、市、县（区）社会心理服务中心、心理咨询热线、行业心理健康服务等科普教育平台，通过新时代文明实践站（所）、各级综治中心、学校、社区心理服务咨询室、24小时心理咨询热线、互联网等提供免费的社会心理服务。在探索社会心理服务的内容和功能的创新上，首先，我们要建立社会心理服务电子档案，监测和评估社会心态变化，发布日常及紧急信息，提升重点人群心理健康服务水平；其次，我们要充分发挥市域在社会心理服务平台建设中的资源调度统筹能力，实现服务平台之间的平衡协调；最后，我们要充分利用现代信息技术提升社会心理服务平台的智能化水平，定期开展分析研判和风险评估，以科技助力线上和线下平台功能的融合互通。只有不断强化社会心理服务平台的基础，我们才能更好地把握其与社会治理其他体系之间的衔接关系，并促进二者之间的良性互动。

加快社会心理服务人才队伍建设

2021年，卫健委对十三届全国人大四次会议上关于社会心理服务体系人才建设的回复中提到几点。一是要加强基层心理服务队伍建设，推进社会心理服务队伍规范化发展，建立社会工作服务站点，设立社会工作岗位，建立基于岗位的职级与薪酬体系，引领社会工作的职业化发展。二是要促进基层社会心理服务专业人才发展，加强对基层社会心理服务人员的培训，减小各地区之间心理服务能力和质量的悬殊，指导各地探索发展出当地本土化的社会心理服务专业人才队伍。卫健委将积极协调专家和东部省份对精神卫生资源不足的省份开展帮扶工作，提升中西部地区基层人员的服务水平。对于社会心理服务人才队伍的建设，因政府、医院和社区等领域明显缺乏具有心理学、医学和社会学等相关学科背景的专业人才，高等学校在学科培养上难以在短时间内满足社会心理服务体系所需的人才数量，所以我们要避免出现此类专业上的岗位空缺、其他人员补替等社会问题，并整合各方资源，打造一支多学科融合，专业精湛，涵盖心理健康服务人才、社会工作专业人才和社会心理服务志愿者的专业队伍。针对社会心理服务人才的特性，我们要最大限度地致力于社会治理的效能，注重多元化、多方面的教育与培养，他们应该能够适应和服务不同领域和层级，在注重理论研究的同时，擅长涵盖社会学、心理学、社会工作等交叉领域和学科的各项实务操作，并具备一定的实践经历，在服务和培养的同时兼顾学习和成长。此外，国家也要引导多种社会力量、企业组织及非营利性社会组织共同参与，充实社会心理服务工作队伍。

提升社会心理服务质效

提升社会心理服务的质量和效能，一是要推动理论创新，二是要加强实践探索，三是要建立长效机制。我国首先需要以学习、吸取国外经验为基础，以社会心理服务体系融入社会治理为导向，在实践目标、内容功能、实施路径等方面探索并建设具有中国特色的社会心理服务体系。

社会心理服务质效的提升对社会治理水平具有直接的促进作用。我们要从以下几个方面展开实际工作。首先，关注重点人群。我们要在学校、社区和家庭中开展社会心理联动服务模式，预防和帮助解决未成年人的心理问题。我们要加强对严重精神障碍患者的服务和管理，建立严重精神障碍患者的筛查、建档、医疗、随访、康复、救助、责任体系等制度机制，综合施策、科学管理。我们要加强对特殊群体的关心、疏导、帮扶，在尊重个人隐私的前提下，有针对性地实施对乞讨人员的心理援助、对特群人员的心理干预和对社区矫正人员的心理疏导。同时，我们也要对医务人员及时给予心理辅导。其次，完善服务网络。我们要加快推行社会心理服务顾问制度，机关和各企事业单位要通过聘用专业心理辅导人员来解决员工的心理健康问题。我们要将心理健康服务列入常规体检范围，用人单位要对新招录人员和工作人员落实年度心理健康体检。我们要在基层设立社会心理服务中心，在中小学配备心理辅导室并设置专业人员到岗服务。通过提升社会心理服务质效，基层社会治理水平最终将得到提升。

第二节　市域、基层社会治理与社会心理服务体系

本节介绍市域、基层社会治理现代化视角下社会心理服务体系建设的必要性、理论基础及未来的发展方向。市域、基层社会治理是国家治理在特定领域、特定范围的具体实施，也是社会心理服务体系融入社会治理的两大建设落脚点。

⊃ 社会心理服务体系融入市域、基层社会治理的必要性

2013 年，党的十八届三中全会首次提出"社会治理"，标志着中央治理理念从管理到治理的重大转变。2018 年，中央政法委首次提出"市域社会治理"概念。2019 年，在党的十九届四中全会上，"加快推进市域社会治理现代化"作为"坚持和完善共建共治共享的社会治理制度"的重要内容被写进《决定》。2019 年 12 月，全国市域社会治理现代化工作会议在京召开，中央政法委研究制定了《全国市域社会治理现代化试点工作实施方案》《全国市域社会治理现代化试点工作指引》，将市域社会治理现代化作为国家治理在市域范围的具体实施。市域社会治理聚焦于城市层面，直接影响基层治理创新的政策框架、资源配置和发展方向。在市域社会治理实践中，当前由极端言语冲突、攻击行为引发的人际矛盾甚至群体事件、违法犯罪等社会安全问题在很大程度上与人们不健康的心态有关。一旦不健康的心态形成，人们就容易出现认知偏差，看问题容易负面、偏激，情绪反应激烈，容易出现冲动性、报复性的破坏行为，进而激化社会矛盾，诱发社会冲突，危害公共安全，扰乱社会管理秩序。因此，可以看出，社会心态是社会中多数成员表现出的普遍、一致的心理特点和行为模式，事关社会和谐稳定，是现代社会治理的一个重要维度。积极、健康的社会心态具有降低社会交往成本、减少矛盾冲突、维护社会秩序等功能，而社会心理服务体系的建设目标正是促进"个体、群体与社会的心理和谐，发展积极向上的良好社会心态"，建成以人民为中心，以中国国情与文化为基础，融合心理工作、社会工作、社会治理的综合性服务实践，形成全方位、全周期、多元化的社会支持

系统，提升人民身心健康水平和社会治理能力。由此可见，市域社会治理现代化的实现迫切需要社会心理服务体系建设的加强。

2017 年，党的十九大报告提出社会治理"三共四化"（三共指共建、共治、共享；四化指社会化、法治化、智能化、专业化）和基层治理体系建设，提出要"加强基层治理体系建设，推动社会治理重心向基层下移，发挥社会组织作用，实现政府治理和社会调节、居民自治良性互动"。2019 年，党的十九届四中全会提出要坚持和完善共建共治共享的社会治理制度，完善群众参与基层社会治理的制度化渠道，发挥群团组织、社会组织的作用，推动社会治理和服务重心向基层下移。2021 年，中共中央、国务院出台了《关于加强基层治理体系和治理能力现代化建设的意见》（下文简称《意见》）。《意见》指出，基层治理是国家治理的基石，统筹推进乡镇（街道）和城乡社区治理，是实现国家治理体系和治理能力现代化的基础工程，并提出了"以改革创新和制度建设、能力建设为抓手，建立健全基层治理体制机制，推动政府治理同社会调节、居民自治良性互动，提高基层治理社会化、法治化、智能化、专业化水平"的指导原则。首先，基层是一个地域概念，主要指街道和社区。社会心理服务体系建设涵盖社会上的不同组织和区域，如学校、医院和社区等。其中，社区是社会心理服务体系建设的最重要场域。因为大部分社会成员都工作和生活在特定社区，包括居民小区、工业园区和商业区等。所以社会成员的心理健康问题既受社区影响，也发生于社区。社会心理服务体系建设一定要立足社区，而基层社会治理是社会心理服务体系建设的一个重要平台。其次，基层也是一个行政概念，是指以乡镇（街道办）作为行政主体的基层政府管辖范围，该范围内生活着大量居民，其身心健康状态同样影响着居民自治良性互动和社会治理实践。基层社会治理的能力和水平也会受到社会心理服务体系建设的影响。因此，从基层社会治理视角出发来探讨健全社会心理服务体系建设十分必要。

⊃ 社会心理服务融入社会治理的理论基础

社会心理服务融入社会治理的相关研究理论较多，这里主要介绍系统理论、社会资本理论以及治理理论。

系统理论

系统理论把研究对象当作一个系统，研究系统、要素和环境三者之间的关系及变动的规律性。系统理论的核心思想是系统的整体观念，强调整体与部分及其相互联系，认为系统由不同的部分组成，各部分之间相互联系，相互影响。

系统理论对社会心理服务融入基层社会治理的政策启示包括认知和行为两个方面。社会治理中的社会心理服务体系是在社会系统中发生的行为。如果把整个城市看成宏观系统，把区县看成中观系统，那么街道和社区则是微观系统。这三个系统紧密相连。上级系统影响和制约下级系统；各级系统的不同组成部分之间也相互联系和相互影响。社会心理服务体系融入基层社会治理需要树立系统观，从宏观或中观层面进行顶层制度设计和统筹规划，建立覆盖"个体心理－群体心理－社会心态"的公共服务体系和社会支持系统，同时重视不同系统及不同部分（如组织、运行、评估、保障）之间的沟通协调和协同发展。

社会资本理论

社会资本是指个人在组织结构中利用自己特殊位置获取利益的能力。社会资本是一种基于普遍信任、参与网络、互惠性规范的资源，能提高社会运行的效率。社会资本主要包括相互信任的心理认同感、共同的利益基础和价值取向、良好的制度规范、参与意识与合作精神、自治组织与社团、有序的参与网络等。

基层社会就是一个由社区/乡村居民和各种组织交织而成的社会网络。每个社区/乡村居民、社区组织和辖区企业都有自身的资源和能量。社会心理服务体系能够提升社会资本理论中提及的人际交往心理认同感、群际信任度、共同参与度、组织网络程度等，提高公民的参与意识，建立公民、组织沟通和参与的平台，从而进一步指导和完善个体、群体、社会的行为模式，为基层民众参与社会治理提供空间和支持，助力社会治理实践的发展。

治理理论

治理理论强调主体多元化及主体间权力的相互依赖性和互动性。治理理论认为，社会治理的结构应该是一个多中心的网络结构，应当充分发挥公共管理和各种组织的作用。社会心理服务体系作为社会治理体系中的一环，也概莫能外，社会心理服务体系中的各治理主体之间应通过沟通、合作与协商，建立相互理解与信任、相互依赖、共同承担的合作关系。治理理论有不同的流派，如协同治理理论、多中心治理理论、元治理理论及善治理论等。

协同治理理论是协同理论和治理理论相互结合的产物。协同是指在无序状态下的两个以上个体相互协调形成拉动效应，进而形成有序的系统。协同治理理论强调在社会心理服务体系建设过程中，党委、政府、精神卫生机构、企事业单位、社会志愿服务组织及公民个人等其他非政府的利益相关者通过合作来供给服务，以完成"心"治目标。

多中心治理是基于政府、企事业单位、社会组织、个人等多元化的行为主体，在不违反法律规定的前提下按照一定的行为规则，通过相互沟通和协商的方式形成治理网络，一起参与社会公共管理。社会心理服务不是只有政府这个单一供给中心和参与主体，而是包括政府、企业和社会组织等多个供给主体。多中心治理理论具有多元、网格、互动和协作等特征，并强调多元的治理主体、互动型的治理结构、共同的治理目的及寻求高效的治理途径。在多中心治理理论的指导下，社会公共服务供给方式有更多选择。

与多中心治理理论相比，元治理理论更强调政府在治理中的核心地位和主导作用，提出由政府担任治理中的统筹协调主体。党中央提出建立"党委领导，政府负责，民主协商，社会协同，公众参与，法治保障，科技支撑"的社会治理格局，实际上是提出了以党委为核心，其他主体共同参与的"一核多元"的元治理理论。我国社会心理服务存在利益诉求各不相同的多元服务主体和服务对象，如果没有党委的强有力领导，不同主体在协同服务中可能出现"运转混乱"的情况。因此，元治理理论更适合我国社会心理服务体系建设，"一核多元"是我国现阶段的基层社会治理模式。基层党委应充分发挥其在基层社会治理和社会心理服务体系建设中的核心和主导作用，建构多元共治的社会心理服务网络平台，充分调动和发挥各服务主体的作用，做社会利益博弈的"平衡器"，避免各参与主体因利益冲突而损害服务协作。

善治理论是关于良好治理的界定，是在治理基础上以国家与社会之间的良性互动来实现公共利益最大化的过程。它同样强调社会心理服务体系中公民的积极参与，其运行要素包括公民参与性、服务合法性、主体责任性、及时性、透明性及公正性等。

⊃ 社会心理服务融入市域、基层社会治理的方向与展望

治理理论是在 20 世纪 90 年代初被提出并逐渐发展起来的一种重要理论和价值追求。治理理论的突出特点是重视社会治理力量多元化及倡导网络管理体系。党的十八大以来，以习近平同志为核心的党中央提出社会治理现代化的重大命题和社会治理思想。中国式社会治理理论强调党是社会治理的领导核心，人民是社会治理的主体，和谐稳定是社会治理的核心目标。社会治理体系是党委领导下政府和社会共建共治共享的制度体系，包括一整套紧密相连、衔接协调的体制机制和制度安排，社会心理服务体系作为其中的一环，更要把握以下发展方向：（1）坚持党政领导、社会多元主体参与的组织关系；（2）以公众需求为导向，最大限度地保障公共利益；（3）强调法治化、制度化、系统化的关键作用；（4）依据我国国情、文化扎根开展公共服务。

在融入市域和基层社会治理，并与社会治理的其他体制机制相互作用的过程中，社会心理服务体系建设应当坚持社会治理属性，强调党委领导、政府负责、民主协商、社会协同、公众参与、法治保障、科技支撑，并贯彻落实以下要点。

第一，突出全方位、多元化。充分把握市域、基层两个社会心理服务建设落脚点，以点带面提供社会心理服务，一是创新与提供全方位、多层次的心理服务，提高全人群的心理健康意识，培育积极的心理品质；对易处于心理亚健康状态的人群，开展心理辅导、压力疏解等公益服务；对特殊人群、重点人群，有针对性地做好心理疏导和干预，加强配套帮扶救助，积极协调卫生医疗机构做好转介治疗工作。二是综合运用应用心理学、社会工作等多元交叉学科理论与方法，包括运用心理工作的方法、社会工作的模式、社会治理的思维，引导人们形成理性平和的社会心态，调动人们参与共建共治共享的热情，让人们理性地投入共建共治共享，减少社会矛盾和冲突。

第二，突出系统性、智能化。发展具有现代特点的、适合现代需要的社会心理服务，用于解决"社会治理"领域的心理难题，着力把可能引发矛盾纠纷、公共风险的不良心理隐患控制在萌芽阶段，确保社会风险不外溢、不扩散。一是系统推进规范运行标准化建设，标准化建设社会心理服务管理制度，包括但不限于工作例会制度、督导考核制度、安全保密制度、档案管理制度等，此外，规范建立排查报告、

分析研判、协调联动、运用反馈、应急处置五项运行机制。二是系统推进分级分类服务建设，鉴于社区情况比较复杂，应综合考量社区人口、地理位置、经济发展等实际情况，根据区、街道、社区社会心理服务的不同定位设立规范建设标准，分类有序推进。三是强化科技支撑，充分利用现代信息技术提升社会心理服务的智能化水平，以社会控制等多种手段及新兴科技来防控社会风险，提高市域社会治理能力。推动智慧心理建设，在各级中心配备智慧心理科普互动仪、智慧心理线上辅助仪等设备，供广大居民了解自身身心状况，普及心理健康常识。

第三，突出可持续性和法治化。一是确保资金保障，通过加强区、街道等财政保障实现政府购买服务项目，或者健全市场准入制度和运行标准，引入市场投资以开展持续性建设。二是加强队伍保障。通过政府购买服务，委托专业机构参与管理和运行社会心理服务中心。通过举办研修班、训练营等方式举办各类心理培训班，提升网格员、调解员等基层社会心理志愿者参与社会心理服务工作的能力。三是加强社会化保障，在当前政策文件和学理研究的基础上，深入推进社会心理服务体系法治化、规范化建设；建立健全专家智库，大力支持心理健康企业，支持心理工作室等个人心理服务机构，引导社会力量、引进社会智力参与社会心理服务体系建设。

第三节　社会风险防范与社会心理危机干预

本节将基于本土国情文化而非传统西方心理学的视角，来探讨社会心理服务体系中危机干预机制融入社会风险防范的必要性、社会风险中心理危机的诱发因素，以及当前社会心理危机干预机制融入社会风险防范的局限性与展望。本节内容为社会心理服务工作者应对公共安全危机和从事危机干预工作提供了指导思想和一些思考的方向。

➲ 社会心理危机干预机制融入社会风险防范的必要性

危机干预一般包括两个重要的主题：其一是自杀危机的预防和干预，其二是社会灾难事件发生后的危机干预。自杀是每个人在生活中都可能需要预防和处理的危机，而社会灾难事件发生后的危机干预主要是指在社会性或群体性灾难事件发生以后，我们应当怎样减轻危机事件给人们带来的心理上的创伤和痛苦。由于很多时候咨询师和来访者在主观层面对咨询的评价存在不小的差异，因此传统心理咨询服务的效果常常难以评估。而自杀危机干预的效果往往是立竿见影的——来访者是否转危为安，他眼下的问题是否得到妥善的处理，是衡量危机干预工作是否有效最为直观的指标。从心理学的角度来讲，无论是自杀危机干预还是社会危机事件发生后的危机干预，最终都可能指向了同一个问题，那就是如何评判自己人生的价值和意义。我们共同经历的疫情在令全球停摆的同时也为我们高速发展且充满焦虑的社会按下了暂停键，使我们从繁忙的生活中暂时抽离，静下心来思考我们该如何理解自己，生活和生命的意义又究竟是什么。

如今，心理学在我国迎来了发展最好的时代，而且还在不断地变得更好，心理学从来没有在我国历史上乃至于世界历史上被放在如此重要的一个位置上。我国社会主要矛盾已经转化为人民日益增长的美好生活需要和不平衡不充分的发展之间的矛盾，对整个国家来说，我们不再仅仅满足于物质上的充裕和小康，而是追求更美好和更幸福的生活，追求精神上的文明和富足。其中，整个社会的心态和人民的心理状况应当是健康的，对生活的感受也应当是幸福的。如此看来，心理学在未来必将继续蓬勃发展，推动社会朝着更美好的方向前进。

最近几年，国家已经出台了一系列重大的政策文件来规范和指导社会心理服务体系建设，社会心理服务体系的建设和疏导机制及危机干预机制的搭建已经成为我们国家重点关注的工作之一。大到席卷全球的新冠疫情，小到存在于社区的一些冲突事件、伤人事件、自杀事件等，都离不开危机的干预和管理。但仅仅依赖西方传统心理学的一些技术和手段针对个体进行干预是远远不足以支撑整个社会的风险防范和危机干预体系建设的。防范并化解个体、群体和社会各类危机风险必须依托一个覆盖全社会，提供全方位、全周期、多元化服务的社会心理服务体系，依靠党政领导、各部门协同及社会各界联动与资源集结，才有可能全面、有效地解决不同类型的公共安全危机（自然灾害类、事故灾难类、公共卫生事件类、社会安全事件类）和心理危机问题。因此，加快建立健全具有中国特色、符合中国国情文化特点、贴合人民群众需求的社会心理服务体系和危机干预机制就显得尤为重要。

⊃ 社会风险中心理危机的诱发因素

以往的心理学研究和服务实践通常聚焦于微观个体层面，探讨可能会诱发心理问题和精神障碍的各种因素。例如，当个体表现出强迫、焦虑、抑郁、创伤后应激障碍等症状时，传统的心理服务工作者可能会思考服务对象最近的学习、工作和生活中的压力是否使其不堪重负，其原生家庭是否存在一些问题，其是否经历过一些重大的应激事件或心理上的创伤（如火灾、地震、亲人离世、失恋、在工作和学习上遭遇重大失利等）。我们绝大多数人都并非孤立地存在于这个世界，而是成长生活在社会和群体中，社会大环境中是否存在着重要却容易被我们忽视的潜在因素，正在影响着我们每个人的心理健康？

针对以上问题，我们可以从社会心理服务体系同心圆模型的外圈层出发，尝试以更宏观的群体和社会视角来探讨除了上述与个体有关的影响因素外，其他可能影响个体和群体心理健康、诱发其心理问题和精神障碍的社会风险因素。然后，我们会进一步探讨应该如何有针对性地应对和处理这些社会风险因素。

经济发展不平衡不充分

改革开放以来，中国经济持续、高速、健康地发展，人民的生活水平得到了显著提高。但与此同时，有关数据显示，中国精神障碍的患病率也在逐年攀升，从二十世纪八九十年代的 1% 上升至如今的 16%，其上升的节点恰好与改革开放之后中国经济腾飞的时间相吻合。经济的高速增长在给人们带来更充裕的物质基础的同时，似乎也使人们的精神心理状态变得更加"贫瘠"。究其背后的原因，可能与整个社会日益加快的节奏和繁重的压力有密切的关系。长期生活在高压环境下，人们出现各种心理问题以致罹患各类精神疾病的风险也在不断升高。不只是精神疾病，诸如糖尿病、高血压、不孕不育、癌症等躯体疾病的患病率也在逐年增长。当工作和生活的界限变得愈发模糊，几乎每个人都在疲于奔命，累得喘不过气时，身心健康问题的警钟也会随之敲响。而后个体的症状就会演变成群体的疾病，并最终体现在逐年增长的患病率上。

但是从另一个角度来看，这似乎也在提示我们必须对当下以损耗身心健康为代价的生活方式做出改变，以尽量预防并降低疾病发生的风险。早在 150 年前，马克思就曾做出过论述："我们的一切发现和进步，似乎结果是使物质力量具有理智生命，而人的生命则化为愚钝的物质力量。"从马克思富有洞察力的表述中我们不难得出，资本和物质对人的异化作用在一定程度上导致了现代人类内心的空虚，也影响了人类的心理健康，诱发了各种心理问题。因此，在日常的工作和生活中，我们可以选择适当地放慢自己的脚步，静下心来感受生活中各种美好的瞬间。当自觉压力过大，难以自我调节时，我们可以主动寻求专业人员的帮助。此外，社会心理服务工作者应密切关注长期处于高压状态下的心理亚健康群体，主动为有需要的群众及时提供服务，帮助服务对象排解在工作、学习和生活中遇到的压力、焦虑和各种问题，并提供社会支持和情感安慰。在自助、他助和互相帮助下尽早发现并解决心理困扰，也有助于预防和避免精神障碍的产生。

文化——致病基因或良药

文化对心理健康的影响就像一把双刃剑，它既可能是心理障碍潜在的致病基因，也可能是应对心理问题的一剂良药。世界卫生组织曾统计过 2011 年全球所有国家的自杀率，结果发现不同国家之间存在显著差异，在自杀率最高的国家中，几乎每 1000 个人里就有 3 个人自杀，而有些国家则在一整年的时间里都未曾出现一例自杀事件。造成这种现象的原因之一可能就是不同国家和地区在文化背景上存在显著差异。一些西方宗教把人的生命看作由上帝赋予的，如果个人自作主张决定放弃生命，就等同于背叛上帝，会因此受到严厉的惩罚，所以在这样的宗教文化影响下，一些西方国家的自杀率常年维持在较低水平也就不难理解了。而在中国，我们常常会听到一些为了民族气节、正义和使命、理想和信仰而心甘情愿献出自己生命的故事和光荣事迹，这些有节有志之士也因此受到后人的景仰与传颂。例如，端午节就是为了纪念屈原自投汨罗江，歌颂他捍卫自己的理想信仰、忠君爱国的气节而设立的；狼牙山五壮士跳崖、八女投江、抗日战争时期地下党组织誓死守卫机密等事迹，讲的都是宁死不屈、英勇牺牲的壮举。在中国传统文化的熏陶和感染下，那些为了民族大义选择英勇就义的自杀行为是我们所敬仰的，是永世流传的，它埋藏在我们的基因中，根植在我们的血脉里。基于这样的文化背景，极少部分人更可能会把自杀作为一种选项，去美化和英雄化自己的自杀行为，并为其赋予不同的意义。

此外，当今社会上普遍流行的时尚文化也可能会诱发群体的心理问题或精神障碍。以进食障碍为例，为什么有些患者会违背本能，表现出厌食和暴食的行为呢？如今，社会和网络上充斥着以瘦为美的病态审美观，贩卖容貌和身材焦虑的新闻不绝于耳，现在这种畸形的审美观甚至开始渗透进学校，对中小学生的身心健康产生不利影响，并导致社会上激增了一大批进食障碍患者。在治疗这类精神障碍时，家庭治疗、药物治疗、认知行为治疗等传统干预方法固然有效，但要想解决更多人的精神障碍问题，我们就需要从更宏大的社会层面着手，而最直接、最有效的方法就是纠正畸形的审美观和流行文化导向。对此，目前已经有了很好的尝试。例如，一些行业组织明文规定禁止身体治疗指数不达标的模特和明星出现在时尚杂志的封面，他们被限制出现在大众的视野里。因此，这些大众心目中美的象征必须保持自己健康的形象，保证自己的身高和体重维持在正常的范围内，才可以得到出镜的机会。此类措施出台后，这些国家的进食障碍患病率激增的情况得到了有效的遏制，这一改善尤其体现在青少年群体中。

管理体制不健全

有研究调查了 2014 年中美两国大学生的自杀率，结果发现，美国大学生的自杀率大约是中国大学生的 2 倍，其中一所美国高校与某中国高校的数据差异甚至达到了近 20 倍。有意思的是，该中国高校心理中心的专业人员与学生人数的比例只有这所美国高校的近十分之一，这样算下来，我们可以粗略地认为该中国高校对学生自杀危机干预的有效性是这所美国高校的 200 倍。虽然我们在这里列举的是个别学校的数据，但从实际情况看也是如此，这一结论依然具有一定的参考性。为什么美国大学的心理咨询中心配备的人员更多，经验更丰富，而在大学生自杀预防的效果上却远不及我们呢？其背后的原因与中国高校拥有更为特殊的学生干预和管理体制有关。

首先是管理队伍不同。我国高校的干预不止依靠心理咨询中心来实施，还有一支人数庞大的学生辅导员队伍作为主力军。辅导员更贴近学生的生活，了解学生的需要，当学生的心理健康出现问题，或是表现出自杀倾向和行为时，他们最有可能发现并最早实施干预。

其次是管理理念不同。我国的危机干预始终以保障人民的生命安全为首要目标，个体的生命是最重要也最宝贵的，无论在何种情况下都是我们最优先考虑的。当个体的生命安全与隐私权发生冲突时，危机干预工作的首要任务是先保证生命安全，然后再考虑隐私保密的问题。此外，我国高校主动面向全体学生开展心理测评工作，及时发现并解决问题，而非被动地等待问题学生寻求帮助。中国高校通过全覆盖的心理测评发现潜在的自杀高风险人群，主动给予帮助和干预，挽救个体的生命。在新冠疫情发生期间，党和国家始终把人民的生命安全放在首要位置，虽然在一定程度上民众让渡了短时间内的自由，却保证了更大一部分人的生命。正是在这样的政治制度和管理体制下，中国才能以更高的效率完成疫情防控与灾后危机干预的工作，这毫无疑问体现出了我国在制度上的优势。

功利教育

学生尤其是儿童和青少年的心理健康问题一直是社会各界关注的焦点和难点，各类新闻媒体报道的校园自杀事件也屡见不鲜。其背后反映的社会现状便是越来越多的学生"带病入学"，在进入大学之前就已经存在较为严重的心理问题，这是最终导致学生自杀的一个重要原因。如今，学生的心理健康问题存在以下共性特征。

- **抑郁**：表现为情绪低落、兴趣减退、快感缺乏，情况严重者可能符合抑郁障碍的诊断。
- **无意义感**：个体表现出强烈的孤独和无意义感，认为自己跟周围世界没有联系，这个世界或生活本身是没有意义的。
- **自我缺失**：个体缺乏支撑其意义感和存在感的理想、信念和价值观，对自己存在的价值和意义感到迷惘，在青春期很难完成自我认同。
- **过分追求外部认同**：个体在日常生活中极力想维系自己在他人眼中的好形象，努力维持关系以寻求外部认同，做老师眼中的好学生和父母眼中的好孩子。
- **自我否定和恐惧评判**：个体否定自我的价值甚至厌恶自己，但又十分重视维护自己良好的社会形象，对外界如何评判自己很敏感，最后演变成对学习和考试的厌恶。
- **自杀倾向**：个体可能长期存在自杀意念，但这并非由外部因素直接导致的，而是由于个体找不到自己存在的意义，感受不到生活中的美好，通常个体会尝试较为温和的自杀方式。

- **病程特点：** 病程较长，通常持续一年以上，传统的生物治疗和心理治疗疗效甚微。

上述心理问题特征表现极具时代特点，我们可以从以下两个方面来理解。一方面，这些问题在一定程度上是当今社会商业文明、物质主义、消费主义、个人主义和虚无主义盛行的产物。商业文明、消费主义和物质主义认为，世间的一切事物都可以买卖和交换，哪怕是最崇高的理想和信仰都可以用来交换；个人主义则是以个人为中心，追求个人的利益最大化，这同样否定了更宏大的理想和信仰；虚无主义则过分强调自由意志，个体认为自己是世界的主宰，自己可以决定一切，从而否定了精神世界中的信仰的作用。这最终导致的结果便是人们忘记了自己学习、工作和生活的初衷和意义，只是盲目地追求更高的收入、更好的成绩、更丰厚的物质享受，但在内心深处却难以得到真正的满足和对自我的认可。于是，当人们长期重复着空虚、异化的生活时，就会从心底否定和厌恶自己，无法找到生活的快乐和意义。

另一方面，当前一些学校越来越趋向于功利教育，即一切以学习成绩为中心，通过各种各样的方法和手段提高学生的成绩和升学率，教育的目的不再是育人而是育成绩。当学校的价值观出现偏差，学校所培养出来的学生的价值观也自然会产生问题，而这种偏差与他们一开始内心想要追求高尚和美好的本能之间产生了冲突，最终使他们否定自己的一切，并对这个世界感到失望。如果孩子从小到大一直被灌输的教育理念是，学习的目的就是考上好大学，上好大学的目的就是找好工作，而工作好坏的评价标准就是收入的高低等。久而久之，他们便会对自己生活的价值和意义产生怀疑。从这一点来看，无论是教育还是心理疏导，都需要升级，以教导儿童和青少年发现世界的美好，记录人生道路上每个令人感动和有意义的瞬间，而非仅仅局限于追求空洞的物质、金钱和成绩。

网络与媒体信息传播

随着社会的不断发展，网络与我们每个人的关系都变得更加紧密。在疫情发生期间，我们渐渐习惯了通过线上视频的形式进行远程上课、办公、开会甚至开展咨询服务。网络的普及在给我们的生活带来极大便利的同时也带来了一些消极影响，例如，使谣言变得更易在短时间内被广泛传播，这给受害者及其家属带来了很多不必要的伤害和痛苦。我们现在常习惯于借助社交网络来进行沟通和交流，人与人之间的距离和关系也因此变得越来越疏离，这或多或少会对我们的人格特征造成一定的影响。由于缺少现实世界的面对面接触，人们虽然在客观层面保持着长期"连接"的状态，在主观感觉上却时常体验到疏远和更多的孤独，这种感觉最后可能就会危害我们的心理健康。

我们正身处于一个信息传播极度发达的时代，新闻、短视频、微信、微博等各种媒体都在为我们提供各种各样的信息，这些信息在一定程度上也会影响我们的心理健康，给我们制造无端的焦虑，铺天盖地的负面还会诱发严重的心理疾病。过去，报纸和广播是我们为数不多能够获取信息的渠道，而在自媒体时代，每个人都在被信息轰炸，信息传播速度的加快，不仅给整个社会带来了便捷，也带来了始料未及的恐慌和焦虑，这种负面情绪在人与人之间传染，最终演变成自杀和危机事件的导火索。此外，一些关于危机事件的媒体报道不仅没有起到警示作用，反而因报道不当或过分渲染导致了后续自杀传染事件的发生。这提示我们要重视新闻媒体在心理健康问题和危机事件发生发酵过程中所发挥的作用，推崇传媒工作者的社会责任感和职业使命感，本着善行和公心对一些特殊的危机事件进行报道，杜绝发布虚假消息及传播可能会加重事件影响的消息，规范一些媒体的不科学、不合理的报道，为个体、群体和社会危机风险干预工作的开展打造良好的舆论氛围。

社会环境

每个人都是由周围环境塑造和影响的。人们的生活方式、环境及人际关系的变化都会对心理健康产生影响。在传统社会，人们的生活稳定而单纯，周围的环境小而物资齐全。同街的人共同生活多年，人们的社会需求基本在步行可达之处都可得到满足。在这种社会环境下生活的人，其自我角色清晰，认同父母，因此子承父业的现象普遍存在。人们可选择的余地更少，随之引发的焦虑也更少，因此人们的确定感和安全感更强，这与现代社会截然不同。在现代社会，人们的生活更加复杂、流动性更强，人们在对待衣食住行上表现得更去人性化。大量的时间被花费在交通上，人与人之间的距离变得愈发遥远，人情更显淡漠。在此情形下，人们就更难形成良好的自我认同，更多的选择和自由带给人们的却是更多的焦虑与不安全感。

由上可见，社会环境对人的心理影响是巨大的。改变环境也会影响个体的心理健康。例如，2008 年汶川地震发生以后，近 10 万人罹难或失踪，上千万人受到地震的影响。帮助几千万人做心理重建和康复治疗，似乎是一个不可能完成的任务。与运用高深的技术与复杂的理论实施心理救援相比，切实的陪伴与支持似乎更有效。例如，安慰罹难者家属、帮助病人联系家人和床位等，这些都会为他们带来可靠的安全感与真实的支持。其中最接地气的心理救援方式莫过于打麻将，在当地，这是一种集体的娱乐形式，能够提供人与人之间的相互支持，有利于人们团结起来，互相传递温暖。从某种意义上讲，当受众人群数量庞大时，这些方法可能比一对一的心理咨询和服务更有效。此外，每个人都需要社会支持，需要与他人有情感连接才能正常地生活下去，当失去这种社会联结时就极易出现心理问题。因此，有意或无意地削弱社会支持，也会相应地削弱人与人之间的联系，这样的做法是去人性化的。当个体的生活不如意时，所产生的负面情绪将缺乏自然疏解的渠道，因此罹患精神障碍的概率也会增加。

理想与价值观

在人类历史上有这样一部分人（如革命英雄江姐、圣雄甘地、曼德拉等人），他们都有过长期被囚于单人牢房、被精神折磨的经历，为什么他们的精神没有崩溃，最后还成就了举世敬仰的伟业？这是因为他们拥有崇高的理想与信念，始终坚信自己正在做有价值和有意义的事情，在做有利于国家和民族的事情。当一个人在精神上是富足、充实和高尚的，并且看到了自己人生的价值和意义时，再多的挫折与磨难都不再是问题，而是磨砺意志的宝贵财富。因此，从这个角度来看，如果我们认为自己正在做的事情是虚假、浅薄和无意义的，那么我们自己都不会喜欢自己，甚至会否定自己。相反，如果我们努力去做一些有价值和有意义的事情，积极追寻自我认同和自我实现，就可以提升自身的心理健康水平。

⊃ 社会心理危机干预机制融入社会风险防范的局限性与展望

当今的中国社会蕴藏着庞大而多元化的社会风险防范与社会心理危机干预的需求，而这是依靠西方聚焦于服务精英阶层、少数知识分子等个别群体的传统服务模式无法满足的。此外，我国社会心理服务专业人才队伍的储备也远远不够，对此我们可以尝试借鉴毛泽东提出的"赤脚医生制度"。正所谓"身边的服务才是最有效的服务"，我们可以通过为在基层、农村、社区工作的干部和服务人员提供一些短期的专业知识培训，帮助他们掌握一定的社会心理服务理论、方法和技能，提高他们实际开展服务工作的能力，为广大基层群众提供力所能及的服务，解决他们在实际生活中所遇到的困难。此举能够在较短时间内培养出一批具备一定专业胜任力的社会心理服务工作者，以有效帮助身边更多的人，满足他们的需求。在此基础上，我们再以更全面、更系统、更具针对性的培训形式帮助基层社会心理服务工作者进一步提高他们在实际工作中的服务水平和能力。

针对上述存在的一些问题和困境，我们在未来推进社会心理服务体系的建设过程中，要坚持以人民群众为中心，精准把握国家政策纲要所提出的指导思想并以此来引领社会心理服务工作的开展。一是要具备文化自信，汲取中华民族文化智慧，结合我国具体国情和中华民族哲学文化思想，加强国家需要的、与人民群众心理健康相关的基础性本土化研究。二是要加快设计并完善短平快、接地气、标准化的社会心理服务专业人才培养方案及课程体系，培养能解决实际问题的社会心理服务专业人才，特别是培养更多服务基层的社会心理服务工作者，将社会心理服务和危机干预机制真正落实到基层，为全人群服务而不是为精英阶层服务。三是要重视心理健康、心理疾病科普宣教工作和心理危机干预工作，更加关注社会治理和社会风险防范等实际问题的解决，注重实效。四是要制定相关法律法规和职业伦理规范，发展包括心理咨询、心理治疗等传统心理健康服务在内的各类社会心理服务。

第三章

心理学理论与方法在社会心理服务中的应用

3

本章将主要介绍社会心理服务工作者在开展服务实践时需要了解和掌握的心理学专业理论、方法和技术。本章的前半部分分别从面向全社会、全人群的心理健康知识科普与宣教、针对心理亚健康人群进行的一般心理问题识别和情绪压力管理，以及关注特殊重点人群的临床诊疗常识和危机干预方法出发，帮助社会心理服务工作者针对不同服务对象的心理特点和需求提供多元化且高质量的社会心理服务。本章的后半部分则集中讲解常用于社会心理服务工作的心理评估和干预技术，阐释理论概念和操作方法，并结合案例进一步展示技术和方法的使用过程和效果。

第一节　面向全社会、全人群：心理健康知识科普与宣教

● 生命教育

在这一部分，我们将向大家介绍有关生活、生存和生命教育的相关概念、理论和技术，以期帮助各位读者更好地应对生活挑战，上好人生这堂课。"生命教育"一词首先由美国学者詹姆斯·唐纳德·华特士提出，随后便受到了各界的广泛关注。在人类有限的生命历程中，人们常常会思考诸如"何为生命""生命的价值和意义是什么""我如何让自己的生命富有价值"等议题，这些议题不是专属于哲学家的研究范畴，而是每个人的人生课题，我们需要亲自探索属于自己的、独一无二的答案。然而，完全参悟生命的奥秘并非易事，有时人们可能会对外界产生反感与绝望感，甚至步入更危险的境地，如由于缺乏价值感而选择结束自己的生命。本部分内容旨在积极回应民众对生命教育的需求，在心理层面响应国家关于推进社会心理服务体系建设工作的政策，以帮助民众树立正确的人生观、价值观和世界观，努力培育自尊自信、理性平和、积极向上的社会心态，不断推进健康中国、平安中国和幸福中国建设。

理论简述

人的生命具有三种属性，即生物属性、心理属性和社会属性。生物属性体现了

个体的物质形态。每个人身上都携带着基因密码，以表达其独有的遗传特质。心理属性主要表现为每个人个性的独特性。不同的人有不同的性格类型、心理特征及情绪特点，有人沉静，有人激越，有人豪情万丈，有人冷静内敛。同时，人有着独立的思维、观点及价值观，自然具有独特性。社会属性主要指每个人在不同场景下、面对不同对象时会扮演不同的社会角色。在特定情境下，一个人的角色可能是子女、父母、同事、同学或教师等。不同的社会角色承载着不同的社会期望，并承担着特定的社会义务。这三种生命属性之间既相互关联，又相互制约，共同塑造了完整的生命个体。

生命具有以下几个特点。第一，不可逆性。从呱呱坠地到咿呀学语，再到长大成人，无论起点在哪，生命的终点都是逐渐走向衰老。时间无法倒流，人生亦不可逆转。传统的老年心理发展观认为，人类是一种随着时间的推移而发展或衰退的生物有机体，其心理发展在晚年只存在衰退和衰老现象，具有无法逆转的性质。虽然该观点较消极且存在局限性，但是"人的生命不可逆"这一观点是正确的，这也使生命显得弥足珍贵。第二，不可替换性。每个人都只能为自己而活，没有办法与他人交换生命，也无法以其他任何存在形式去替代。首先，每个生命都是独一无二的，都有自己的特点和潜力，也正是生命的多样性才使人类文明生生不息、延续不断。其次，生命是脆弱的。在浩瀚的宇宙中，人类只不过是极为渺小的存在，一个念头、一次事故、一场灾难都有可能夺走无数人的生命。因此，在日常生活中，我们应该关爱自己和他人的生命，遵守法律法规，尊重生命的尊严和价值。

古今中外，人们对"生命"持有一些共同的看法。例如，儒家认为宇宙的本质是"生生"，即持续不断地产生、生长和变化。因此，人类应依循内在的生命力，不断追求个人成长和自我发展，并通过实际行动和自身修养来促进社会的和谐进步。《孝经》也提到"身体发肤，受之父母，不敢毁伤，孝之始也"。这句话阐述了人们不仅要感恩父母给予的身体发肤，更要尽可能地保护自己和他人的生命，不能因一时冲动或短视的行为而损害或放弃生命。此外，马克思也曾说过"全部人类历史的第一前提无疑是有生命的个体的存在"。也就是说，生命不仅关系到个人的成长和幸福，还会影响整个社会和人类文明的存续发展。由此可见，"珍爱生命"这一思想贯穿以上所有观点，无论是古代贤人还是现代哲学家，无一不在强调生命的重要性。

方法概述

生命教育的重要性不言而喻，如何完善教育体系，塑造人们健康的心态就成了实施生命教育的关键所在。开展生命教育要重点做好以下三个方面的工作。

1. **完善课程内容体系**。在课程设计上，我们要充分考虑生命教育的特殊性和重要性，并与其他学科有机结合，例如，在英语相关专题课程中给学生传播防火、防溺水等知识，在语文课堂上讲解有关生命意义的古诗词，引导学生领悟人生的真谛等。学校在进行教育教学时，不仅要注重德、智、体、美、劳五育并举，还要通过组织开展公益活动、提供团体辅导、观看相关影片等方式，教会学生生命可贵，其意义在于奉献而非夺取。

2. **加强师资队伍建设**。教师是开展生命教育的关键，因此，我们要选拔一批既有教育经验又具备生命教育背景的教师，并为他们提供专业培训，传授其识别和应对心理危机的方法和技巧，提高其关于生命教育的素养和授课能力。同时，班主任和其他任课老师应加强与学生家长的沟通和交流，将生命教育工作的触角延伸至课外，与家长一起关心、关爱学生，营造良好的学习氛围和家庭环境，从而增强学生的自我保护意识，预防危机事件的发生。

3. **运用先进的科学技术**。例如，我们可以利用虚拟现实技术，在确保安全的前提下，以适当的方式让学生体验生死场景，引导学生认识生命的珍贵和现实生活的美好，增强其对生命的敬畏感。此外，我们可以通过互联网、自媒体等多平台宣传推广科学的生命教育知识，从而提高全民素养。

自杀类新闻报道往往会引起读者对生命、生死和生活意义的深度思考。若不加以正确引导，这种思考反而可能会对部分读者产生负面影响，导致公众产生替代性心理创伤。因此，自杀类新闻既要尊重事实、反映社会问题，又要充分考虑报道可能带来的负面影响。在进行报道时，我们需要注意以下几点。

1. **保持客观、中立的态度，遵循新闻伦理规范，报道真实、准确的新闻内容，避免夸大其词、过分渲染**。同时，涉及自杀者的新闻应避免报道过于翔实的细节，尤其不要随意公开死者的照片、姓名、住址等个人信息，避免对死者家属造成二次伤害。同时，对于自杀者的生平、自杀原因和自杀细节等信息，应尽量避免过于详细的披露，以避免其他潜在自杀者模仿或被诱导。

2. 挖掘深层的社会问题。例如，针对青少年自杀问题，相关部门可以从家庭教育、学校心理辅导、社区宣传等方面进行深入的调查研究，剖析其中的深层原因并及时采取有针对性的措施，为社会各界提供建设性的建议。例如，构建家校社共育机制，互通互联，全方位关注青少年的心理动态，预防极端案（事）件的发生。

3. 传播正面的生命教育理念。通过微信公众号、抖音短视频、微博、小红书等多媒体渠道宣传，帮助人们树立正确的生死观、人生观和价值观。同时，通过加强精神文明建设，弘扬中华优秀传统文化，传播社会主义核心价值观，开展爱国主义教育，增强民族自信心，培育良好的社会心态，营造和谐友爱的社会环境，从而丰富民众的精神世界，传播社会正能量。

4. 加强与心理学家、社会学家等专业人士的合作。邀请专家对社会现象、时事热点进行专业分析，做好科普宣传、培训教育等工作，并根据社会和人民的需求提供科学、可行的建议，为公众提供有关自杀预防、危机干预等方面的知识，引导公众正确看待自杀事件，避免引起公众的恐慌。

案例解析

【案例1】站在世界角度看自杀问题

根据联合国在1998年关于全球病亡人数的统计结果，全球死于自杀的人数占所有因疾病死亡人数的1.8%，并且可能出现逐年上升的趋势。由数据可以看出，医学进步可显著减少因病致死的人数，但在预防自杀方面，医学技术并无显著效力。那么，自杀是一种生物疾病吗？并非如此。因为不同国家及同一国家的不同地域之间的自杀率存在较大差异。若一个国家的所有民众都持有同一信念，即无论面对何种困境都不选择自杀，那么自杀就真的不会发生。因此，与其说自杀是一种病态，不如说是个体对待人生困扰和挫败的一种态度和应对方式。

【案例2】"空心病"——生命之花因何而凋零

成绩优异的尖子生是不少家长口中的"别人家的孩子"，但实际上许多成绩名列前茅的学生、"优等生"，甚至高考状元常常会对自己的生活、学业及未来发展感到迷茫。在探索欲和求知欲的驱使下，他们在思考诸如"我是谁""我活着的意义是什么""我为什么一定要学习""取得优异成绩的价值和意义是什么"等问题时，往往会感到困惑和不知所措，这绝非心理问题或抑郁情绪，更像在自我探索的道路上失去了方向和动力，有学者将这种状态称为"空心病"。

"空心病"具有以下几个特征。第一，患有"空心病"的个体似乎符合抑郁障碍的诊断标准，他们情绪低落，对所做的任何事情都不太感兴趣，并且做任何事情都没有快乐的感觉，但其抑郁程度并未严重到足以引起周围人的警觉。第二，一些患者表现为"微笑抑郁"，即在日常生活中看起来一切正常，内心却充满极度的痛苦和无意义感，不清楚自己为何而活，对学习的意义感到困惑，自觉与世界上的其他人和物之间没有建立真正的联系，甚至认为自己所做的一切都是因为他人的要求。第三，为了讨好和取悦父母、老师等人，他们努力学习、工作，但是从来不认为是在为自己而活。此外，他们也许因为"好学生""乖孩子"的名头拥有良好的人际关系，但为了维系在他人眼中良好的自我形象，他们往往需要伪装和掩饰自我。第四，患者时常会否定自我，认为自己很糟糕，没有价值。第五，虽然有强烈的自杀意愿，但患者并不一定希望得到死亡的结果。因此，当他们试图自杀时，往往会选择温和、较少痛苦的方式结束自己的生命，如服用药物、开煤气、烧炭等，想要以平静、无痛苦的方式离开这个世界。第六，患者并非对这个世界感到厌恶，而是因为不确定这个世界还有什么值得留恋，或者不确定自己还有什么价值。第七，患者缺乏支持其人生意义和自我认同的核心价值，对事物的是非曲直判断较模糊，不清楚人生的意义何在，也不清楚什么可以给予自己力量和存在感。

对于"空心病"，药物治疗甚至电休克等物理治疗也难以疗愈患者内心的孤独和抑郁。产生"空心病"的原因或许在于个体价值感的缺失，而非源于心理创伤或严重的家庭问题。那些患有"空心病"的人，其家庭关系可能很和谐，父母关系也很融洽，并且他们自身从未感受过痛苦，只是对生活的意义产生了困惑。此现象与一些教育过分关注应试和基础教育、忽视学生心灵成长的需求存在密切关联。一些教育环境过分追求分数和升学率，而忽略了学生的自我心理成长，进而偏离了教育的本质。在这种环境下，家长、教师对孩子实施的教育方式，往往也忽视了其作为孩子榜样的意义，忽视了言传身教对孩子的深远影响。例如，部分教师在教学过程中让某些学生认为非考试内容不重要，所以这些学生只关注考试范围内的知识点，甚至产生了只有参加课外辅导班才能取得高分的错误观念。这些都说明当教育成为一种商品时，其本身的价值也将受到严重扭曲，即丧失了其最基本的职能——培养和塑造人才。

那么，生命之花究竟应该如何绽放？第一，我们需要充分认识到生命存在的重要意义，学会有意识地珍惜和保护自己的生命，尊重并热爱自己和他人的生命。第二，生命是独特的，每个人都有独一无二的价值。在批评教育中，只以学习成绩和分数来定义一个人是对生命伦理的违背。第三，生命是具有品质的，其品质高低取决于我们将自己的生命置于社会的哪个位置。我们不能仅依赖他人的评价来认识自己的生命，也不能只关注自我，而是要既能看到个人价值，也能看到社会价值。第四，生命不仅需要存在，还需要经历和超越。人类的生命是一种超越的存在，而生命的本质并非仅在于存在本身，而在于超越与创新，这便是生命的内涵，也是人类存在的真谛。生命也并非仅仅是自我的产物，每个人都是社会的一部分，都有自己应该履行的社会责任。个人的生命意义和责任担当既可以在与自我、家庭、亲友、同侪的关系中产生，也可以在与集体、民族、国家、社会甚至全人类的关系中产生。当我们的生命承担起责任时，它将拥有更深刻的内涵和更深远的价值。

【案例 3】生命的价值与意义

瞿秋白曾言："本来，生命只有一次，对于谁都是宝贵的。"对每个人来说，生命的价值与意义都是难以估量的，每个人都需要也应该对自己的生命负责。经历失败和挫折并不可怕，面对难关也无须太过紧张焦虑，将其视为一件稀松平常的事，沉着冷静地对待，总能收获意想不到的结果。下面我们通过两个故事与大家探讨生命的价值与意义，以及何为"真""善""美"。

老华（化名）是一名乡村"赤脚医生"，因年少时遭遇不幸而导致身患残疾。数年来，老华致力于帮助那些需要医治却又苦于无法支付诊疗费的村民。虽然因残疾而行动不便，但他从未放弃自己的信念和职责。他以一颗真心治病救人，不以赚钱为目的，翻山越岭只为守住自己的初心。村民们常常在老华看病结束时塞钱给他，但他态度坚定地全部拒绝，并说道："药是我自己采的，人是我自己愿意治的，为什么要收钱？"因此，村民们都对老华赞不绝口。

莎士比亚曾说，无言纯洁的天真，往往比说话更能打动人心。老华秉承着自己的"真"，用行动证明了残疾并不意味着失去希望，而是用真诚的行动、暖心的帮助战胜眼前的困难。人类拥有敏锐的洞察力和细腻的思考力，因此在与他人建立人际关系时会相互作用、相互影响。在交谈的过程中，我们能敏锐地觉察对方是否在撒谎及真诚与否，对方的谎言、敷衍等会给我们带来疲惫感。当人们感受到对方的真诚时，往往更容易被打动，更容易选择信任对方，也更容易感受到美。"真"并非易事，它需要勇气和力量。在这个浮躁的社会，如果撒谎就可以获得眼下的利益，人们往往会不惜一切代价地编造各种各样的谎言；如果编织一个谎言能让自己坐享其成，人们往往会不惜放弃自己的原则和操守。然而，坦率地表达真实的自己，才是最容易、最简单，也最轻松的选择。

名牌大学的优秀毕业生小高（化名），选择了一条与高薪工作相去甚远的道路——加入支教队伍。在农村，学校的学生们大多是留守儿童，小高深感责任重大，希望以自己的力量尽可能多地帮助他们走出农村，看看大千世界。在这里，他度过了三个春秋，尽管每月收入微薄，他却全情投入。然而，天有不测风云，他在投身支教和公益事业的过程中被诊断患有严重疾病，但是他的家庭无法承担高昂的医治费用。当他的故事被发布到网络上时，社会各地的爱心人士立刻组织了募捐活动。在短短的一个月内，善款筹集的金额达到了几百万元。在经过专家医生的诊断和治疗后，小高的情况有所好转。正因为小高在自己有能力的时候，努力支援社会基层，贡献力量，最终他付出的爱也以同样的形式回馈给了他。

小高付之以善，受之以善。那么，什么是善？善是大爱，善在中国文化中是"仁"。孟子说，恻隐之心，仁之端也。善是人的本性，当我们帮助别人解除痛苦时，我们的内心就会产生对自我的肯定，从而感到愉悦和满足。

最后，何为美？泰戈尔在他的散文中这样写道，只有那些无法把自己充分沉浸在美中的人，才会鄙视美，把它看作一个感官的对象。美在本质上是一种生命的绽放。舞蹈、音乐、绘画、语言、风俗等都需要人们呕心沥血的创作，都是人们绽放自己生命的结果。此外，美是一种态度，更是一种力量。当我们面对困难时，生命中的美好会给予我们力量，让我们坚持下去。

综上所述，"真""善""美"正是我们生命真正的价值和意义所在。其中，"真"是人生的根本，"善"是人生的动力，"美"是人生的目标和归宿。真实能够让我们感受到生命是此时此刻的存在，是具有价值的；善良推动我们给予他人爱和关怀，又在冥冥之中收获来自他人的善意；美好源自我们在欣赏和享受生命时的感受，这会让我们爱上生命本身，并珍惜人生包括成败在内的一切。

同样，社会心理服务工作也需要"真""善""美"，社会心理服务工作者在为他人提供服务时应将"真""善""美"视为原则，同样，服务对象也应当弘扬和践行"真""善""美"，如此才能将他人提供的服务转化为自己的东西，实现自我成长和超越。

涉及的职业伦理和原则问题

实施生命教育是社会心理服务体系建设，尤其是科普与宣教体系的基础性工作之一。在实际工作中，我们需要注意建立正确的生命观并遵循以下伦理原则。

1. **尊重生命**。尊重生命是生命教育的首要原则。也就是说，我们需要尊重包括现代社会及自然界所有生物在内的生命，这意味着要反对任何形式的暴力和歧视，保护每个生命的尊严和权利。

2. **珍视生命**。生命教育需要特别引导人们认识到每个人生命的独特性和不可替代性，每个人都需要珍视自己和他人的生命。例如，我们可以结合心理健康宣教活动，从关注身体健康、预防疾病、保护环境，以及尊重和关爱他人的生命等方面入手，教导学生和他人认识到人的生命是无价的，每个人都应该爱护自己及他人的生命。

3. **全面发展**。生命教育不能仅局限于其本身，而应该被融入人的各项发展进程中，注重人的全面发展，如知识技能、情感、道德、审美、社交等各个方面。此举有利于提高生命教育的质量，促进人们多方面、多维度的成长。

4. **可持续发展**。生命教育应关注人们的可持续发展，引导人们认识到人与自然的依存关系，贯彻人与自然和谐共生的理念。此外，生命教育还应该让人们明白生命的存在也需要人与经济、社会及环境协调发展，从而促进全人类、全社会乃至全球的可持续发展。

⊃ 积极心理与幸福感提升

在这一部分，我们将向大家简述积极心理与幸福感提升的核心概念和主要理论，并从社会心理服务实践的角度简要阐述如何获得幸福的体验。1997年，积极心理学第一次被提出，并以塞利格曼和契克森米哈伊于2000年1月发表的论文《积极心理学导论》为标志被正式建立。积极心理学研究聚焦积极的主观体验、积极的人格品质和积极的环境三个方面，提倡通过培养智慧、勇气、仁爱、正义等积极心理品质，促使人产生沉浸感、满足感、意义感、幸福感等积极的情绪体验，提升人生的品质和主观幸福感。在社会心理服务体系的建设过程中，积极心理学可以为其提供强有力的理论支撑和方法指导，并创新优化社会心理服务的实践路径。

理论简述

积极心理学的核心概念主要包括主观幸福感和积极心理资本等。主观幸福感是指个体对其生活质量所做的情感性和认知性的整体评价，是衡量个人生活质量的重要综合性指标，具有主观、稳定、整体三个基本特点。而积极心理资本代表个体在心理层面拥有的强大力量，由自我效能感、希望、乐观和坚韧力/心理韧性四个维度构成。自我效能感是指个体对完成某一行为抱有充足的信心；希望是指个体为完成目标坚定前行；乐观是指个体会将积极的事件归因为自己不懈努力、深入探究的结果；坚韧力/心理韧性是指个体在面临困难和危机时，会坚定地与之抗争直至胜利。传统的心理治疗模式关注人的弱点，目的是克服不足、避免疼痛、逃避不愉快，研究的内容主要包括精神疾病、愤怒、焦虑、抑郁、变态心理等，而积极健康的心理治疗模式则关注人的优势，为帮助人们接受自我、寻找人生意义、追求幸福而展开研究。

积极心理资本中的高幸福状态被称为"福流"，它指的是人们在从事自己喜欢的工作时全神贯注的忘我状态，以致忽略了时间的流逝和周遭环境的变化。"福流"之父契克森米哈伊曾说：体验的内涵和质量，决定了我们人生的品质。福流心理体验的特征主要包括以下六个方面：

- 全神贯注，即个体的注意力高度集中于所做之事；
- 知行合一，即个体的意识与行动融为一体，如行云流水，收放自如；
- 时间飞逝，即个体的时间感发生扭曲，如白驹过隙，惊鸿一现；
- 物我两忘，即个体遗忘了自我，也遗忘了外界环境的变化；
- 驾轻就熟，即个体的行为因日复一日的锤炼而无比熟练，有如浑然天成；
- 陶醉其中，即个体陶醉在所做之事中，并发自内心地感到快乐和幸福。

例如，"庖丁解牛"的故事就展现了庖丁在从事自身热爱且擅长的解牛工作中游刃有余、酣畅淋漓的福流体验。

积极心理不同于简单的"快乐",它由五个要素组成,分别是正面情绪、积极的人际关系、投入、成就及人生意义。也就是说,一个人要想获得积极心理,需要有积极的情绪,与他人建立积极的友情、爱情、亲情等,并在从事某项活动时投入其中并取得一定的成就,最后从中获得积极的人生意义。马斯洛的需要层次理论提出,人的需要大体可以分为五类:生理需要、安全需要、归属与爱的需要、尊重需要及自我实现的需要,这五类需要自下而上构成了一个金字塔结构。积极心理的获得建立在一个又一个需要被满足的基础上,知足常乐的人倾向于寻求衣、食、住、行等生理及安全需要的满足,认为"吃得饱,穿得暖"就是幸福,而社会地位较高的"成功人士"则倾向于追求成就和权力,有时还会通过投身于慈善事业来获得一定的名誉和声望,并且希望能够实现个人价值。与普通百姓相比,"成功人士"的需要更高,也更多,所承受的心理压力相应地也更大,而当需要无法得到满足时也更容易产生一些心理问题。有研究表明,博士生的幸福指数比其他学历者更低,学业或毕业的不确定性、是否有稳定的收入来源、就业和职业发展的不确定性等是导致博士生抑郁的主要因素。而在社会心理服务体系建设的过程中,健康中国是基础,平安中国是保障,实现幸福中国是最终目的。因此,如何帮助民众获得积极心理、提升幸福感是社会心理服务体系建设的关键目标和重要课题。

在社会心理服务的实践过程中,社会心理服务工作者应根据积极心理的相关理论和概念,帮助缺乏正面情绪、难以自行缓解压力的人获得积极心理,使其以更好的心态面对生活。在当今社会,电子游戏为许多生活压力较大的群体提供了有效的减压方法,其环节设计和项目开发能使玩游戏者从中获得短暂的愉悦,从而达到缓解压力、满足部分心理需求及填补心理空白等目的。社会心理服务工作者可以在游戏设计的启发下,让幸福感较低的人通过完成一次又一次的目标或任务,及时获得精神层面的语言鼓励和物质层面的实物奖励,并从中体会到成就感、意义感和幸福感,建立积极心理。幸福感的提升和积极心理的获得,会激发人的潜在能力,提高人的心理韧性,从而使人能以积极、乐观的心态及多维度的视角看待问题、解决问题,最终助力健康中国、平安中国和幸福中国的建设。

方法概述

区别于传统的心理病理学,积极心理学主张以更积极、主动的方式解释和解决个体可能存在的心理问题和困扰。同时，积极心理学致力于寻找并发掘个体身上的积极因素，对存在心理困扰的人施以积极心理干预，以激活个体自身存在的积极方面，减少消极因素带来的不良影响。

具体来说，积极心理干预的方法主要包括以下几点。

1. 培养积极情绪。积极情绪的对立面不一定是消极情绪，并且积极情绪与消极情绪的产生具有不同的心理过程。因此，仅仅处理消极情绪是远远不够的，我们还要培养积极情绪。人们可以通过"三件好事"练习，回顾并寻找一天中让自己感到愉快、放松、惊喜的事物，并将注意力转移到这些事物上，以消除消极事物对自身的影响。同时，人们还可以尝试写感恩信，以知足常乐的态度对待身边发生的事情。通过长期的练习，人们会慢慢改变原有的思维方式，逐渐抛弃以往的高要求，学会接纳和理解他人，善于发现生活中的小确幸，从而产生更多的积极情绪。

2. 建立积极的关系。社会心理服务强调要建立一套我为人人、人人为我的社会支持系统。人们只有经历了社会化过程，从属于某一群体，与他人建立联结，学会相互支持和理解，才能成长为一名合格的社会成员。积极心理干预同样需要人们建立积极的社会关系，在有家人陪伴、同学关心、邻里友爱、组织支持、政府保障、文化培育、生态滋养的环境中，人们往往更不容易罹患精神障碍或产生心理问题。

3. 欣赏、爱护自己。与受到他人的尊重相比，自尊更重要。一个人首先是"我"自己，其次才是某人的子女、父母或其他社会角色。每个人都需要积极地认识和探索自我，了解自己的性格特征、脾气秉性，发掘自身的潜能、特长，调动一切自身的积极因素实现自我成长、自我进步。也就是说，我们首先需找到自己的优势和不足之处，明确未来的发展方向和目标，脚踏实地，艰苦奋斗，不断放大自身的长处，积累人生经验并将其应用到问题解决中，学以致用。

案例解析

【案例1】

家庭是影响个体一生幸福的关键场域。对许多人而言，怎样与父母和解、与自己的童年和解是需要用一生思考的议题。许多人被原生家庭的阴影所困扰，并试图用后半生去治愈在童年时期遭受的伤害。下面，我们以 W（为保护当事人隐私，此处使用化名）的情况作为案例进行分析。

W 从小到大学习成绩都很优秀。她的母亲是一位一丝不苟、要求严格的大学老师，不仅对 W 寄予厚望，希望她能考入名牌大学，而且常常拿她和家族里的其他孩子进行比较，所以从小到大，W 都处在与他人比较的痛苦中，尽管已经名列前茅，W 仍然缺乏自信，常因落后于他人而懊恼，因母亲的责骂而悲伤，慢慢地，W 变得独来独往，不愿与其他人接触。由此，W 对母亲的心结需要借助专业的心理技术和方法来打开。

在本案例中，W 在母亲的严格要求下变得自卑，甚至在自身足够优秀的情况下仍然产生自我怀疑，困在和同龄人比较的泥潭中，陷入主观认为自身不够好的恶性循环，无法客观地认识、评价自己，这种长期负向的自我暗示会导致个体自我成长的脚步停滞不前。实际上，由于内在要求和外界期望，许多已经足够优秀的人也常常会感到迷茫，并且将外在赋予的价值当作行动标准，这往往是因为人们过于相信或重视外界对自己的看法和评判，误以为自己不够优秀，认为自己不如他人。

因此，W 开始尝试运用积极心理学的相关知识改变现状。在此过程中，她学会以感恩、知足的心态去关注自己、他人及周遭的世界，领悟到世界上并不存在完美无缺，并且唯一的完美就是不够完美，只有接受缺陷、正视不足才能实现自我成长，达到自我进步。也就是说，一旦人们认识到完成期待和要求并不是绝对条件，发现自己的长处和优势并关注自身能力的提升，便能放下与他人比较的习惯，去创造、享受属于自己的每一天。此外，父母的观念、思想及在童年时期遭受的创伤性事件往往会对一个人产生深刻的影响，因此父母、长辈也需要关心和呵护孩子，陪伴孩子迎接成长中的挑战，给予孩子成长的力量，引导孩子成长为独立自主的社会成员。

【案例 2】

党的十九届五中全会审议通过了《中共中央关于制定国民经济和社会发展第十四个五年规划和二〇三五年远景目标的建议》，明确要求不断增强人民群众获得感、幸福感、安全感，促进人的全面发展和社会全面进步。"幸福感"是美好生活的重要内容，如何提升全民幸福感是各省、各市社会心理服务体系建设的重要课题。下面，我们以山东省青岛市城阳区为例进行介绍。

2019 年，国家卫健委、中央政法委等九部委印发了《全国社会心理服务体系建设试点地区名单及 2019 年重点工作任务》，山东省青岛市被列为全国社会心理服务体系建设试点地区。城阳区作为青岛市首批全国社会心理服务体系建设试点地区，坚持"大卫生、大健康"服务理念，以自尊自信、理性平和、积极向上的社会心态为目标，将社会心理服务体系建设全面纳入群众全生命周期服务，不断健全心理健康服务网络，强化重点人群心理健康服务，健全社区、单位、学校、专业机构四位一体的社会心理服务网络，提升居民心理健康素养，逐步形成全区心理健康服务"15分钟服务圈"，打造并形成了社会心理服务"城阳模式"。

实际应用过程

搭建社会心理服务网络。城阳区政府联合卫健委、公安、精卫等部门成立社会心理服务体系建设小组，构建党委领导、政府主导、部门参与、社会协同的发展格局，并在此基础上搭建卫生健康系统三级专业心理服务网络，通过医联体，发挥精神专科机构技术优势；在社区、学校、企事业单位设置心理辅导室，实现心理咨询服务全覆盖；建设城阳区社会心理服务智慧云平台，通过"科普、测评、咨询、诊断"等一系列心理服务，覆盖心理问题的早期筛查、风险分层和危机干预体系，为推进网格化、精细化、数字化的社会治理模式及社会心理服务体系建设提供有力支持。

打造全链条服务模式。通过"科普早预防、评估早发现、咨询早指导、干预早跟进、治疗早开展、康复早介入"六项方针开展相关社会心理服务，坚持专业化服务，打造全链条服务模式；通过政府购买心理服务实现社会心理服务人员常驻社区，日常化开展心理科普讲座和团体活动，实现专业服务全覆盖；在全区社会心理测评机构为居民提供心理评估等服务，重点评估儿童、孕产妇、老年人、学生等群体；在社区、学校、企事业单位设置心理辅导室，健全社区、单位、学校、专业机构四位一体的社会心理服务网络，形成全区心理健康咨询"15分钟服务圈"；持续推出24小时免费心理援助热线，健全心理危机干预机制，成立心理援助办公室、专家组、医疗组和热线组，24小时值守，确保突发事件心理援助响应及时率达100%；建立精神专科医院、医院心理门诊或精神科与基层医疗机构心理咨询门诊双向转诊机制；为康复患者设立康复训练课程，帮助患者早日回归社会。

开展全生命周期社会心理服务。推进婴幼儿心理健康源头防控，创新实施"关注生命之初1000天"家庭抚育项目，为0~3岁育龄家庭量身定制托育服务；积极开展多视角、多渠道、多形式宣传，引导更多资源和力量投入支持婴幼儿心理健康工作；早期评估社会功能发育迟缓儿童、行为问题儿童，为家属开展心理健康教育和儿童护理教育，提升对不同年龄段儿童心理发育水平的认识和护理水平，把握干预与治疗的黄金时机；重点关注孕产妇心理健康服务，将孕产期抑郁障碍筛查纳入常规孕检和产后访视流程，为孕产妇一对一建立心理档案，开展心理健康指导，提高孕产妇及家属心理健康意识；在全区范围内开展"阳光暖心，晚霞更红"老年人心理关爱活动，紧贴老年人的心理特点设置项目，举办其喜闻乐见的活动，减轻其孤独感，提升其自我价值感。除此之外，城阳区还开展了心理休养活动、心理讲座、心理档案、婴幼儿早期教育微课堂等一系列活动。通过这些活动，城阳区建立了全生命周期社会心理服务模式，为不同年龄段的人群提供适宜的心理服务，提高资源利用率，提升民众整体幸福感。

预期 / 实际应用效果评估

城阳区在实践工作中倡导全过程的服务理念，强化儿童、孕产妇、老年人等重点群体心理健康服务，打造集婴幼儿心理健康源头防控、儿童心理健康早期干预、成年人心理健康疏导维护、老年人关爱支撑体系为一体的全链条、全方位、多层次管理，构建前端预防评估、中端干预治疗、后端康复追踪、持续关注保障的立体化服务模式，及时了解各年龄段群体的心理健康状况，针对性地开展心理服务工作。"城阳模式"的建立为全国社会心理服务体系建设提供了重要的参考，提出了社会心理服务体系建设的新方法、新思路，提高了民众的整体幸福感，降低了心理问题引发极端事件的发生率，为国民心理健康做出了重大贡献。

现有实践的局限性与展望

党的十九大报告明确提出要培育自尊自信、理性和平、积极向上的社会心态。但我国社会心理服务体系正在建设过程中，还存在较陈旧的固有观念，即重点关注个体心理问题或精神障碍的诊断和治疗，忽略了社会一般民众所面临的心态问题。首先，在完善设备设施方面，侧重建造学校的心理咨询室、医院的精神科门诊等机构，而非打造适用于全人群的集科普宣传、心理咨询、心理测验、心理培训等于一体的社会心理服务站点。其次，在人才队伍建设方面，侧重于培养个体心理治疗师、心理咨询师、精神障碍诊疗人才等，而非培育各行业、各领域的专兼职心理服务工作人员。最后，在工作机制构建方面，侧重关注心理健康服务方向的机制，而非全方位、全周期、全流程的社会心理服务工作机制。

未来，社会心理服务体系在建设和实践过程中可有机融合积极心理学的科学理念、理论和方法，兼顾微观、中观和宏观三个层面，多项措施并行，全面推进。在微观层面，要通过科普、实践、咨询、讲座等一系列措施，帮助个体建立积极心理，培育个体积极的认知风格，提升个体的心理素养与整体幸福感；在中观层面，要加强社会心态的引导，利用互联网、媒体等信息传播媒介，传播正能量，营造良好的舆论环境，促进积极社会心态的形成；在宏观层面，要将积极心理学与中国的具体国情及中华优秀传统文化相结合，加强理论与技术发展，顺应时代潮流，形成适合现代中国民众的积极心理学，建设具有中国特色的社会心理服务体系，为实现人民幸福和中华民族伟大复兴的中国梦添砖加瓦。

● 个体毕生发展与家庭生命周期

在这一部分，我们将向大家简述个体毕生发展和家庭生命周期的概念和相关理论，并从实用角度出发具体阐述个体心理学的智慧。个体心理学由阿德勒创立，其基本前提为人天生所具有的追求成功的欲望和亲社会的自然倾向。个体心理学的理论建构简洁，术语易懂，社会心理服务工作者可从中得到新知的补充，亦可将其作为大众心理健康科普材料。

理论简述

个体的毕生发展，简言之是指个体从出生到衰亡的整个身心发展过程。毕生发展理论认为，个体的心理发展是一个贯穿全生命周期的连续过程。也就是说，人不是到了几十岁就开始走下坡路了，发展是始终进行着的，只是在不同的人生阶段有不同的任务罢了。早先的发展心理学其实仅限于对儿童的研究，而第二次世界大战后，随着老年人口日益增多，从青少年到老年人的追踪研究大幅增加，这为毕生发展观的形成提供了客观的社会条件。

早期的毕生发展理论模型以埃里克·埃里克森的心理发展周期理论被广为接受，后期的相关理论多以其为基础并增加了更多实证研究。其中，罗斯鲍姆等完善了控制模型，提出控制是每个人毕生发展的一个主题。巴尔特斯等提出了选择性优化与补偿模型，认为毕生发展实际上是个体不断努力使自己的选择最优化的过程。总体而言，各理论模型本质上都是在遗传和社会相互作用的基础上，对个体在不同阶段的发展任务的过程进行解释。

在我国学术界愈发重视个体毕生发展模型之时，一位对该领域具有重要贡献的心理学家所做的工作却一直被忽略，这位心理学家就是阿尔弗雷德·阿德勒，他所开创的个体心理学正是围绕个体的终身发展进行的。由于阿德勒以儿童为研究对象，因此许多学者误以为他只是一位儿童心理学家，并不研究毕生发展。其实，阿德勒在著作中已多次强调"个体心理学是专门研究儿童心理的重要科学，不仅因为该领域本身的重要性，还因为我们能够通过了解儿童的心理成长特点来认识成年人的发展"。相较于其他模型的学术价值，阿德勒的理论则完全是"实用主义"的，它建构简洁，也没有难懂的专业术语，尤其适合作为大众知识科普的素材。阿德勒理论的根本前提在于人的心中自然具有追求发展和完美的欲望，并且贯穿整个人生。但儿童一开始只能依赖成年人，因此人天生具有"自卑感"。这种"自卑感"会促使人在成长过程中不断寻求"补偿"，努力克服自身缺陷，积极、主动地追求成功。由此可见，这种"自卑感"本身在一定合理的范围内不仅不是病态或病理性的，反倒是每个人获取成就背后的主要内驱力和人类进步的重要推动力。但一个人若过于自卑，被内在的自卑感压垮，或者采取病态的方式进行补偿，则容易出现心理方面的问题。同时，阿德勒也强调人并不是自私的个体，只在意自己的成功。人有着浓厚的"社会兴趣"，即具有强烈的亲社会倾向，这与孟子所言的"恻隐之心，人皆有之"有异曲同工之妙。而每个人独特的"补偿"方式会形成他们各自的"生活风格"，判断一个人的"生活风格"是健康还是病态的主要依据是其在寻求"补偿"的同时能否兼顾社会利益。

每个人都有其发展的生命周期，每个家庭的发展也遵循一定的规律。"家庭生命周期"的概念最早由美国人类学学者保罗·C.格里克提出，由杰伊·海利通过《不寻常的治疗：艾瑞克森心理治疗技术》一书率先引入家庭治疗领域，呈现了一个家庭发展过程中的变化趋势及不同发展阶段的特点。家庭治疗将家庭成员表现出的症状视为在发展转换的节点因害怕或无法完成转换任务所导致的问题。目前，众多家庭生命周期理论主要由于划分阶段的细致程度不同而在具体发展阶段的划分上存在一些差异。但无论如何划分，家庭生命周期都包含了新婚、育儿、子女离家、养老这四个重要发展阶段。社会心理服务工作者应结合个体发展理论和家庭生命周期理论帮助服务对象更好地定位和理解目前自己和家庭所处的生命发展阶段，以更有效地处理和应对自身的心理问题和家庭的发展困境。

理解家庭的不同阶段有助于我们意识到"转变的时机"，但具体怎样应对转变，则需要我们更多地借鉴阿德勒的智慧。从独生子女到"二孩"的放开，再到现在的"三孩政策"，社会心理服务工作者需要直面家长的疑惑——"为什么老大和老二关系恶劣""为什么我觉得自己对子女很平等，女儿还是认为我重男轻女"。此时，阿德勒关于出生顺序对儿童心理的影响，以及家庭中的性别不平等等研究就能发挥其应有的价值。对于这些内容，社会心理服务工作者可以查找相关内容进行学习并和服务对象分享。

社会心理服务工作者有时可能也会认为家长"不讲理"，不听自己苦口婆心的劝告。阿德勒指出，即便我们有充分的理由责备家长，我们也不应该这么做。在社会心理服务过程中，服务者需要明确双方会面的根本目的是合作解决问题，而不是和服务对象（家长）争辩哪种方法是"正确的"。有意思的是，现实生活中常常是家长认为自己的孩子不听话，一定是到了"叛逆期"，然后焦急地向孩子的老师求助。有的老师站在家长这边，一起"谋划"怎么好好"治治"孩子的毛病。有的老师懂点儿心理学，可能会尝试让家长学会"正面管教"的策略和民主的教养方式。阿德勒对青春期孩子的发展特点也有比较深入的研究。他认为，青春期的问题常常是过去遗留问题的体现。例如，有的孩子在青春期离家出走或与父母吵架，并不是因为他们"变了"，而是因为孩子现在有能力实施这种行为了。青春期是家长发现问题并正确对待问题，从而解决过去问题的好时机。服务者向家长科普与个体毕生发展相关的科学知识，有助于家长"正常化"所谓的"叛逆期"问题，学会以新的视角接受并适应孩子正常的心理发展，改善亲子关系，促进孩子成长。

案例解析

党的十八大以来，我国陆续推出"单独二孩""全面二孩"和"三孩政策"等重大生育政策，为社会、家庭和个体带来了新的问题与挑战。许多"一孩"会面临难以克服的心理落差，父母也会因为孩子们的公平问题产生困惑与迷茫。本部分以C先生一家（为保护当事人的隐私，此处使用化名）为例，对其平衡亲子关系及同胞关系的事例进行分析。

案例简介

  C 先生（父亲）和 L 女士（母亲）响应国家政策，希望再生一个孩子。家里的女儿小 C 已经 4 岁了，夫妻二人觉得要"二胎"这件事需要考虑女儿的意见。没想到，一听父母要"二胎"，女儿就表现得非常愤怒，认为父母不想要她了。在接下来的一段时间里，小 C 经常因为一些小事对父母发脾气，又哭又闹，即使父母答应不要"二胎"了，小 C 的行为依旧没有任何变化。夫妻俩实在无计可施了，决定主动寻求心理咨询师的帮助。

  根据阿德勒的观点，每个人都会对别人有社交兴趣。社交兴趣是指一个人愿意了解和关心他人的一种内在动力。每个个体首先是父母亲密关系的产物，所以生命的社会根源就是社会关系。个体每一步的成长就是其形成对自己是一个什么样的人的基本判断，而这种关于"我是谁"的认知完全是在社会关系中建立起来的。

  在此案例中，我们可以看到，小 C 对父母要"二胎"的愤怒并不是因为她不想要一个弟弟或妹妹，而是将要"二胎"这件事理解为父母讨厌她、不想要她的标志，并据此做出了自己是"一个没人要的孩子"的判断。因此，只是教育小 C 接受父母的决定，或者接纳弟弟或妹妹的出生都是无效的，甚至还可能适得其反，引起小 C 更强烈的愤怒和抵抗。社会心理服务工作者应尊重小 C 的选择权，耐心倾听小 C 抗拒父母要"二胎"的原因，鼓励父母多给予小 C 关心和支持，让小 C 逐渐认识到父母对她的爱不会因为要"二胎"而改变。这里需要注意的是，小 C 才 4 岁，对很多事情还不能清晰地认知和想象。社会心理服务工作者首先应与父母积极地讨论如何更好地理解和照顾小 C 的情绪，帮助小 C 提前做好当姐姐的准备（例如，"你想怎么照顾弟弟或妹妹""如果他们惹你生气了，你会怎么办""你想做一个什么样的姐姐呢"，等等）。社会心理服务工作者通过这些提问激发小 C 的社会兴趣，帮助其发现做姐姐的积极一面。父母和小 C 也要共同为新生命出生后家庭可能会面临的一些挑战做好准备。

  最终，父母和小 C 通过心理咨询变得更加理解和支持彼此。一方面，父母会更多地照顾到小 C 的生活和心理状态；另一方面，小 C 不仅不像过去那样经常发脾气，还支持父母要"二胎"的决定，她自己也在为做一个姐姐做准备。

现有实践的局限性与展望

1. **对特殊家庭关注不足。**目前，社会和学界对特殊家庭（如离婚/再婚家庭、单亲家庭、丁克家庭和同性恋家庭等）生命周期的接受度和关注度不足。这些特殊家庭在发展过程、困惑、任务和机遇等方面存在独特之处。例如，离婚/再婚家庭面临的困境涉及情感、经济及家庭重组过程；单亲家庭往往会遇到经济压力和亲子关系异常等问题；丁克家庭面临的困难主要集中在经济和社交方面；同性恋家庭常常需要做好面对社会认可和生育等挑战的心理准备。未来，我们期待社会各界和学术研究能够更加关注这些特殊家庭的发展形态，深入了解其特点、需求和困扰，并为其提供更多的社会支持和专业援助。

2. **科普实用性有待提高。**目前，关于个体和家庭生命周期的理论知识科普往往只停留在表面，缺乏实践上的支持和反馈。尽管许多理论模型和框架可以用来解释和指导个体和家庭的发展过程，但在实际应用中常常难以满足个体和家庭的需求。这种局限性主要因为个体和家庭的生命周期受到社会、文化和个体差异等因素的影响，每个家庭都有其独特的背景、情境和挑战，刻板地将理论知识应用于具体情境会遇到很多困难。此外，在与生命周期相关的理论实践上，我们缺乏足够的经验支持和反馈。这使理论知识在实际应用中的效果难以评估，无法被及时调整和改进。未来的生命周期理论研究和科普应基于实际，结合社会心理服务工作中的具体案例，确保理论研究与民众的日常生活息息相关，针对不同发展阶段个体和家庭的特点，切实有效地为处在各生命周期的民众提供适时、适当的社会心理服务，保障民众身心健康发展，维护家庭关系和睦、亲密，促进社会整体和谐稳定。

◯ 提高身心健康素养与管理水平

在这一部分，我们会向大家介绍身心健康的概念及其主要影响因素，并以社会心理服务体系建设工作为切入点，简要阐述相关的健康管理尤其是压力管理的策略。一个身心健康的人能主动进行自我调适，保持积极、乐观的心态，有效处理日常生活中的压力，建立良好的人际关系，并履行自己的社会义务和责任，而无法自我缓解压力的人则相反。社会心理服务体系建设关注全人群的身心健康和全社会的平安稳定。社会心理服务工作者在经过系统培训和专业学习后，可以组织开展心理健康教育活动，做好心理健康科普，在一定程度上预防个体心理问题的产生，也可为服务对象提供针对一般心理困扰和烦恼的心理疏导，必要时还可以帮助链接干预精神障碍的心理咨询和心理治疗专业机构。健全和完善社会心理服务体系建设是提高全民身心健康素养，保障全民身心健康和平安幸福的必由之路。

理论简述

身心健康通常指的是个体在生理、心理、社会等全方面健全发展，以应对内部和外部挑战的一种良好的、健康的状态。影响人们身心健康的因素有很多，其中压力是最常见、最主要的影响因素，因此做好压力管理是提升民众身心健康水平的关键点。压力无处不在，它可能存在于繁重的学业、忙碌的工作、充满矛盾的家庭中。压力的形式可以分为三种：

- 暴风骤雨式，即来势猛、伤亡大的压力，譬如突如其来的地震、空难；
- 阴雨连绵式，即程度较轻但长期存在的压力，如"5+2""白＋黑"的工作模式；
- 山雨欲来式，即面对即将来临的不利事件所产生的紧张、焦虑的压力状态，如企业的安全问题、地方的维稳问题等。

在当今社会，人们的生活压力越来越大，不同的人因社会角色和责任义务的不同需要应对不同的心理压力。例如，学生存在由考试、作业等导致的学业压力，初入社会的毕业生需要承受寻找和完成各项工作的职业压力，老年人可能会面临由身体机能退化、社会角色转变导致的心理压力。总体而言，产生压力的原因主要包括以下四种。

第一，社会进程变化快。新时代十年，社会飞速发展，互联网、数字媒体等先进技术在给人们带来便捷的同时，也使社会对人、事、物的要求更高，不仅是青壮年一代，整个社会的压力都越来越大。与此同时，伴随着社会结构的改变，社会问题和社会矛盾也在不断发生着变化。例如，环境污染、贫富差距、就业问题、教育问题等都成为社会关注的焦点。

第二，明里暗里的竞争激烈。在当今社会，人们更多的是靠"竞争"来获取所需资源。毫无疑问，过于激烈的"竞争"往往会给人们带来更大的心理压力。无论是升学、就业，还是职场、商场，都如战场一般，所需要的大部分资源都需要通过激烈的竞争来获取，如员工在企业中要竞争上岗、不断学习新知识和新技能、通过提高工作能力来提升自身的竞争力。

第三，自由选择的权利多。当今的社会氛围更宽松、更包容，人们拥有了更多的自由。诚然，自由使人们在很多时候得以行使自我决定的权利，最大限度地彰显自己的个性，充分表达并满足自己的需求。但自由要适度、适当，过度或不当的自由可能会带来困扰和烦恼。人们的自由越多，在做出行为选择时就越容易产生内在冲突和矛盾。心理学家约翰·多拉德和尼尔·米勒认为，人们在意志行动中常常具有两个以上的目标，而当这些目标不可能同时实现时，就会引发冲突。由选择引发的冲突可以分为以下四种类型。

- 双趋冲突，即只能在两种有利选项中选择其一，"鱼与熊掌不可兼得"。有些人什么都舍不得，什么也放不下，事业、家庭、子女、职务、房子等都想一并拥有，其背负的压力自然就更多。
- 双避冲突，即面临两种想要逃避的选项却只能回避其一。例如，当患者被告知要截肢才能保住性命时，患者就面临双避冲突，因为截肢或失去生命都非患者所愿，两害相权取其轻，患者最终选择接受截肢手术。
- 趋避冲突，即某一目标同时具有吸引力和排斥力，例如，某些人寻找工作的标准是"钱多、事少、离家近"，而任何一个事物总是有利又有弊，难以两全。
- 多重趋避冲突，即面对多个既有利又有弊的目标却必须选择其一。在实际生活中，多重趋避冲突更容易出现，人们在面临抉择时需要权衡的因素更多，压力也会更大。

第四，欲望高。基于马斯洛的需要层次理论，人们的需要如同一个金字塔，越处在金字塔底层的需要与生存的关系就越密切。一般来说，人们最基本的需要是生理需要，正所谓"饮食男女，人之大欲存焉"。往上一层为安全需要，主要指向人们对安全、秩序、稳定等的追求。当生理需要和安全需要得到满足后，人们便会追求精神层面的需要，即渴望归属于某一团体，获得相应的地位，受到他人的尊重，最后在事业方面获得成就，完成自我实现。因此，当人们通过攀比和社会比较寻求他人的尊重和喜爱，却又很难得到回应时，心理问题就有可能增多。

心理学把由压力引起的生理心理反应叫作"应激"或"一般适应综合征"。该概念由汉斯·塞里最先提出，他认为应激的生理反应过程包括警觉、抵抗和衰竭三个阶段。应激反应或压力是一把双刃剑，同时对人具有积极作用和消极作用。在面对压力时，人体的交感神经系统会立即启动，使个体更加警觉，准备行动，指导全身集聚能量，为应对挑战做准备。这部分应激反应具有重要的进化意义，使人类得以生存和繁衍。在遭遇危险或性命攸关的紧急情况时，人体会爆发出非同寻常的力量，从而死里逃生。压力可增强感官的敏锐度，让人集中注意力收集信息，专注解决重要的问题。同样，在体内产生的内啡肽、肾上腺素、睾丸素和多巴胺等化学物质的刺激下，人们的自信心会在一种愉悦和兴奋的感受中得到显著增强，从而使人们更愿意追求目标，并积极、主动地采取行动。但值得注意的是，过度且持续存在的压力可能会对人体的消化系统产生严重的不良影响。在长期承受压力的情况下，人们常常会感到呼吸急促，心跳加快，这些生理反应会对消化液的产生造成不良影响，从而导致便秘、腹泻、呕吐和恶心等症状。因此，保持身心健康、选择合适的放松方法对于应对或缓解过度的压力有非常重要的作用。

方法概述

想象疗法是一种通过引导患者进行想象和自我探索来缓解焦虑、抑郁和其他心理问题的心理干预方法。社会心理服务工作者在经过专业训练后可学习并借鉴想象疗法的一些训练方法，帮助服务对象缓解压力，改善情绪。想象疗法有多种分类方式，根据具体用法的不同，如借助运动、音乐、情景等，也会有不同的类型。通常，想象疗法的具体步骤如下。

1. 与患者建立信任关系。治疗师首先需要与患者建立良好的合作关系，这是有效开展心理危机干预的基础。患者只有愿意信任治疗师，才会表达自己的感受和想法，治疗师才能以此帮助患者解开心结，处理问题。

2. 讲解想象疗法。向患者解释想象疗法的目的和原理，让其明白干预的过程和要求，从而保障干预的顺利进行，也为后续患者自行使用想象疗法奠定基础。

3. 指导患者进行放松练习。让患者学会放松身体的技巧，如深呼吸、渐进式肌肉放松等，以减轻紧张和焦虑情绪。想象疗法需要患者集中注意力，全身心地投入，因此身心放松是必要条件。

4. 引导患者进行自我探索。 在患者放松的状态下，治疗师引导患者进行自我探索，使其关注内心的感受和想法，发现潜在的情绪、认知等问题，针对具体的问题更好地对症下药，提高干预的精准度和有效性。

5. 进行想象练习。 治疗师需要在安全、安静的场所发出口令或指导语，引导患者进行想象练习，让其想象自己身处于一个安静、舒适的环境，然后引导其关注不同的场景和感受，以深入探索内在的情感和冲突。

6. 分析和解释。 治疗师需要以真诚、负责、温暖的态度，与患者一起分析和解释在想象练习中出现的情感和意象，帮助其了解自己的内心世界，促进其个人成长。

7. 制定应对策略。 根据患者的具体情况，制定应对策略，帮助其学会处理情绪问题的方法和技巧，如认知行为疗法、情绪调节技巧等，做到授人以渔。

8. 复习和巩固。 在治疗师的指导下，患者进行复习和巩固，定期回顾和总结治疗要点，从而加深对想象疗法的理解和应用。同时，治疗师指出患者可能还存在的一些问题，以便其日后继续处理。

案例解析

案例简介

小华，13 岁，读初一，因母亲对他抱有很高的期望，常给他施压力，并给他购买许多习题册和课外书，将他的全部课余时间安排了各类兴趣班或其他课程。此外，小华的考试分数一有退步，母亲就会对他进行打骂，使他经常感到焦虑、紧张，并伴有手心出汗、打冷战、眩晕甚至失眠的现象。

如上所述，母亲对小华经常性的过度施压对他的成长是十分不利的。想象疗法可以帮助小华调整心态，减轻压力，从而让他在面对压力时保持冷静。以下想象疗法的步骤仅供参考。

1. 准备工作。 服务者应以温暖、共情的方式与小华进行沟通，与他建立信任关系，听取他的想法和感受，尊重他的情感和需求，了解他的内心世界，探讨他焦虑、紧张和失眠的原因，以及他对母亲的态度和感受。同时，服务者要让小华了解想象疗法的目的和原因。在治疗过程中，服务者要让小华放松身心，把注意力放在想象而不是担心后果上。

2.**设置场景**。保持室内整洁、封闭、安全，使小华可以自由地进行想象，探索一个只属于他自己的世界，以放松身心、保持平静。

3.**想象过程**。服务者引导小华在这个世界中自由地进行想象，帮助小华改变他对自己的看法和期望，让他明白他不需要满足母亲的期望，可以按照自己的节奏学习和成长，从而逐渐摆脱现实生活中的压力。同时，在这个过程中，服务者可以让小华想象如何处理现实生活中的问题，如何保持冷静，如何在面对压力时保持心态平衡。

4.**实践应用**。干预结束后，服务者可以邀请小华将在想象中学到的东西转化并应用到现实生活中。例如，他可以尝试在考前通过想象放松训练来保持冷静，学会在遇到困难时不气馁，保持乐观。

5.**鼓励与反馈**。在整个干预过程中，服务者需要不断地鼓励小华，让他相信自己有能力应对现实生活中的压力。同时，服务者要对小华的进步给予积极的反馈，让他更有信心进行想象治疗。

除此之外，服务者还要教授小华一些调节情绪的方法，如深呼吸、冥想、放松训练等，帮助他缓解焦虑和紧张情绪，学会放松身体和大脑，改善睡眠问题，保持良好的睡眠习惯，并带领小华制订合理的学习和课余活动计划，让他有足够的时间玩耍和放松，培养兴趣爱好和其他技能。同时，服务者要对小华的母亲实施家庭治疗，让她了解小华的情况和需求，改善家庭关系并调整期望值，学习管理自身压力的策略和技巧，同时给予小华更多的支持和理解。

现有实践的局限性与展望

目前，社会各界对民众的身心健康水平越来越关注，人民群众对心理服务的需求也在持续增长且日趋多元化。但心理服务的实际供应数量和质量还难以有充分保障，尤其是针对更前端的源头预防工作的投入和重视程度还较为不足。

与传统心理健康服务体系相比，社会心理服务体系更强调积极、主动地为全社会、全人群和全行业提供包括维护个体心理健康、促进群体心态平和及社会稳定发展在内的高质量心理服务。社会心理服务体系建设应致力于建立完善"前端预防科普 – 中端干预服务 – 后端追踪保障"全链条化的社会心理服务，尤其注重预防在先，做好心理健康科普与宣教工作。

具体来说，负责执行和落实社会心理服务体系建设相关工作的各部门、各单位应当在党委领导下协同合作，加大相关人、财、物投入，组建专业人才队伍，面向全体民众在家庭、学校、社区和单位等各层面开展身心健康知识科普，传播身心健康知识，讲授压力管理策略，以提升全民心理健康的素养和水平。

第二节　针对心理亚健康人群：压力、情绪管理及心理问题识别

⊃ 压力的识别与应对

在这一部分，我们将向大家介绍压力的身心表现，并以社会心理服务实践为切入点，简单阐述压力的自我调节方式。美国生理心理学家坎农首次将"压力"一词引入心理学领域，他认为压力是外部因素影响下的一种体内平衡紊乱。在外部因素影响下，个体会产生强烈的情绪波动，表现为"战斗或逃跑"等行为反应。如果危险持续存在，个体将长期处于高度唤醒状态，这种状态最终将损害个体的身心健康。此外，个体的压力一般由令人紧张的情境引起，进而导致心理和生理的紧张状态。这些令人紧张的刺激或事件多种多样，除了各个人生阶段所要面对的发展压力以外，外界环境如噪声、震动等，内心体验如疲劳、疼痛等也都可能成为"压力源"。为了减轻人们的压力，我们需要了解压力的身心表现、压力与工作效率的关系及压力的自我调节方式，帮助服务对象学会如何自我评估压力程度并主动调节自身压力，避免出现心理与精神问题。

理论简述

在心理学中，压力也被称为"应激"，是指在特定情境下，个体感受到的一种紧张、不安和焦虑的情绪体验。在日常生活中，我们常常会面临各种各样的压力，如工作压力、学业压力、人际关系压力等。这些压力可能来自工作、家庭、人际交往、个人问题等多个方面。

当个体感受到压力时，身体会自动进入"应激"状态。压力会引起下丘脑兴奋，

继而刺激肾上腺分泌肾上腺素，肾上腺素有升高血压、加快心率并从肝脏中释放大量糖原进入血液的作用，使血液流向大脑、心脏、骨骼、肌肉等方面的流量增加，从而使身体变得更强健、更有警惕性。这一过程也会使个体产生紧张、焦虑、烦躁、恐惧、激动等情绪体验。一方面，在紧急情况下，压力会激发个体的潜能，以更好地应对潜在的威胁。另一方面，过度、长期的压力不利于个体的身心健康，甚至会使个体患上胃溃疡、心脑血管疾病等身体疾病。如果个体长期生活在压力环境下，高水平的皮质醇（肾上腺素）会广泛地作用于身体的各个器官，最终导致身体相应地发生一些变化。首先受到影响的是记忆和学习能力，海马体是与记忆有关的大脑组成部分，其对短时记忆转化为长时记忆尤为重要。皮质醇激素会对海马体产生直接影响，导致脑细胞受损。皮质醇水平长期较高的个体在年老后更有可能出现记忆力丧失或患阿尔茨海默病的风险。除此之外，长期的高皮质醇水平也会让人变胖，尤其是女性，因为皮质醇有促进葡萄糖分解的作用，在长期压力状态下，个体的食量会增加，并且摄入的饮食结构也会变得更不健康。最后，长期的慢性压力也会影响人体的免疫系统，使人更容易生病，出现高血压、心脏病、睡眠不足、性冷淡等一系列问题。

奥地利研究者汉斯·塞里开创了对应激的研究，他发现经常被用作被试的白鼠都得了胃溃疡，而未进行过实验的白鼠却没有，于是塞里转而研究导致白鼠胃溃疡的原因，并据此提出心理压力对人施加影响的过程可以分为三个阶段，即惊恐阶段、抗拒阶段和力竭阶段，并且随着压力的增强和持续，个体更倾向于从抗拒阶段进入力竭阶段。个体在刚刚接收到情境的刺激时，其心理能力尚不能马上发挥作用，在此情况下，他可能会在情绪上感到不安、焦虑和抑郁，这是惊恐阶段的表现。随后，个体将进入抵抗阶段，在这一阶段，个体的心理适应能力会逐渐发挥重要作用。个体会采取某些应对策略来缓解心理压力，并逐渐恢复平静。最后，如果压力持续存在且未得到有效处理，个体会逐渐耗尽适应能力，从而出现沮丧、无助甚至绝望的情绪，这是心理压力的第三个阶段，即力竭阶段。

方法概述

在社会心理服务工作中，我们可以采取一些方法和技术，帮助个体减轻压力，较常用的方法是放松训练。

放松训练

放松训练又被称作"松弛疗法"，指通过治疗师指导或自行训练，个体有意识地控制自身的生理、心理活动，降低唤醒水平，平复自身情绪，缓解紧张和焦虑，以达到身心平衡状态的心理疗法。松弛疗法通常采用深度呼吸、渐进式肌肉放松等技巧来进行训练。这与我国传统的气功、太极拳、站桩、坐禅等相似，通过放松全身肌肉，调整呼吸节奏，促进血液循环，平稳情绪和心态。个体可以通过如下流程尝试放松身体，通过定期且规律的训练，个体可以更快地找到身心放松的感觉，继而减少压力带来的影响。放松训练的流程如下。

1. 准备工作

- 找一个舒适、安全的地方，保持周围环境安静，注意光线不要太亮，尽量减少噪声、亮度、温度等刺激的影响。
- 自行选择合适的身体姿势，如平躺在床上、坐在凳子上、倚靠在窗边或沙发上等，保持身体放松和舒适。
- 抖一抖小臂和手掌，保持身体各部位的松弛感。

2. 放松的顺序

一般来说，身体各部位放松的顺序如下：手臂、头部、躯干、腿部，同时需注意放松顺序不可打乱，具体做法如下。

- 用最大的力气握紧双拳（持续）——45 秒。
- 松开双拳，感受手掌放松的感觉——60 秒。
- 用最大的力气弯曲手臂（持续）——45 秒。
- 张开双臂，体会手臂放松的感觉——60 秒。
- 用最大的力气耸肩 / 提肩（持续）——45 秒。
- 放松肩膀，沉肩，体会放松的感觉——60 秒。
- 用最大的力气咬牙 / 闭眼（持续）——45 秒。
- 放松面部，体会面部放松的感觉——60 秒。
- 用最大的力气蜷缩身体，让大腿贴近胸部——45 秒。
- 张开身体，舒缓躯干，感受躯体放松的感觉——60 秒。

- 用最大的力气上翘脚尖，绷紧小腿 ——45 秒。
- 放松腿部，感受腿部放松的感觉 ——60 秒。

对社会心理服务工作者而言，压力问题是最常见的工作内容之一。其所涉及的范围既包括以消极事件作为应激源而产生的压力，如失恋、失业、丧偶等，也包括以改变个体身心平衡的积极事件作为应激源而产生的压力，如升职、结婚、初为父母等。除此之外，压力问题发生在幼年期、青春期、中老年期等各个年龄阶段，其对整个社会民众的心理健康都具有重大影响。

放松训练是社会心理服务工作的有效方式，它广泛存在于各种心理问题和行为问题的解决过程中，对处理压力问题具有重要意义。放松训练具有如下优点。

- 简便易行、实用有效，即个体在习得治疗的基本流程后可自主进行练习，并且对于应对紧急应激情境非常有效。例如，个体在发言前进行放松训练能够显著地缓解紧张、焦虑，让自己可以从容应对。
- 较少受时间、地点、经费等条件限制，换言之，其所需要的道具较少，对场地没有特殊要求，一般选择安静的环境即可。
- 转移注意力，即引导个体将注意力集中在对自己身体各个部位的感受上，如温度、紧张度、舒适度等，一张一弛的放松练习可以帮助个体释放压力，缓解全身疲劳。
- 有利于提高个体改善症状的速度。放松训练能够使个体在 3 ~ 5 分钟内快速平复情绪，为接下来的其他治疗技术做铺垫，从而有助于个体心理问题的解决。例如，放松训练常与系统脱敏疗法配合使用，可以帮助个体抑制恐惧、焦虑反应，从而降低对恐惧、焦虑刺激的敏感度。

案例解析

压力问题存在于人生的各个阶段，以大学生为例，学业、就业、人际关系等是其压力的主要来源。压力对大学生的影响主要有生理影响和心理影响，包括影响睡眠质量、导致主观幸福感水平和心理健康水平降低，长期处于压力下的大学生轻则会产生网络、网络游戏和手机依赖，重则容易罹患精神障碍。在临床工作中，我们发现大部分压力较大的大学生都有一个共同的特点，那就是"胡思乱想"。下面，我们以大学生王小明（为保护当事人隐私，此处使用化名）应对考研期间的压力为例进行分析。

案例简介

王小明是一名读大三的学生，大学入学的时候被调剂到了自己不怎么感兴趣的机械专业，在班里成绩一般。王小明觉得本科毕业找不到好工作，于是打算考研，目前已经开始准备，但他总是担心自己考不上，每天都很焦虑，尤其到七八月份的时候，他发现自己的学习效率越来越低，每次一翻开书，他就担心自己无法完成复习计划，脑海中不断地翻腾考研失败等可能的后果，时常对自己感到懊恼，每天陷入自怨自艾之中。这种胡思乱想并不能帮助他更好地解决现实问题，反而会让他花费过多时间在情绪内耗上，不仅影响他的工作和学习效率，还会让他更加痛苦。

在本案例中，王小明产生了与焦虑有关的灾难化思维，如"学习进度太慢且知识掌握不牢固，我考研一定无望""如果考研失败，同时失去找工作的黄金时期，我该何去何从"等。这些想法会打断、干扰王小明的学习，因此心理咨询师建议王小明在感到非常焦虑的时候，尽量让自己不要聚焦于那些灾难化的思维，而是聚焦于当下，帮助自己放松下来。心理咨询师还教王小明学会了放松训练，让王小明可以在每次感到焦虑时，让自己按下"暂停键"，聚焦于身体和心理的放松，继而恢复良好的学习状态。

在帮助服务对象的过程中，我们可以将压力分为"可以改变的"和"无法改变的"，对"可以改变的"，我们可以将"着手开始解决"作为工作目标，帮助服务对象聚焦于自己已有的资源，一步步开始尝试缓解"可以改变的"压力，在一般情况下，服务对象实际尝试的次数越多，其体验到的焦虑和恐惧就会越少。对于"无法改变的"压力和痛苦，服务对象采取的态度至关重要。"疼痛"不等于"痛苦"，疼痛是一种生理体验，是无法避免的生理感受，而痛苦是一种我们对某种疼痛的持续关注，当我们试图抗拒、避免却又无计可施时，我们感受到的痛苦和折磨会格外强烈。因此对于"无法改变的"压力和痛苦，我们可以采取更加接纳的态度，单纯地承认这种痛苦的存在。

处理压力问题的具体工作步骤有以下几点。第一，识别应激源。判断服务对象寻求帮助的问题是否为压力问题，并识别产生压力问题的应激源是什么，如考研、考试等。第二，治疗训练。服务者应与服务对象共同协商，将应激源按照压力等级划分为多个类别，配合放松训练对服务对象进行脱敏训练，逐步降低其对应激源的敏感度、紧张度。例如，通过想象在考试的头一天晚上、考前 10 分钟、考试铃响等不同场景，结合放松训练进行治疗。第三，制定未来方案。例如，引导服务对象脱离考研情境，大胆设想以后的职业规划、未来发展等，通过长期规划降低服务对象对考研的恐惧、焦虑，让其明白考研不是人生的唯一选择，以帮助其重新自信地面对现实情况。

现有实践的局限性与展望

每个人的生活中都会有迫不得已、不得不面对的事情，这些事情常常会让我们感到压力很大。完全没有压力的状态是不存在的，因此压力调节的目标不应该是没有压力，而是将压力调节至一个不令人痛苦、也不影响学习和工作效率的水平上。

在社会心理服务的实际工作中，服务者要以建立良好关系为前提，注意评估服务对象的压力状态、目前的痛苦程度，从而帮助服务对象找到理想且适当的压力等级。同时，服务者要根据服务对象的心理状态和需求，带领其进行放松训练，以便服务对象在未来面临可能的成长挑战时能够自行调节压力，自我疏导情绪，提升自己的身心素养。此外，服务者还可以将放松训练与合理情绪疗法、认知行为疗法、服务对象中心疗法等心理治疗技术相结合，帮助服务对象改变不良认知，转换原有思维，培养包容开放、积极向上的良好心态，从而增强心理韧性，从容面对未来的挑战。

⊃ 情绪失调的识别与调节

在这一部分，我们将向大家介绍常见情绪的识别与自我调节的方法，并通过一些案例来比较正常情绪和异常情绪之间的区别。在这一部分的末尾，我们还将介绍能有效帮助我们自己和服务对象调节不良情绪的技术：正念训练。在社会心理服务的工作中，我们可以帮助服务对象梳理自身的认知和行为，使其更清晰地了解自身不良的情绪状态，这有利于我们做出更精确的调节和疏导，有针对性地开展后续的服务工作。

理论简述

社会心理服务体系建设是指在政策规范的引领下，基于我国的国情和文化，运用心理工作的方法、社会工作的模式、社会治理的思维，通过综合性的服务实践，形成以人民为中心，全方位、全周期、多元化的社会支持系统。在这里，情绪失调的识别与调节对应的是我们应该如何面对全社会、全人群、全领域不同层次的服务对象，对我们自己和他人的情绪进行初步的识别与评估，观察当下的情绪状态，以起到筛查和预警的作用。在识别情绪后，我们就需要运用一些情绪调适和管理的方法帮助自己或他人疏导和调节情绪状态，并在必要时向专业机构寻求帮助。

常言道，人有"喜、怒、哀、乐"，在跨文化心理学研究中，实验者发现了在各个国家和地区均广泛存在的六种基本情绪，它们分别是快乐、悲伤、惊讶、愤怒、恐惧和恶心。而情绪识别则是从表情、语调、肢体动作等直观、可测量的因素切入，对个体的情绪进行间接的推测与判断，它可以帮助个体更加了解自己和他人的情绪，从而进一步对情绪进行有效的调适和管理。在此，我们就日常生活中人们最基本的情绪展开讨论。

快乐

快乐是指个体在精神上的满足与愉悦，是由内而外感受到舒服的体验。德国哲学家康德说，快乐是我们的需求得到了满足。具体而言，我们在日常生活中所能感受到的快乐可以根据质量大致分为低级的快乐和高级的快乐，二者的不同之处在于，低级的快乐更容易获得，但它维持的时间却极为短暂，在更多时候是一种即刻的满足。

当我们满怀欣喜地想要促使自己的愿望实现时，大脑就会分泌一种激素，使人感到满足和快乐，这种激素就是多巴胺，它会激励个体反复、强烈地追求这种愉悦的感觉。例如，我们在刷短视频、打游戏、疯狂购物时虽然会觉得很快乐，但这种愉悦的感觉往往转瞬即逝，随之而来的便是强烈的空虚感。这种快乐之所以被称为低级的快乐是因为它存在诸多缺陷：一是在获得这种低级的快乐之前，个体长时间处于期待、焦急、兴奋、害怕甚至恐惧的状态，如期盼着下一条视频会不会更吸引人、下一局游戏会不会取得胜利，而这种期待的感觉未必会给人带来愉悦；二是我们的大脑会在重复的低级快乐中增加对多巴胺的耐受性，过去，每天少量的游戏便会使我们高兴一整天，但是当我们习惯这种多巴胺带来的快乐后，再多的游戏也无法带给我们相同的感觉；三是当我们想要中止这种低级的快乐时，戒断反应会给我们带来颓废、焦虑等一系列不舒服的感受，使我们丧失目标和动力。

与低级的快乐相比，高级的快乐是需要我们付出努力和时间，通过不断地追求有意义、有价值的事情而获得的成就感，是一种由内而外的充实和愉悦感。例如，当我们重拾自己的兴趣爱好，坚定执行安排好的健身计划，努力追寻自己的梦想时，我们会感受到由衷的、身心愉悦的高级快乐，这种快乐是真实且持久的，它绝非盲目追求的短暂快感、无限制的放纵所能比拟和企及的。高级的快乐背后的神经递质是内啡肽，它可以帮助我们改善抑郁、焦虑等负性情绪，增强自信、乐观等正性情绪，为我们带来幸福感。

愤怒

愤怒是指当个体不能实现自己的理想和愿望，或者在实现理想和愿望的过程中遭受挫折时引起的一种紧张且不愉快的情绪。通常，我们会将愤怒视作一种不成熟、不理智、冲动的表现。在日常生活中，当我们感到愤怒时，一些人会选择将情绪压抑在内心，以此来避免破坏人际关系和伤害自己；也有少部分人会选择通过不恰当的方式宣泄愤怒情绪，甚至将愤怒情绪发泄在亲近的人身上。这两种做法都是不理智且不可取的，前者可能会导致长期积累的愤怒情绪爆发，给自己和他人带来严重的伤害，后者则会为人际关系蒙上阴影。因此，我们应该如何处理愤怒情绪呢？首先，我们需要正确、客观地认识愤怒的本质。愤怒并非一种纯粹的负面情绪，它实际上是人类保护自己的本能反应。当我们受到威胁和侵犯时，愤怒可以帮助我们表达不满，确保我们的安全和生存。其次，我们需要学会如何正确表达愤怒。我们应尽量避免使用具有攻击性的言辞和态度，冷静且理性地表达自己的情绪，从发泄情绪转变为解决问题。我们可以针对具体的矛盾或冲突，找出其关键所在，与对方展开讨论，并提出合理的解决方案，以此来正确地表达愤怒。

悲伤和抑郁

悲伤通常是由分离、丧失和失败等具体事件引发的沮丧、失望等情绪体验，而抑郁则是指个体在一段时间内的情绪状态，通常表现为情绪低落、兴趣减退等。此外，我们还需要区分抑郁与抑郁障碍，避免混淆二者。抑郁和抑郁障碍之间存在明显的区别，抑郁是个体的一种正常的负面情绪，而抑郁障碍则是个体的抑郁情绪在时间和严重程度上达到了一定的诊断标准，其主要的症状包括情绪低落、兴趣减退、睡眠障碍、食欲下降、思维迟缓、自责或自罪等，如果出现这些症状超过两周，精神科医生就可以以此作为抑郁障碍的初步诊断依据之一。

方法概述

在日常生活中，当觉察到自己的不良情绪状态时，我们需要借助科学、有效的方法，及时做调整，以更好地适应外部环境的变化，保障我们正常的工作、学习和生活。情绪管理是指运用一定的方法和技巧主动调节和控制情绪，使个体更好地适应环境，维持适当的行为反应。通俗地讲，就是用正确的方式方法，探索、理解并调整自己的情绪。人的情绪既有正面的，也有负面的，只有以适当的方式，在适当的情境下表达情绪，才是健康的情绪管理之道。下面，我们将简要介绍能够帮助个体进行情绪调适的方法，社会心理服务工作者在实际的心理服务过程中可以借鉴其中的一些模式和技术来帮助自己或服务对象更好地调节情绪。

宣泄

宣泄的基本原理就是让服务对象将心中积攒的苦闷、悲痛或压抑的情绪发泄出来，以达到缓解和消除负面情绪的目的，减轻心理负担。在实际的社会心理服务过程中，服务对象可能只是把问题或烦恼倾诉出来，就可以达到放松和舒缓的效果。而社会心理服务工作者需要对服务对象采取共情、关怀的态度，给予他们充分的支持，待他们发泄到一定程度后，再考虑予以温和、正确的指导，切忌采用说教和批评的方式。常用的宣泄方法有以下几种。

- **倾诉法**。向老师、家长或最值得信赖的朋友倾诉，把心中的不愉快、郁闷、愤怒等消极情绪倾诉出来，以减轻内心的负担，有效调节情绪。
- **转移法**。当感到不开心时，将负面情绪转移到别处。例如，当在学习和工作上受挫，心情沮丧时，想象和朋友、伴侣、家人在一起时温馨而惬意的画面，或者将注意力转移到自己感兴趣的事物上，让自己振作起来。
- **借物宣泄**。当感到委屈或郁闷时，尝试清理自己的衣橱、抽屉和杂物等，这种方法可以在一定程度上改善情绪。此外，通过适当地捶打枕头或被子来宣泄压抑的情绪。现如今，许多地方都建立了宣泄室，为那些经常感到抑郁、愤怒、不满的人提供可以合理宣泄的场所。

- **大哭一场。**当感到特别悲伤和难过时，痛痛快快地大哭一场。哭泣能帮助服务对象释放内心积压的紧张、焦虑等负面情绪，改善心理状态。
- **运动。**一些研究表明，情绪状态可以改变身体活动，同样，身体活动也可以改变情绪状态。通过跑步、游泳等运动把体内积聚的能量释放出来，可以使积攒的愤怒和其他不愉快的情绪得到宣泄。

暴露疗法

系统脱敏疗法和冲击疗法都属于暴露疗法，这两种方法都是让服务对象暴露在恐惧和焦虑的事物面前。不同的是，系统脱敏疗法是让服务对象循序渐进地接触敏感事物，用新的放松反应替代紧张、焦虑的旧反应，而冲击疗法则是让服务对象想象或接触焦虑情境，直接把他们暴露在最严重的情况面前，以帮助他们矫正错误的认知，克服消极情绪。例如，如果一个小孩害怕与他人说话，在教室不敢表达自己的想法，那么我们可以鼓励他先与自己身边的亲人练习交谈和讲话，在他每次发言完毕后，给予他充分的支持和肯定，然后场景再逐步从与熟人交谈过渡到与陌生人交谈，从家庭过渡到全校演讲，最终帮助他克服焦虑、胆怯的情绪。

理性情绪疗法

理性情绪疗法是由心理学家阿尔伯特·艾利斯于 20 世纪 50 年代在美国创立的。他认为个体的情绪问题和行为障碍不是由某一激发事件直接引发的，而是由经受这一事件的个体对它不合理的认知和评价产生的信念导致的。因此，社会心理服务工作者在实际的服务过程中，需要采取积极、主动地提问和辩论技术帮助服务对象用合理的思维方式替代不合理的思维方式，以改变认知为主的治疗手段可以帮助他们减少或消除已有的情绪问题。

积极的心理暗示

心理暗示是指个体下意识地受到自己或他人的言语、行为或环境的影响。其中，受自己影响叫自我暗示，受他人影响叫他人暗示，受环境影响叫情境暗示。这种暗示既可以是积极的影响，也可以是消极的影响，成语杯弓蛇影、望梅止渴都是在描述心理暗示的作用。心理学中的"安慰剂效应"也是一种心理暗示。例如，医生在病人不知情的情况下将没有药效、形状相同、完全无害的"假药"和真药进行对换，最终得到了一样甚至更好的治疗效果。积极的心理暗示可以使我们迅速进入一种乐观的状态，从而带来认知、情感及行为上的良性转变，帮助我们树立自信心，增加勇气，提升自我认知与调节能力，缓解紧张和焦虑情绪，保持心理平衡与健康。

正念训练

　　正念是一种自我调节的方法，它是指对此时此地的觉察。例如，吃饭时体会食物的味道，而非思考吃饭之后自己要做什么；深呼吸时体会气流的感觉，而非担心浪费时间。正念更像一种修行，能够让我们安定下来，成为自己情绪的主人。正念可以通过训练我们的注意力和觉知力，帮助我们静下心来，不被生活中各种自动化的想法和情绪裹挟，继而让我们有意识地观察自己，调整自己的情绪和行为。正念可以帮助我们缓解压力、紧张和焦虑，调节并改善负面情绪，更加专注地投入生活，提高我们的睡眠质量与记忆力。下面，我们简要介绍一个 5 分钟的正念练习。

- 选择一个舒服的姿势，闭上双眼。
- 放松肩部，放松背部，放松自己的身体。
- 把注意力放在自己的呼吸上。
- 体会气体流动的感觉，感受腹部的起落。
- 你的注意力可能会飘走，没关系，这很正常。
- 你会觉察到自己的某些情绪、想法或念头。
- 这很正常，它们仅仅是一些想法而已。
- 现在，你可以温柔地将注意力放回呼吸上。
- 你可以继续专注于自己的呼吸。
- 练习即将结束，你可以在准备好的时候睁开眼睛。

案例解析

案例简介

　　L 是一名全职妈妈，自从女儿出生后，她便辞掉了自己的工作，全职照顾女儿。

十几年如一日，L将家庭和孩子作为生活的重心。但自从女儿升入初二，L就发现女儿不再像以前那样对自己知无不言了，女儿常常将自己关在房间里，就算出来吃饭也常常手机不离身。眼看着女儿的学习成绩日渐下降，中考日期也越来越近，L很着急，对女儿的不努力、不刻苦感到很生气。在一次争吵中，L试图劝说女儿将更多时间花在学习上，不要一直看手机，结果女儿露出不耐烦的神色。看到女儿的态度，L终于压抑不住自己的怒气，不顾女儿的反对，将女儿的手机没收并从楼上扔了下去。此后，女儿便开始拒绝上学，眼看着中考马上来临，L非常着急，甚至有些灰心丧气。

愤怒是每个人都会产生的情绪，在感到愤怒时我们常常无法控制自己，希望通过语言和行为伤害或控制我们身边的人，甚至是我们的至亲。但值得思考的是，愤怒的意义真的是伤害对方吗？其实并不是，作为一种情绪，愤怒在提示我们：我们的需求没有被满足。设想一下，如果因为某些突然的变动，我们的既定安排被打乱，那么大多数人都会感到气愤。在冷静地了解情况之前，愤怒、无奈、讥讽，往往会占据我们的头脑，主导我们的反应。在愤怒背后，我们应该看到一种呼声：我没有得到足够的尊重。L之所以对女儿如此愤怒，是因为她希望女儿认真学习，不要玩手机，她希望女儿能尊重她的建议和意见，能用尊重的态度和她对话。但是，当愤怒涌上来的时候，L没办法冷静地审视这一切，此刻出现的往往是暴力、攻击、压抑、阴阳怪气。毫无疑问，这会阻碍事情的处理，也会损害L与女儿之间的关系，对真正解决情绪问题毫无裨益。

通过对愤怒的深入观察和理解，L愿意通过改善和女儿的关系，帮助女儿度过中考之前的备考时间。L发现，每次自己对女儿感到失望和愤怒时，如果对女儿发火，女儿就更加不愿意与她交流，也不会将心思放在学习上，而如果自己专心做家务，做一些让自己平静下来的事情，女儿一个人学习时，效率可能更高。因此，L愿意学习一些帮助自己平复情绪的方法，在一些心理学文章的引导下，L接触了正念练习。通过若干次的练习，L发现自己在呼吸时，常常充满了各种各样对女儿的担心和愤怒，但是通过正念练习，L发现原来在这些担心出现时，自己可以什么都不做，如监督或劝说女儿，或者不断地想自己做什么能让女儿的考试成绩好一点，原来自己可以通过专注于呼吸，让自己回到安定的状态，避免陷入焦虑和愤怒的情绪。这种练习对L的情绪调节有很大的帮助。

现有实践的局限性与展望

在日常的社会心理服务工作中，当面对有情绪困扰的服务对象时，我们可以教授有益于其心理健康的科学理念，适时、适当地灵活选择合适的情绪疏导方法帮助其舒缓和调节情绪。例如，我们可以分享正念"关注"和"接纳"的理念，即在生活中选择一件简单的事情（如呼吸、吃饭或走路，但不能是驾驶等需要专注才能避免危险的活动）进行练习，平和地感受自己的情绪、锻炼自己的专注力。在练习的过程中，将注意力专注在这件事情上，每次走神时，仔细、平静地观察这些想法和感觉，再慢慢地将注意力移回这件事上。通过每周规律的练习，服务对象就可以提升专注和容纳情绪的能力，有效地改善自己的生活状态。

⊃ 人际冲突的识别与处理

在这一部分，我们将简述人际冲突的识别与处理的概念和相关理论，并基于社会心理服务体系的理论框架，简要阐释我们在实际的服务过程中如何及时识别与应对潜在的人际冲突。人际冲突是一种普遍存在于人际交往中的社会现象，在日常生活中，由于不同的个体之间在利益、认识、态度、个性等方面存在差异，因此人们在交往过程中会不可避免地引发各种各样的冲突。近年来，如何识别和管理人际冲突已经成为各个学科关注和研究的重点。在社会心理服务工作中，学习并掌握人际冲突识别的理论和方法有助于我们更好地调解矛盾和纠纷，有效开展相关的服务工作。

理论简述

随着社会的快速发展，人民群众的生活质量得到了显著提高，但同时，各种类型的冲突也随之产生，给社会治理带来了严峻的挑战。许多矛盾调解或信访案件很难做到案结事了、事了人和，其背后的原因在于，过去的矛盾调解更多针对事，而忽略了服务对象，忽视了人的感受，如当事人对安全感的需要、对关注的需要、对尊重的需要等。只有真正关注和满足人的需求，才能从根本上解决矛盾和冲突。因此，在这一部分，我们将更多地从个体的心理层面出发，阐述人际冲突的来源，以及在冲突发生后，我们该怎样进行初步的评估与处理，以避免事件的进一步升级，更好地服务于基层的矛盾调解工作和社会治理。

人际冲突的定义

人际冲突是一种广泛存在的社会现象，但由于不同研究者的着眼点和研究方向的差异，学界对人际冲突这一概念并没有统一的界定。有人将冲突定义为理想与现实的不相容，从而造成两个或两个以上个体之间关系的紧张；也有人认为，冲突是指不同的利益、需求、意见或价值观之间的对立或不协调。在社会心理学中，人际冲突常被定义为不同个体之间的排斥、敌对和侵犯。此外，还有人主张从三个方面来理解人际冲突：第一，冲突是一种特殊的关系行为；第二，产生冲突的主体可以是个体、团体或组织；第三，冲突是分歧的外显行为表现，即冲突是不同行为主体之间的行为对立状态。

综合来看，关于冲突的定义大致可以分成两类：一类是注重个体内部的矛盾与不兼容，另一类更偏向于个体之间的互不兼容。前者是个体内部的冲突，是个体在面对不同的需求和选择时产生的矛盾和冲突的体验，包括价值观冲突、目标冲突、角色内部冲突等；后者则是人际冲突，包括角色间冲突、亲子冲突、员工冲突等。

人际冲突的来源

有关人际冲突来源的研究比较复杂，我们可以从不同的层面和角度探讨和分析。有学者认为，冲突的来源主要有三个方面：一是因为争夺某种资源而导致冲突；二是因为满足自身的某些需求而引发冲突；三是因价值观方面的矛盾而产生冲突。

此外，我们还可以根据一些心理学家的经典理论，理解导致冲突的诱因与来源。例如，以西格蒙德·弗洛伊德为代表的经典精神分析认为，人天生所具有的死本能会通过不同的形式表现出来，一种表现为个体的自我惩罚、自虐、自杀；另一种则转向外部世界，表现为对他人的攻击、仇视、谋杀，以及发动侵略与战争等。当这种本能冲动积累到一定程度时就会迫使个体不断地寻求外界途径来释放能量，最终导致矛盾和冲突的发生。除此之外，梅兰妮·克莱茵的理论认为，个体在发展过程中存在两种状态，一种是偏执－分裂状态，另一种是抑郁状态。她认为婴儿刚出生时并不是空白的，必须面对由出生、饥饿、各种挫折和伤痛引发的巨大焦虑，这种焦虑被称作迫害性焦虑，为了减轻焦虑所带来的负面影响，婴儿常常会采取投射和分裂的防御机制。一部分婴儿在长大成人后对待问题的方式也是偏执和分裂的，并且会把自己的焦虑情绪投射到与其交往的人身上，从而导致冲突。

综合各种文献资料，我们在这里简单地归纳和总结造成人际冲突的几个主要原因。

- **认知上的差异**。认知是指个体对信息的感知、理解和处理方式，个体对同一事物的认识会随着个体的知识、阅历、态度、经验的不同而有所差异，这种认知上的偏差就有可能导致人际冲突，具体表现为不同的认知方式可能会导致人们对同一事物具有不同的观点和解释。

- **错误的归因**。个体归因和解读行为的方式会影响他们对他人的态度、想法和行为，从而造成人际冲突。例如，一些人倾向于对他人的行为做内归因，认为他人的行为总是有意无意地针对自己，这样就特别容易导致冲突。

- **沟通不良**。沟通是人际交往中最关键的环节。如果人们在沟通过程中出现理解错误、词不达意、语言交流障碍、表达方式欠妥时，就容易导致人际冲突。

- **利益冲突**。利益冲突也是导致人际冲突的重要原因之一。在争夺有限资源的过程中，人们总是试图最大限度地为自己争取利益，最小限度地减少损失，进而导致冲突的发生。人与人之间的利益冲突可能涉及资源分配、权力控制、地位争夺等。

人际冲突的原因十分复杂，既有直接原因，也有间接原因，而且会因人际交往的不同情景而有所改变。整体而言，在日常生活中，资源匮乏、沟通不畅、权力斗争、认知偏差、文化差异及价值观的不同都有可能导致冲突。

方法概述

在前面的内容中，我们介绍了人际冲突的定义与来源，对人际冲突有了一定的了解和认识，但我们在实际的社会心理服务工作或日常生活中如何分辨潜在或已有的人际冲突，采取怎样的措施来管理人际冲突，以减少其对学习、工作和生活的负面影响，就涉及人际冲突的评估与管理。

冲突行为的评估

在学术上，关于冲突行为的研究往往与攻击性、侵犯行为、暴力倾向等相关研究联系在一起，而非一个独立的的研究领域。有学者认为，所有的冲突行为都位于连续体的不同位置上，如图 3-1 所示。例如，针对一些因轻微的意见分歧或存在误解而引发的冲突行为，我们可以采取增进沟通和交流的管理策略，及时询问冲突双方的想法和意见；针对一些主体表现出的公开质问和挑战对方等冲突行为，较好的策略则是克制情绪，避免事态进一步升级，并尽可能设身处地地从他人的视角来看待和解决问题；而当对方表现出武断的言语攻击、威胁甚至侵犯性的身体攻击时，处理策略更多是以及时撤离或寻求他人及相关机构的帮助为主。因此，我们可以通过对冲突行为进行初步的评估，及时制止冲突升级和恶化，并采取更具针对性、更行之有效的措施对冲突进行管理。

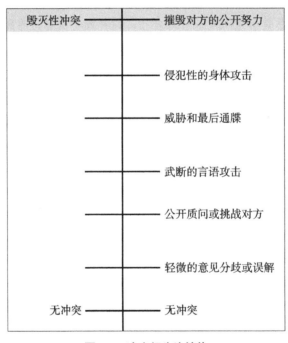

图 3-1　冲突行为连续体

人际冲突的管理

同理心沟通

在社会心理服务工作的具体实践中，当我们参与矛盾纠纷或人际冲突的调解工作时，常常会遇到服务对象拒不认错、胡搅蛮缠、固执己见等情况。此时，参与调解的双方极有可能处于偏执或情绪剧烈波动的状态。例如，服务对象可能将注意力集中在表达自己的情绪、想法和观点上，拒绝接受外界的沟通和调解，这时采取同理心沟通的技巧就可以有效打破与服务对象的沟通屏障，有效解决冲突。

同理心是指以他人的眼光看待事物、理解事物，与对方产生心理和情感上的共鸣。同理心沟通简单来说就是换位思考，从对方的角度来看待问题，思对方所思，想对方所想。在调解过程中，我们要将自己的意见搁置一旁，努力尝试理解对方，体验对方的感受，真诚地关心对方。例如，在具体的调解过程中，我们可以较多地使用"我知道你认为是我们伤害了你，你在这件事情上受了很大的委屈，你认为自己是受害者"之类的话，来稳定和安抚服务对象的情绪，帮助其卸下戒备，促进服务工作的有序有效进行。其实这也与社会心理服务的核心宗旨相吻合，即全心全意为人民服务，站在对方的角度考虑问题，站在对方的角度体会、理解对方，并从对方的角度帮助其解决问题。

人际冲突管理的策略模型

在已有的众多人际冲突管理的策略模型中，影响力最广泛的就是五因素模型。该模型的提出者 K. W. 托马斯从满足自身利益和他人利益两个维度出发，对个体在处理人际冲突时所使用的管理策略进行了研究和探索。其中，满足自己利益的愿望取决于个体对目标的坚定程度，满足他人利益的愿望取决于与他人合作的程度。

为此，他提出了解决生活中常见的人际冲突的五种策略。第一，回避策略，即从实际或潜在的冲突中退出，既不满足自身利益也不满足对方的利益，将问题推迟到准备充分时或委托他人解决。这种策略既没有解决问题，对人际关系也毫无改善作用。第二，强迫策略，即以牺牲一方为代价来推行另一方的观点，只考虑自身利益而无视他人的利益。这种策略虽然可以快速地解决问题，但解决效果却是最差的，需谨慎使用。第三，调适策略，主要发生在当事人较少关心自己的利益和感受，而比较照顾和考虑他人的利益，愿意牺牲自己的利益成全别人时。这种策略不利于问题的解决，但能较好地维持人际关系。第四，合作策略，即在冲突中寻找双赢的解决之道。这时，冲突双方愿意采取合作的态度和开放式的对话来引导双方达成共识，使每个人都有达成自己目标的解决方案，避免以损失对方的利益为代价取得胜利，这种策略是解决人际冲突最好的方法。第五，妥协策略，即为了暂时解决冲突，双方都有所让步，寻找双方都较满意的解决方案。这种策略对改善人际关系、解决问题都有一定效果，但有时会导致"双输"的局面。

发展涵容功能

涵容功能是精神分析学家威尔弗雷德·比昂提出的概念，它是由母婴关系发展而来的，在母婴关系中指母亲可以触及婴儿的心智状态（通常，婴儿最初的心智状态是破碎而混乱的），并通过注意和支持，使婴儿在心理层面茁壮成长。其中，母亲的心智就如同婴儿的涵容器。当婴儿情绪不稳定时，母亲可以容纳婴儿的愤怒和攻击性，在内心重新理解、思考和组织，最终转化为易被婴儿消化的情绪反馈给他，这样的过程也是婴儿被母亲"看见"的过程。当婴儿感到自己被关注、被重视时，他的情绪状态就会逐渐平稳，如此反复，他就会逐渐内化母亲的涵容功能，并发展出消化和转化负面情绪的能力。如果母亲在这方面有所缺失，可能就会导致婴儿自我情绪调节能力低、涵容功能不健全，易被激惹且难以安抚。

同样，我们也可以将涵容功能应用到人际冲突的管理上。当服务对象面临人际冲突时，社会心理服务工作者可以积极涵容并转化其负面情绪，为其讲解人际冲突背后的机制和来源，帮助其学习并知晓其中的原理，陪同其一起成长，促进其提升自身管理人际冲突的能力。

其他方法

除上述人际冲突的处理方法与策略外，以下技巧也可以帮助我们有效管理人际冲突，维持良好的人际关系。

- **主动沟通**。沟通是管理人际关系最关键的环节，当发生冲突时，我们可以尝试先让自己冷静下来，调整好情绪，再主动与对方进行沟通。在沟通的过程中，我们应耐心听取对方的意见，理解对方的想法，表达自己的观点，与对方协商解决冲突的方法。

- **保持尊重**。当发生人际冲突时，我们可以先站在对方的角度认真听取对方的想法，尊重对方的意见，这样不仅减少了交流的阻力，也会让对方感受到我们的关心与支持。

- **接受不同的意见**。当双方产生不同的意见时，我们要尽力听取对方的想法和观点，并做出合理的判断与评价。虽然在短时间内，我们不一定能做到完全接纳，但是我们可以学习倾听、理解对方的想法，这不仅有助于化解冲突，也有利于我们改进自己的行为方式。

- **寻找相同点**。在处理人际冲突时，我们有时需要寻找相同点，以便与对方达成一致。这不仅可以增进双方的信任，从而创造良好的氛围，缓和紧张的关系，也有利于我们更好地解决问题。

案例解析

案例简介

1. **一般资料**。小何，女，21岁，在校大三学生，体型微胖，衣着整洁、干净，无重大疾病史和精神病史。家境良好，从小与父母同住，但父亲经常出差，生活上的照顾和教育的责任大多由母亲承担。

2. **主诉**。小何特别害怕与人发生冲突，在公交车上或马路上听到或看到有人因为小事起冲突就觉得受不了，当身边的同学或朋友发生争执时，自己会刻意避开。6岁时，有一次小何见到父母发生激烈的争吵，甚至辱骂对方，小何被吓得浑身发抖，躲在房间里，用被子蒙头哭泣，认为父母再也不会和好了。后来，每次看到父母稍微争吵几句，小何都要刻意躲开，或者摔门离开。上大学后，小何住在集体寝室里，同寝室的女生之间经常会发生小摩擦，即使与自己无关，小何也会觉得难受，并会立即走开。而当冲突与自己有关时，小何就会忍不住哭泣。小何觉得自己的性格软弱，什么都尽量让着别人，这让她也觉得很委屈，但多数时候她不敢站出来表达不满。上大学二年级时，小何交了男朋友，刚开始时男朋友处处让着小何，两个人在一起很开心。可在一起半年后，小何觉得男朋友不像最初那样处处迁就她了，于是觉得很不开心。最近两个月，小何因为小事与男朋友争执了几次，每次小何都哭得一塌糊涂，并当场提出分手，但事后又感到后悔，觉得不应该因小事就提分手。但下次发生矛盾时，小何还是会提出分手，她觉得总是这样会伤害两个人之间的感情，于是特来寻求帮助。

3. **观察和他人反映**。服务对象在说话时很关注咨询师的反应，在感到被肯定时会继续往下说。服务对象也很注意表达，表述清晰且极少使用贬义词。同学与同寝室的女生反映服务对象平时脾气很好，没觉得有什么不正常。男朋友觉得服务对象各方面都不错，就是有时太敏感。

实际应用过程

第一次

目的：了解基本情况；建立良好的咨询关系；确定主要问题。

方法：认知疗法和系统脱敏疗法。

过程：告知服务对象咨询服务过程中的相关原则与规定；引导服务对象讲述自己的烦恼，重点诉说自己害怕发生的任何形式的人际冲突及在童年时期有关这方面的经历；设定咨询目标，制订咨询计划，目的是调整服务对象对正常的人际冲突的不良认知，克服人际冲突发生时服务对象的负性情绪体验。

第二次

目的：加深咨询关系；改变服务对象对"人际矛盾与冲突"的错误认知。

方法：认知疗法。

过程：从认知理论的角度向服务对象解释她在与别人发生正常的人际冲突时产生过度不良情绪反应的原因，即认知是各种情绪与行为的来源，不合理的认知导致了异常情绪及行为的发生，认知是情感和行为的中介；当服务对象理解并认同认知疗法的理论后，进一步与服务对象讨论在她的认知体系中是否存在不良认知，启发服务对象自己寻找不良认知；布置家庭作业，让服务对象在现实生活中进一步检验不良认知，与不良认知进行辩论，观察室友在发生冲突后的反应。

第三次

目的：协助服务对象进一步认识自己的不合理认知，并讨论服务对象对生活的观察结果；帮助服务对象纠正原有的错误认知，建立正确认知。

方法：认知疗法。

过程：讨论服务对象的观察结果，即服务对象在现实生活中观察到发生冲突的室友并没有与她彻底决裂，当冲突发生后，周围的人也并没有改变对她的看法；鼓励服务对象列举更多在日常生活中与他人发生冲突的例子，让服务对象认识到人际冲突是不可避免的，关键是用正确的态度面对冲突，用正确的方法解决冲突，而不是逃避冲突；布置家庭作业，即与男朋友讨论当发生冲突时，有哪些解决方法。

第四次

目的：突破"回避冲突"的应对策略。

方法：系统脱敏疗法。

过程：服务对象表示已经逐渐理解了人际冲突不可避免，也开始逐步学习和掌握如何解决可能发生的人际冲突，但在面对冲突时，服务对象有时还是会习惯性地逃避或忍耐，以避免冲突发生时伴有的紧张、焦虑，因此咨询师可以向服务对象介绍系统脱敏疗法，引导服务对象进行简单的放松训练，之后要求服务对象按照焦虑等级，从小到大排列可能会引起紧张情绪的冲突场景；开始脱敏训练，即咨询师引导服务对象想象第一级冲突事件，当她感到焦虑、紧张时，让她开始放松，反复两次后，服务对象不再感到焦虑、紧张；布置家庭作业，即反复练习放松。

第五次

目的：继续系统脱敏以巩固咨询效果；结束咨询。

方法：系统脱敏疗法。

过程：回顾服务对象建立的焦虑事件等级表，复习上一次脱敏训练的内容，然后继续开展针对不同焦虑等级事件的放松训练，直到焦虑水平大幅下降；咨询师与服务对象总结全部咨询过程，评价咨询效果。

预期/实际应用效果评估

服务对象的评价：认识到自己关于"人际冲突"的某些不良认知，学会如何面对冲突与解决冲突，是一次心理成长的过程。

咨询师的评估：服务对象就"人际冲突的不可避免性"做出了认知调整，并且已经开始学会如何面对正常的人际冲突，但长期形成的性格特点与行为模式的调整过程需要较长时间的学习与实践，才能最终形成新的行为模式。

现有实践的局限性与展望

已有的针对人际冲突问题的研究以理论探讨为主，缺少实证研究，同时不同研究的结果也存在诸多不一致甚至互相矛盾的地方。此外，国内目前还欠缺适用于中国国情和文化的人际冲突理论模型和研究，未来我们可以继续推进相关研究的本土化、时代化，开展更多贴合中国社会及地域特色的实证研究。

● 心理行为问题的识别、诊疗与转介

在这一部分，我们将向大家介绍一般心理行为问题的识别、诊疗与转介相关内

容。在提供社会心理服务的过程中，对服务对象的心理行为问题进行精准的识别和评估常常是开展后续社会心理服务工作的重要基础环节。因此，社会心理服务工作者应该重视学习常见心理行为问题的表现特征并具备基本的识别与评估能力，在相关法规、伦理和个人胜任力范围内为服务对象提供诊疗建议和转介服务。

理论简述

心理健康的概念

在介绍心理行为问题的概念之前，我们先来了解与它相对应的一个概念 —— 心理健康。在这里，我们介绍三个比较有代表性的心理健康的定义。

- 第三届国际心理卫生大会提出的"心理健康"是指在身体、智能和情感上与他人的心理健康不相矛盾的范围内，将个人心境发展为最佳状态。这个定义传达了身心健康的理念，并强调与他人的心理健康不相矛盾，最终追求达到身心完全健康的状态。

- 1948 年，世界卫生组织将"心理健康"定义为人们在生活、学习和工作中的一种安宁、平静的稳定状态。这个定义侧重于反映心理健康的社会功能，更加强调心理健康的个体要能够正常地生活、工作和学习。

- 在《简明不列颠百科全书》中，"心理健康"的概念被描述为个体的心理在自身及环境条件允许的范围内所能达到的最佳功能状态，具体包括以下几点：认知过程正常，智力正常；情绪稳定、乐观，心情舒畅；意志坚强，做事有目的性；人格健全，性格、能力、价值观等均正常；养成健康习惯，无不良行为；精力充沛，适应社会，人际关系良好。这个定义主要从知、情、意、行四个维度展示了心理健康概念的内涵和外延："知"指与认知和智力相关的内容；"情"指情绪的稳定、心情的舒畅；"意"指意志坚强且具有目的性；"行"指拥有良好的习惯，没有不良行为。此外，这个定义还涉及人格的健全，用更具发展性的眼光看待个体的心理健康及人格的成熟度与整合性。

除了从不同的定义理解心理健康的概念外，我们还可以综合考量每个人在个体性和社会性方面的适应性发展，从自我和谐、人际和谐、人与环境的和谐及人与社会的和谐四个维度的动态发展视角来认识心理健康。

自我和谐是心理健康的根本属性，它包括知（认识、接纳和完善自我）、情（情绪良好且稳定）、意（意志坚定且有目的性）、行（行为适当）四个方面的内容，同时包含了人格的整合性。

人际和谐是心理健康的重要表现，个体在保证自我和谐的基础上还需要能与他人建立稳定而深入的关系并维持信任且良好的人际关系，从中习得社会交往的经验，收获幸福感和归属感。

人与环境的和谐是个体性适应的基础，心理健康的个体还应该正确、客观地认识和评估自己身处的环境，合理利用、适应和改造环境，并能依据周围的环境及时调节自己的反应。

人与社会的和谐是个体社会性发展的关键，个体需要正确认识并准确把握自己的社会角色，主动承担起相应的社会责任，在与社会要求保持一致的同时培养和彰显自己的个性。

心理健康的特点

《易经·系辞传》有这样的表达：上下无常，刚柔相易……唯变所适。这句话告诉我们，世界上唯一不变的就是变化。因而，我们也应该用发展的眼光看待和理解心理健康。综上所述，我们可以从四个特性来进一步理解心理健康的概念。

- **相对性**：判断心理健康的标准不是绝对的，在不同的国家、民族、文化和时代背景下，心理健康都可能存在不同的标准。
- **连续性**："健康"与"不健康"并非两种界限分明的状态，从心理健康到心理不健康，个体的心理健康水平是连续变化的。
- **动态性**：个体的心理健康水平不是固定不变的，它可能会随着个人的成长与成熟、经验和阅历的积累、心理健康素养的提高及周围环境的改变而变化。
- **可逆性**：个体的心理状态是可逆的，既可以由好变差，也可能由差变好。

心理行为问题的概念

在有关心理不健康的描述中，"心理问题"可能是出现频率最高的一个词。狭义的"心理问题"是指没有达到精神障碍的程度，但存在心理不适，需要进行自我调整或接受专业心理干预的情况。而广义的"心理问题"则包含更严重的心理不适和精神障碍。此外，"心理问题"也可以指导致个体产生心理不适或精神障碍的一系列问题，即造成患者心理不适和精神障碍的原因（如学业压力问题、人际关系问题、婚恋情感问题等）。"心理行为问题"则是心理问题和行为问题的统称，心理问题通常表现为内隐症状，而行为问题则更多地表现为外显症状，二者互为表里，具有潜在的因果联系，即个体出现心理问题时，常常会伴随行为的改变。常见的心理行为问题的表现特征可参见下表。

心理问题：内隐症状	行为问题：外显症状
• 意识：浑浊、错乱 • 情感：高涨、低落、倒错等 • 情绪：焦虑、抑郁、愤怒等 • 思维：迟缓、奔逸、贫乏等 • 意志：减退、缺乏、倒错等	• 认知：错觉、幻觉、妄想 • 意识：嗜睡、谵妄、昏睡、昏迷 • 睡眠：睡眠过少、睡眠过多 • 记忆：记忆减退 / 错误、遗忘 • 行为：异常、攻击 / 破坏 / 伤害

心理行为问题的识别

心理行为问题可能涉及人们的日常生活、学习和工作的方方面面，对个体的心理状态、行为表现和社会功能产生负面影响，这也是许多人需要或寻求社会心理服务的重要原因。因此，如何正确识别与评估心理行为问题，对个体自身和社会心理服务工作者而言就显得尤为重要。具体而言，我们可以从认知、情绪、行为、生理的角度对心理行为问题的症状表现进行区分和识别。

认知是个体的总体思维能力的集合，包括注意力、记忆力和分析能力等。除此之外，认知也包括个体认识自己、他人，对客观世界、外界事物进行信息加工，以及评估潜在危机的过程，由此，个体会形成对自我、他人及世界的看法。社会心理服务工作者可以从认知的角度出发，通过如下问题初步判断个体是否存在精神异常的情况。

• 个体的认知是否存在严重的局限性？

• 个体对自我的认知是否出现了紊乱与失调？

• 个体的逻辑思维是否出现混乱？

- 个体是否存在强迫性思维？
- 个体能否贴合实际地看待问题？
- 个体能否成功地解决问题？
- 个体的注意力是否遭受损害？
- 个体的记忆力是否遭受损害？

情绪是一种综合的心理、生理状态和主观感受，也是个体在外界刺激下自然产生的心理反应。在个体的各种感觉、想法和行为背后往往都有情绪的存在，个体在情绪的支配或驱动下可能会做出各种行为。社会心理服务工作者可以从情绪的角度出发，通过如下问题初步判断个体是否存在精神异常的情况。

- 个体的总体情绪感受如何？
- 个体的情绪反应是否与环境、刺激相匹配？
- 个体是否存在消极情绪（悲伤、愤怒、抑郁等）？
- 个体的情绪是否足够稳定？
- 个体的情绪是否有失控的风险？
- 个体是否存在情感混乱的表现？

行为是人们在日常生活中表现出的各种举止、反应，是判断心理问题最直观、最有效的指标。社会心理服务工作者可以从行为表现的角度出发，通过如下问题初步判断个体是否存在精神异常的情况。

- 个体能否保持正常的学习、生活能力？
- 个体的行为活动是否与其身份相符？
- 个体是否表现出常人难以理解的行为？
- 个体的行为活动是否有明显的减少或增加？
- 个体是否保持与周围人的正常沟通？
- 个体是否存在自杀意念、自杀企图和自杀行为，是否制订了相应的计划？
- 个体是否表现出具有危险性的意向和行为？

生理表现是指与心理问题相关联的、能够直接观察到的生理层面的表现，它与个体的心理状况有着紧密的联系。社会心理服务工作者可以从以下问题初步判断个体是否存在精神障碍的情况。

- 个体是否长期存在失眠、入睡困难、早醒等症状？
- 个体是否对食物产生明显的厌恶感，无法控制自己的进食行为，或者在短时间内摄入大量食物等？
- 个体是否过度依赖烟、酒，或者对一些药物成瘾？
- 个体是否经常感到身体不适？
- 个体的总体生活节奏是否有明显改变？

方法概述

心理行为问题的诊疗包括对心理问题进行诊断和治疗两个方面的内容。首先需要特别提醒的是，《中华人民共和国精神卫生法》规定，只有医疗机构的精神科执业医生才具有根据精神障碍诊断标准做出诊断的权利。社会心理服务工作者必须在相应的法规、伦理和专业胜任力允许的范围内提供服务，在此，我们仅对诊疗进行简单的介绍和科普，谨供社会心理服务工作者了解和参考。

评估判断重点

社会心理服务工作者（包括精神科医师）可以重点从主观痛苦程度、功能损害情况及疾病病理状况三个方面对服务对象的心理行为问题进行评估和判断。

- **主观痛苦程度**。从分类上判断，我们可以将服务对象的痛苦分为生理痛苦和心理痛苦。生理痛苦包括失眠、头晕、呕吐、乏力等，心理痛苦包括抑郁、悲伤、愤怒、焦虑等。从严重程度上看，我们又可以将症状的程度划分为轻、中、重三个层次。
- **功能损害情况**。判断服务对象的基本生活自理功能、社会功能是否正常，学习和工作功能是否出现紊乱，人际关系功能及道德感是否有损害，是否可以承担社会责任，对自我、他人、社会是否造成伤害，是否有违法犯罪、威胁生命安全等问题。

- **疾病病理状况**。评估服务对象是否存在严重的精神障碍、人格障碍等精神疾病。

以连续谱的视角看待心理行为问题

个体的心理健康状况是一个相对动态的过程，因此对个体心理行为问题的评估与诊断，也可以从连续谱的视角来看待（见图3-2）。

首先，处在连续谱左侧的个体是非常健康或健康的，他们的人格较为完善和成熟，具备较强的社会适应与恢复能力，没有疾病症状的表现。其次，亚健康人群则可能会在情绪、行为、人际交往等方面存在一些问题，进而导致心理冲突的产生，但整体上他们的人格较为完善且具备一定的社会适应能力、恢复力，无明显疾病状况。最后，患有高功能疾病、疾病和重疾等的个体是处在连续谱右侧的人群，他们需要社会心理服务工作者做好前期评估筛查和持续支持稳定等服务，及时链接相应的专业资源为其提供更具针对性、全面和系统的帮助。

从连续谱这一动态变化的角度来看，个体可能会经历从疾病到健康，或者从健康到疾病的过程。所以，我们所提供的社会心理服务就需要做到关注全过程，覆盖全人群，针对不同人群、不同的心理行为提供相应的服务。在整个过程中，我们也要依据服务对象状态的变化调整社会心理服务，或者帮助他们链接和转介更适应的服务。

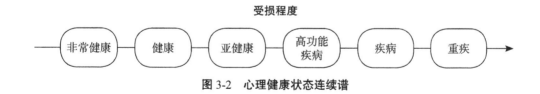

图3-2　心理健康状态连续谱

以毕生发展的观点看待心理行为问题

心理健康具有发展性、连续性、动态性和可变性等特点，人们在成长的过程中、在不同的年龄阶段都有特定的发展任务。在完成不同的发展任务时，个体可能会出现特异性的心理困扰、心理问题，甚至罹患精神障碍。

在儿童期，个体可能会面临情绪、人际关系及学业方面的困扰，这些困扰可能是由孤独症、多动症和精神发育迟滞等心理疾病导致的。对精神障碍和心理问题早发现、早干预、早治疗，对个体的康复而言非常重要。

在青春期，个体的心智不断发展，同时对自我及所接触的外界环境形成更深刻的认识。在这一阶段，个体的心理困扰常常与情绪失调、学业压力、环境适应、自我认同、人际关系有关。如果问题进一步恶化，可能会导致个体罹患抑郁障碍、焦虑障碍、品行障碍等。

到了成年期，个体的发育趋于完整，对自我及外部世界也有了更全面、更深刻、更透彻的认识，同时在实际生活中开始逐步脱离原生家庭，独自面向社会，并承担起支撑家庭及养育后代的责任。在这一阶段，个体会面临不一样的心理困扰，如情绪问题、亲密关系问题、婚姻 / 情感 / 亲子关系问题、工作压力问题及就业与职业生涯问题。成年人可能出现的常见心理疾病有抑郁障碍、焦虑障碍和人格障碍等。

当个体发展到老年期，其所面对的心理困扰又会与之前有所不同，老年人可能会面临孤独感、丧失、自我价值和再适应等方面的问题。老年人容易面临罹患抑郁障碍、焦虑障碍、身心疾病、阿尔茨海默病等疾患的风险。

根据病理程度对心理行为问题进行评估

当个体的心理行为问题超过一定范围并达到诊断标准后，就会出现相应的障碍或疾病。这里列举了一些相对常见的精神障碍供大家了解。其中，焦虑障碍（7.6%）和抑郁障碍（6.8%）是精神科临床诊断中最常见的精神障碍。常见的精神障碍如下所示。

- 抑郁障碍：重性抑郁障碍、心境恶劣。
- 焦虑障碍：广泛性焦虑障碍、社交焦虑障碍、惊恐障碍。
- 强迫及相关障碍：强迫症、囤积障碍、拔毛障碍。
- 创伤及应激相关障碍：创伤后应激障碍、适应障碍。
- 人格障碍：反社会人格障碍、边缘型人格障碍、自恋型人格障碍。
- 分离障碍：分离性遗忘、人格解体。
- 喂食及进食障碍：神经性厌食、神经性贪食、暴食障碍。
- 物质相关及成瘾障碍：酒精相关障碍、咖啡因相关障碍、大麻相关障碍。

- 躯体症状及相关障碍：疑病症。

- 性欲倒错障碍：性受虐障碍、性施虐障碍。

- 其他精神障碍。

六项重性精神障碍分别为精神分裂症、双相情感障碍、偏执性精神障碍、精神发育迟滞伴发精神障碍、癫痫所致精神障碍、分裂情感性精神障碍。

同时，这也提示我们需要关注和了解常见的心理行为问题的症状与表现，并据此对其严重程度进行初步判断。下面，我们以抑郁情绪和抑郁障碍的辨析为例。

抑郁情绪是所有人都具有的一种正常的情绪状态，可以理解为"情绪感冒"；它通常由特定事件引发，持续时间较短，可自行恢复。

抑郁障碍（抑郁症）是一种以情绪低落、兴趣减退、精力不足和意志力减退等为主要症状表现的精神障碍，具有生物性、遗传性、弥散性等特征。患者的社会功能会受到损害，还可能存在自伤、自杀的念头。同时，抑郁障碍的病程通常至少要持续两周以上，长则一年甚至数年。抑郁症状很难依靠患者自身的力量得到缓解，患者需要接受稳定的药物治疗、心理治疗和心理咨询等综合干预，多数患者有复发和反复发作的倾向。

心理行为问题的预防与干预

社会心理服务体系建设要求以人民为中心，以解决问题为导向，这提示社会心理服务工作者要根据服务对象的年龄、发展特点及心理行为问题或精神障碍的严重程度为服务对象提供相应的预防与干预服务。

对拥有健康人格、自信、良好适应能力的人来说，社会心理服务工作者可以教授他们自我调节的策略，提供发展性咨询并培养他们的积极品质和传统美德。对亚健康人群，有专业资质的服务者可以直接提供心理干预服务，专业胜任力不足的服务者可以帮助对接相应的心理咨询机构。对精神障碍患者则应该进行精神科诊疗，让其接受包括药物治疗、心理治疗在内的系统干预。

除此之外，无论是社会心理服务工作者还是普通群众，都可以学习一些自我调节的方法，以提高自身心理免疫力，在一定程度上预防心理行为问题的产生。下面，我们介绍三个简单的自我调节策略。

- **不评判**：评判会给我们带来强烈的情绪，评判和选择性地关注对日常生活和社会功能有害的事情会诱发负面情绪。
- **一心一意**：告诫自己完全专注并全身心地投入当下，在特定时间内只集中注意力做一件事，在分心时回到正在做的事上。
- **感恩练习**：拿出纸和笔，花三分钟时间写下在近期的生活中自己感觉特别感恩的事。感恩练习可以让我们更多地关注生活中积极、美好的一面。

值得强调的是，如果个体对心理行为问题进行自我调节的收效甚微，必须尽快寻求专业机构和人士的帮助，也可以在社会心理服务工作者的协助下寻找适合和匹配的干预方式。

心理行为问题的转介

转介一般指心理咨询师根据服务对象的需要及其所需要的服务，协助服务对象获得其所需服务的过程。在社会心理服务中，类似"转介"的工作通常可能发生在以下两种情况下：一是社会心理服务工作者在初步评估服务对象的情况后，认为自己的能力和专长与服务对象不匹配；二是在良好的合作关系建立后，社会心理服务工作者或服务对象出于某种原因需要结束服务关系，这时，社会心理服务工作者要为服务对象链接更适合的资源。

在介绍转介的概念时，我们需要将其与推介相区分。推介指的是由第三方（中间人、心理咨询机构或网络平台）为服务者（咨询师）和服务对象（来访者）搭建桥梁，以避免出现咨访双方沟通不畅或信息不对称的情况。有关转介过程中需要遵守的伦理守则和注意事项，我们会在"涉及的职业伦理和原则问题"中进行介绍。

案例解析

案例简介

1. **一般资料**：小刘，男，19岁，体态正常，无重大疾病史和精神病史。

2. **主述及主观印象**

主诉：最近两周明显感觉压力激增，时不时出现胸闷、气短、失眠、焦虑、呼吸急促等症状，在日常工作中经常感到劳累，易被生活中的小事激怒。

主观印象：服务对象体型微胖，未佩戴眼镜，衣着整洁、干净，交谈时语速偏快且伴随眼神的回避与搓手行为，逻辑清晰。

实际应用过程

1. 访谈评估

评估依据：内心冲突源自现实生活中的工作压力；不良的情绪表现未泛化；服务对象基本能够理性地控制情绪，其日常生活、人际交往未受到严重干扰，社会功能较稳定。

初步评估结果为：一般心理问题。

2. 咨询目标

短期目标是帮助服务对象觉察和识别自己的不合理认知（如任何事情都要做到极致与完美）并进行调整，从而顺利应对日常生活和工作中的压力。长期目标是帮助服务对象减轻焦虑情绪，增强心理素质，积极、乐观地生活。

3. 咨询过程

第一阶段：初始评估，建立关系

阶段任务：收集相关资料；建立平等和谐的合作关系；明确求助问题，并做出初步评估。

技术。（1）共情：设身处地站在服务对象的立场和角度，体会对方的情绪、情感和需求，使服务对象感到被理解和被接纳；（2）鼓励：通过一些肯定的话语，如"我能理解你真的尽力了""你真的很有上进心"，以及点头、微笑等肢体动作向服务对象表达关心、支持与接纳；（3）内容反应：提炼、总结和复述服务对象的表达并进行反馈，促进咨访双方的沟通，帮助服务对象更加明确自己的问题。

具体流程：介绍咨询服务过程中的注意事项和原则；通过倾听、共情和鼓励等技术与服务对象建立良好、相互信任的合作关系，了解服务对象当前的生活情况和既往的重要成长经历；询问服务对象的主要诉求和咨询问题。

第二阶段：稳固关系，正式咨询

阶段任务：进一步巩固合作关系；使用开放式提问、与不合理信念辩论等技术帮助服务对象正确、客观地看待所遇到的问题。

技术。（1）开放式提问：以"为什么""是什么"等方式向服务对象提问，以收集尽可能多的信息和资料；（2）与不合理信念辩论：通过识别服务对象的不合理信念并与之进行辩论来调整并改变服务对象对事件的看法、态度和评价等认知内容，进而改善其情绪困扰。

具体流程：在基本了解并掌握服务对象的问题和现状后与其进行深入探讨，帮助其发现并正视自己的问题；引导服务对象正确、客观地认识自己的不合理信念，寻找问题的根源并探索解决方案，帮助其学会释放压力。

效果评估

服务对象：服务对象自述经过一段时间的咨询，不再感到过分焦虑和紧张，睡眠也有明显好转，现在能静下心来学习。

咨询师：通过追踪回访，评估此前的咨询服务基本实现预期目标；服务对象刚接受咨询时心情十分低落且身体常不自主地发抖，经过一段时间的疏导，服务对象的睡眠质量有明显好转，情绪状态也逐渐平稳；服务对象学会了缓解压力的方法，对自己更加充满信心，恢复了原本活泼开朗的模样，与他人相处融洽。

涉及的职业伦理和原则问题

诊断与转介相关法规、伦理

《中华人民共和国精神卫生法》第二十三条规定："心理咨询人员不得从事心理治疗或精神障碍的诊断、治疗。心理咨询人员若发现可能患有精神障碍的服务对象，应当建议其到符合本法规定的医疗机构就诊。"

合乎伦理的推介与转介行为还需要具备以下特点。

情权：服务对象对即将接受的咨询服务的性质、价格等情况已充分知晓。

选择权：服务对象有权决定是否接受某位心理咨询师的帮助。

转介过程中的注意事项

在转介过程中，社会心理服务工作者需要协助服务对象顺利完成这个过渡。除了向服务对象说明转介的程序外，社会心理服务工作者也要鼓励服务对象在咨询服务过程中探讨转介可能带来的影响。此外，社会心理服务工作者应该与服务对象签署书面的转介知情同意书，以确保日后有据可查。在转介过程中，社会心理服务工作者应注意以下几点。

- 提前询问服务对象的意见并说明理由。在说明理由时要尊重服务对象，不可过于直接，避免给服务对象造成心理压力，甚至带来不良的影响，使服务对象夸大自己的问题。
- 向服务对象介绍转介的相关流程、事项及对接的服务工作者，以避免服务对象对咨询服务和机构产生误解，减少对咨询服务产生的抵触和怀疑。
- 在转介时，可向对接的服务工作者详细介绍服务对象的情况，并提供自己的分析和看法，但不能泄露服务对象的相关隐私。

现有实践的局限性与展望

社会心理服务体系建设的核心理念是以人民为中心，解决实际问题，其服务对象涵盖全人群，其中就包括一般的健康人群、心理亚健康人群和特殊重点人群（如精神障碍患者）三大类。因此，在对人群进行分类时，我们需要从心理行为问题的角度进行识别与评估，并据此为不同的人群提供更具针对性和更加多样化的社会心理服务。然而，现有从事社会心理服务的许多工作者缺少系统、专业的培训，缺乏对服务对象的心理行为问题的识别与评估能力，这不利于其开展相应的服务工作。

无论是从社会心理服务工作者自身出发，还是从更好地为群众提供服务的角度出发，学习和掌握识别心理行为问题的方法，并对相关诊疗和转介有所了解都十分重要。未来，相关部门应特别重视做好一般心理行为问题诊疗相关常识的教育科普、识别与评估等基础能力的培训，建立健全服务转介机制。上述举措不仅有助于社会心理服务工作者及时觉察服务对象的心理健康状况，关注身边的家人、朋友、同学、同事的异常情况，还有利于民众在必要时尽早寻求专业机构的支持和帮助，更有效地维护民众的身心健康和社会的稳定。

● 青少年常见心理问题与应对

青少年是社会心理服务体系的重要服务群体之一。从发展心理学的角度来看，青春期是人生中最富于变化的时期，并且青少年由于身心发展速度不一致，很容易出现心理困扰。社会心理服务工作者在针对青少年开展心理咨询与治疗工作时，需要根据青少年积极性低、注重隐私、缺乏信任感等特点选择合适的方法，如家庭治疗、游戏治疗、支持性治疗等，以有效帮助青少年度过生理和心理发展的重要时期。

理论简述

一般来讲，13～19岁的男女被定义为青少年。青春期是个体身心发展最快速的时期，生理机能在这几年基本已达到成年人的水平。相比之下，青少年的心理发展仍与成年人有较大差异，身心发展不协调，自我身份认同未定型，使青少年容易产生心理困扰。最明显的表现就是青少年在短短的几年内从最初仰视父母和成年人变为俯视父母，但又不具备成年人的权利，依旧被他人当作孩子看待，这样的落差使青少年呈现出非常矛盾的心理特征。

1992年，伯纳德·韦纳调查了心理咨询与治疗对青少年心理问题的影响，结果发现，对于青少年的绝大部分心理问题，心理咨询与治疗具备良好的效果。对青少年开展心理咨询与治疗工作与对成年人开展心理咨询与治疗工作既有相似之处，又有所不同。下面，我们将阐述青少年心理咨询与治疗工作的主要特点。

1. **可选用的心理咨询与治疗方法较多。**青少年处于发展的过渡阶段，既适合使用针对儿童的方法，也适合使用针对成年人的技术。

2. **青少年对心理咨询与治疗的看法与成年人和儿童不同。**与儿童相比，青少年更能意识到心理咨询与治疗的重要性。与成年人相比，青少年更多是被迫接受治疗的，其主动性和积极性较弱。咨询师要处理好青少年对治疗影响其独立性、个人生活空间的顾虑，把握独立和依赖之间的平衡，既不把青少年当成孩子，也不能把他们当作可以独立做决定的成年人。

3. **对于青少年心理咨询与治疗，建立良好的信任关系尤为重要。**首先，咨询师需要向青少年进行简单的解释与科普，澄清治疗关系的独特性，将其与亲子、同伴、同学、师生、医患等关系区分开来，咨询师要让青少年了解咨询师喜欢他们并对他们感兴趣，这样做可以为青少年积极、主动地参加心理咨询与治疗奠定基础。此外，咨询师也要与青少年的抚养者（父母或其他监护人）建立良好的关系。因为无论在法律意义还是实际能力上，青少年都无法完全为自己的行为负责，所以咨询师需要抚养者的助力与配合，以更好地帮助青少年认识自己并解决问题。

4. **咨询师应该保护青少年的隐私。**保密原则属于心理咨询与治疗的基本职业道德之一。在与青少年开展工作时，除了不能向外界泄露心理咨询与治疗中获得的信息外，对需要和父母进行核实的内容，咨询师也应当征得青少年本人的同意。但保密也是有限度的，当青少年有自杀、离家出走、攻击他人等企图时，咨询师则应及时向监护人或有关机构报告，做好安全保护工作。

方法概述

青少年心理咨询与干预的方法多种多样，这里仅选择较有代表性的疗法进行介绍。

游戏治疗

游戏治疗以游戏为治疗手段或媒介，让青少年进行心理投射和升华，释放紧张情绪，体验现实中不被允许的幻想，从而矫正情绪、心理与行为障碍，促进身心发展。

简史

1909 年，弗洛伊德首次尝试在治疗中引入游戏。1932 年，梅兰妮·克莱茵认为可以使用儿童和青少年的自由游戏来替代成年人的自由联想，并发明了游戏治疗。20 世纪 30 年代末，结构性游戏治疗从精神分析的架构中分离出来，它以目标为导向，相信在游戏中发泄的价值。此外，行为治疗、认知治疗等理论也被引入游戏治疗中。1980 年，多拉·卡尔夫发明了沙盘游戏治疗，这种疗法以卡尔·荣格的精神分析理论为基础，在这种疗法中，咨询师将沙盘视为儿童和青少年精神的象征，着重关注他们对沙具的取用和放置方法，以及他们在不同发展时期的转变过程。

适应症

游戏治疗的适用范围极为广泛，可用于治疗学习障碍、缺乏自我控制、依赖、攻击行为、适应不良、受虐、躯体障碍等情况及由父母离异引发的心理问题。

方法（以沙盘游戏治疗为例）

沙盘游戏治疗通过使用沙盘和沙具来帮助服务对象表达内心世界，探索问题，寻找解决方案。以下是沙盘游戏治疗的具体步骤。

第一步，搭建沙盘。咨询师会提供沙盘和沙具供服务对象使用。服务对象可以根据内心的感受和需求，在沙盘上建造自己的内心世界。他们可以使用沙具来代表自己、他人或其他事物。

第二步，自由表达。服务对象可以自由地在沙盘中表达内心的感受、经历和问题。他们可以通过移动沙具、布置场景、添加沙具等方式来表达自己的内心世界。

第三步，反思和探索。咨询师会观察和倾听服务对象的沙盘表达，并与其一起探索其中的意义和象征。咨询师可能会提出问题、引导服务对象思考，并帮助他们深入了解自己的情感、冲突和需求。

第四步，整合和解决。通过沙盘表达和探索，服务对象可以更好地理解自己的问题，并寻找解决方案。咨询师与服务对象一起讨论可能的解决方案和行动计划，并提供支持和指导。

家庭治疗

家庭治疗以整个家庭系统为治疗对象，通过与家庭中全体成员的定期接触与会谈，运用家庭成员之间的相互影响来改善家庭的结构与功能，从而间接地减轻或消除家庭成员的心理问题，营造温馨、和睦的家庭氛围。

简史

家庭治疗最早可以追溯到格雷格里·贝特森及其同事在研究精神分裂症患者的亲子反应行为时提出的双重束缚理论，即患者的父母，尤其是母亲常常会向患儿提出两种相悖的要求，使患者无所适从，不知道如何才能满足父母的要求，从而产生各种矛盾心理及非适应性行为。内森·阿克曼的临床工作产生了注重心理动力学取向的家庭治疗方法，而贝特森的临床工作产生了注重系统取向的家庭治疗方法。后者由萨尔瓦多·米纽庆继承并进一步发展，由此家庭系统治疗被创立。今天的家庭治疗趋向于整合模式，而其他的心理治疗也会借用家庭系统的观点来理解个体的心理和行为，大大拓宽了咨询师的思路。

方法

下面介绍两种家庭治疗常用的方法。

1. **家谱图技术**。家谱图是由一系列文字、符号组成的图解，用于了解家庭信息，展示家庭成员关系，反映家庭结构。家谱图最早由默里·鲍文发明并应用于多代际家庭治疗。家谱图蕴含的内容丰富，可以反映家庭成员的生物学、心理学及社会学的诸多信息，尤其可以了解现有家庭中父母双方的原生家庭的情况。在具体操作中，咨询师（和／或服务对象）可以选择手工绘制，也可以采用改良的家庭剪贴画、家庭印象贴图等新技术来绘制家谱图。

2. **提问技术**。因为家庭治疗面向的是全体家庭成员，所以信息可以被相互"核实"，通过适当的引导，咨询师可以借助提问技术获得比较真实的信息，从中得到启发。常用的提问技术有以下几种。

- **直接性提问**：如"孩子在谁的面前最不听话"。这种提问方式是调查性的，目的在于了解家庭成员的现状及相互关系。
- **假设提问**：如"爸爸、妈妈怎么做会让你感觉舒服一些"。这种提问方式需要建立在已经收集了家庭信息的基础上，不仅有助于青少年拓宽思路，也为其父母的改变提供了具体可行的方案。
- **循环提问**：又叫迂回询问，即询问第三方对其他二人关系的看法，如"孩子，你觉得爸爸平时对妈妈怎么样""爸爸对刚才母子俩的对话怎么看"。这种提问方式有时能有效避免阻抗，更好地掌握关于家庭关系的信息。
- **内省性提问**：如"如果你请孩子的爸爸帮助你一同管教孩子会怎么样"。这种提问方式是生成性的，能够鼓励家庭成员发现并利用他们自身解决问题的积极资源。

支持性心理治疗

支持性心理治疗通过改变环境或帮助青少年充分理解和运用身边的支持性资源，来加强青少年的耐受力，重建其心理平衡。

基本理论

支持性心理治疗理论基于"应激与适应"的基本概念发展而成。当出乎意料的紧张性事件作用于个体后，会引发个体强烈的情绪波动，个体需要耗费额外的精力去适应、处理这种事件，这就是应激。如果适应机制失效，机体将逐渐趋于病理化，直至产生疾病。所以个体需要"支持"，并调动一切可能的积极资源，建立信心，以减轻压力，增强对痛苦的耐受力，恢复心理平衡。

适应症

支持性心理治疗适用于突然发生的严重的紧张性应激事件，如交通事故、亲人死亡、自然灾害等；环境适应障碍，如开学、转学、移民等；严重精神疾病恢复期；

严重生理缺陷或残疾，以及其他各种特殊的心理治疗实施之前。

方法

常用的支持性心理治疗方法有以下几种。

1. **倾听**。聆听服务对象的叙述，理解其痛苦，以使其在咨询师的关心、支持和鼓励下产生信任感，获得克服困难、战胜逆境的勇气和信心。

2. **解释**。由于服务对象的问题是受到不合理信念的影响而产生的，因此咨询师可以通过适当的解释纠正服务对象的想法，减少或消除其因误解产生的情绪反应。在对服务对象问题的实质及其解决问题的能力充分评估后，咨询师可以提出切实可行的指导或建议。

3. **适当保证，培养信心**。保证的目的是让服务对象获得安全感，以缓解其紧张、焦虑、恐惧、抑郁等负面情绪，进而有信心主动应对自己面临的困难。咨询师的保证既要有足够的依据，又不可过分，以免服务对象产生被人欺骗的感觉，或者产生依赖感，难以独立地看待问题，调整自己的行为。

4. **善用资源，改变环境**。服务对象在困境中往往会忘记自己拥有的资源，甚至不会想到求助。咨询师既要协助服务对象寻找自身或周围可利用的各种资源，如亲人和同伴的支持，又要衡量服务对象应对困难的能力，决定是否将工作范围扩大到学校等，以寻找更多的资源。此外，控制和训练、劝说、调整关系、改变对"挫折和应激"的认知等都属于支持性心理治疗的技术。治疗师需要全面、充分地学习并掌握这些技术，以更好地推动治疗的进行。

案例解析

案例简介

小林，男，13岁，独生子，2个月前随父母搬到外地生活，进入新的中学后感到难以适应，紧张不安，时有失眠，开始厌学，不愿意与新同学相处，学习成绩有小幅下降，易与父母发生矛盾和冲突。

实际应用过程

第一阶段，咨询师先与小林及其父母建立了良好的治疗关系，收集了小林的病史和重要成长史，并发现在搬家之前，小林的性格活泼开朗，未曾出现过明显的情绪行为问题，近期的紧张不安与换新环境、进入新学校有密切的关系，目前咨询师可能将小林评估为"适应问题"。然后，咨询师与小林及其父母讨论咨询目标，将目标确定为改善焦虑情绪，更好地适应学校生活，改善亲子关系。

第二阶段，咨询师仔细倾听了小林的叙述。一方面，咨询师对小林感到不开心表达理解和共情，并在此基础上帮助小林分析原因：生活环境突然改变使小林感到孤独、无助，父母因为忙于工作也较少与小林交流，在新学校作为"插班生"的小林担心老师和同学不接纳他，因此产生焦虑、紧张、恐惧等情绪。另一方面，咨询师逐步启发小林回想自己有哪些"闪光点"，以帮助他在新学校中找到自信。小林表示自己擅长打篮球，可以加入新学校的篮球队，发挥自己的特长，提升自信。

同时，咨询师也与小林的父母进行沟通，向他们解释小林的负面情绪产生的原因，介绍与青少年沟通的技巧、青少年家庭教育方法，建议父母尽量多花些时间陪伴孩子，加强对孩子的心理支持。咨询师还指导父母如何与老师进行有效的沟通，取得老师的配合，邀请老师多观察小林在校的状态，并多给予小林鼓励和支持。

一个月后，小林在学校结识了几个新朋友，与父母的关系也更融洽。咨询师对此给予了充分肯定，他鼓励小林继续努力，不断进步。

现有实践的局限性与展望

目前，社会、学校、家庭对青少年心理健康状况的重视程度仍然不足，部分有心理问题的青少年难以及时被识别并得到恰当的评估、诊断及治疗。未来，我们可通过建立健全社会心理服务体系，加快构建一个有利于青少年身心健康成长的家－校－社多元社会支持系统。为了促进青少年的心理健康发展，父母应积极、努力地与孩子建立健康和谐的亲子关系，创造温馨愉悦的家庭氛围。学校应创造有利于青少年身心健康发展的学习环境，提升其幸福感，增强其学习动力。社会心理服务工作者需要根据青少年心理问题的特点，选用合适的载体和方法，寓教于乐，让青少年在社会心理服务中既能感到被理解，又能从中获益，并锻炼抵御困难的心理素质和能力。同时，社会应该重视青少年的心理健康问题，为他们提供适宜的成长环境和支持，以帮助他们健康成长。

第三节　关注特殊重点人群：临床诊疗与危机干预

● 精神障碍的概念、发病机制与识别

　　在这一部分，我们将向大家介绍与精神障碍相关的概念、病因和发病机制，社会心理服务工作者在生活和工作中如何识别身边潜在的、可能会接触到的精神障碍患者，以及如何尽可能地运用相关的技能、链接更多的资源去帮助他们，并在必要时及时进行送诊工作。

理论简述

精神障碍的概念

　　精神障碍有时也被叫作心理障碍，是指由于大脑机能活动出现障碍导致人的情感、认知和行为等精神活动出现异常的总称，属于临床医学中精神病学的研究范畴。精神障碍主要包括精神分裂症、情绪障碍、癔症、焦虑障碍、人格障碍等，也包含脑器质性病变所致的精神障碍，如阿尔茨海默病，这类障碍是因神经系统的损伤导致异常的心理与行为而被归类为精神障碍的范畴的。

精神障碍的病因与发病机制

　　现有的绝大多数研究都表明，精神障碍的形成受到诸多因素的影响，这些因素可以分为遗传因素、神经生化因素、心理社会因素三种。

　　1. **遗传因素**。许多研究表明，精神障碍的遗传因素是由多个基因共同作用的。这些基因没有像显性基因、隐性基因那样明显的遗传规律，而是一种类似"全或无"规律的遗传现象，即存在一个阈值。当能够影响个体心理健康的基因数量超过这个阈值时，个体就会出现心理异常。而这种遗传现象主要的外在表现是存在精神障碍患者的家庭，其家属患精神障碍的概率要大于没有精神障碍患者的家庭，而且家属与患者的血缘关系越近，患精神障碍的可能性就越大；在同卵双生子中，如果一方患有精神障碍，那么另一方同样患有精神障碍的可能性要大于异卵双生子。

　　2. **神经生化因素**。精神分裂症在一定程度上是多巴胺、5-羟色胺及乙酰胆碱等多

种神经介质共同参与的过程遭到了破坏，导致病人出现了精神紊乱；对抑郁障碍而言，患者内啡肽的含量越高，其抑郁的程度也就越高。此外，当抑郁障碍患者体内的 5-羟色胺含量发生改变时，患者的情绪状态也会受到影响，其抑郁情绪也会加重；焦虑障碍也是如此，焦虑症状的严重程度与个体的神经肽、内啡肽含量密切相关；个体体内去甲肾上腺素的含量会直接决定兴奋行为的出现与否，当含量超过一定程度时，也会造成个体行为功能的紊乱。

3. 心理社会因素。虽然许多研究者坚持认为精神障碍是一种内源性疾病，它的发生是由于目前尚未知的器质性病变，但流行病学、个人史、心理动力学及对精神障碍病程的研究表明，心理社会因素也发挥了很大作用。影响精神障碍形成的常见心理社会因素包括情绪状态、人格特征、性别、早期生活环境、养育方式、所处社会阶层、经济状况、种族、文化背景、人际关系等。而对于其中的致病因素，我们可以从以下几个方面来考虑：

- 恋爱、婚姻及家庭内部问题；
- 学校与职场问题；
- 社会生活的变化；
- 个人特殊遭遇。

我们以抑郁障碍为例，其症状的产生是由生物学因素和环境因素相互作用决定的。在生命的早期，个体从父母那里遗传了更多超于常人的潜在发病基因，表现出遗传易感性，再加上早期负性生活事件的影响，个体呈现出易损性表型。成年后，当个体的中枢神经系统中的神经递质发生改变，如 5-羟色胺、多巴胺及内分泌与免疫功能失调或紊乱时，抑郁症状就可能出现。

在精神障碍的形成过程中，个体会在不同程度上受到不同类型因素的影响，这使个体脱离正常的社会生活模式，逐渐发展为精神障碍，并表现出各种外在症状。查明患者的病因与发病机制是治疗精神障碍的关键，只有查明患者罹患精神障碍的原因，我们才能从根源入手，帮助患者从精神障碍中康复。

精神障碍的识别

在了解了精神障碍的相关概念及发病机制后，我们还需要学习在社会心理服务工作中如何识别服务对象是否存在精神障碍的症状，症状的严重程度如何，这些评估便于我们及时采取相应的措施进行干预与应对，帮助服务对象早日康复。由于篇幅限制，我们将从识别精神障碍的早期症状及常见症状出发，着重介绍较重要的临床症状。

精神障碍的早期症状

1. 行为与情感改变。 主要表现为与患病前的行为和态度不一致或变得更加极端。例如，原本乐观开朗、活力四射的人变得孤僻、冷漠、死气沉沉、与人疏远，或者原本性子就比较急的人变得更加暴躁、易怒，甚至出手打人。

2. 神经症症状。 主要表现为身体和精神上的各种不适，如头晕、头痛、失眠、多梦、难以集中注意力、情绪起伏较大、工作和学习能力下降、记忆力减退等。

3. 敏感多疑。 患者与患病前相比更加敏感多疑，会更加关注周围人对自己的看法，总是认为他人在谈论、贬低自己，并且这种想法无法控制，患者甚至会出现幻听、幻视等症状。

精神障碍的常见症状

1. 感觉障碍。 主要表现为感觉过敏或迟钝，感觉倒错，麻木感，针刺感，幻肢痛，痛觉、冷热觉或触觉减退或消失等。

2. 知觉障碍。 主要表现为患者出现错觉、幻听、幻视、感知综合障碍（如人格解体）等。

3. 思维障碍。 主要包括思维形式障碍（思考的速度过快或过慢，说话过多或过少，言语支离破碎、不成句、缺乏逻辑性等）、思维内容障碍（包括妄想、强迫观念、超价观念等，以妄想为主）、注意障碍（主要症状是遗忘，如忘记最近发生的事而对以前的事记得非常清楚、不能回忆起之前发生的事、对特定事件的遗忘）、情感障碍（情绪持续性地高涨或低落或二者交替出现、情绪波动明显、情感反应与思维不协调等）和意志行为障碍（意志增强、减退、执拗、倒错等）[①]。

方法概述

在社会心理服务工作中，我们应该如何帮助精神障碍患者？

---

① 详细的诊断标准请参考 DSM-5、ICD-11、CCMD-3 等专业诊断手册。

轻度精神障碍患者与康复期患者以居家治疗为主，故针对患者进行的帮扶措施也应当从患者自身及其所处的环境出发，以帮助患者早日康复，尽快回归社会。

1. **帮助轻度精神障碍患者认识自身疾病。** 精神障碍患者大多存在不同程度的自知力障碍，表现为无法认清自己的疾病、无法看清现实、否认自己患病且抵触治疗。社会心理服务工作者要帮助患者认识自身的疾病，说明其中的利害，与患者一起面对现实，鼓励患者积极接受治疗并做好患者家属的思想工作。

2. **做好康复期患者的技能训练工作。** 康复期患者由于疾病与社会的沟通和联系显著减少，其必要的社会功能会出现减退和缺失的情况。为了帮助康复期患者恢复社会功能，早日回归正常生活，回归社会，社会心理服务工作者要做好康复期患者的技能训练工作，包括生活技能训练、社交技能训练、职业技能训练等。在生活技能训练方面，社会心理服务工作者可以通过与患者家属合作，训练患者的各种日常生活技能，由简单到复杂，循序渐进，帮助患者逐步恢复自理能力。在社交技能训练方面，社会心理服务工作者要重点训练患者的沟通能力，帮助患者恢复原有的人际关系和一些兴趣爱好，以提高患者的价值感。在职业技能训练方面，社会心理服务工作者可以鼓励患者参与社会公益团体、民政部门等组织的职业或技能训练，帮助患者恢复社会功能，提升自我效能感。

3. **对患者及其家属进行健康教育，鼓励按时服药、定期复诊。** 精神障碍的治疗与康复是一个长期的过程，需要患者坚持长期服药，定期复诊。许多患者在症状暂时得到缓解后便自行停止服药，停止就医复诊，这极易导致病情反复。社会心理服务工作者与精神科医师应对患者及其家属进行与疾病相关的健康教育，使其了解疾病的病因、治疗方式和康复的知识，让其认识到长期服药是为了控制病情，定期复诊是为了及时了解病情的变化，以便制定后续的治疗与康复方案，从而增强患者的依从性。

4. **改善患者所处环境，增强社会支持。** 良好的生活环境对精神障碍患者的治疗与康复有极大的促进作用。在家庭层面，患者的家属要与患者保持适当的沟通，既不能过于冷淡也不能过于热情，并鼓励患者适当地与家人合作完成诸如做饭、家务等活动，以拉近家人之间的距离，让患者感受到温暖，提升患者的自我效能感。在社会层面，社会心理服务工作者一方面应定期对精神障碍患者进行随访，询问患者近期的生活情况，鼓励患者参与社区活动；另一方面要加强对社会大众的宣传教育，消除大众对精神障碍的歧视和恐惧，促使大众接纳精神障碍患者。

5. 观察病情，及时采取措施。 社会心理服务工作者与患者家属应密切关注患者病情的变化，针对患者出现的各种症状及时采取正确的措施。如发现患者病情加重，患者的家属应及时将其送诊。

案例解析

案例简介

1. 一般资料

W（为保护当事人隐私，使用化名），女，50多岁，汉族，已退休，退休前为某企业财政部门工作人员，中专学历，已婚，育有一女，有乳腺癌病史。

2. 具体问题

W从小性格内向，不善与他人交流，朋友也相对较少。初中时，其五弟被确诊为抑郁障碍。2年后，父亲因病去世，W与母亲和五个兄弟姐妹在某山村居住。自那以后，W的性格变得更加孤僻。

10多年前，W被确诊为乳腺癌，并进行激素治疗，治疗成功后服用内分泌药物约6年，该药物被确认存在精神性副作用。5年前，W因与单位同事起冲突而导致情绪低落，不想工作，不想与人交流，不想见人，W申请提前退休并将自己关在家中3个多月。考虑到W的五弟曾患有抑郁障碍，家人遂带W就诊，W被诊断为抑郁障碍。医院开了精神类药物进行治疗，W用药后病情好转，后自行减药，病情平稳。

2年前，W与女儿因结婚问题爆发争吵，她认为女儿天天在外面"鬼混"，都30多岁了还不结婚，而女儿说自己不想结婚，双方最后并未达成一致。争吵过后，女儿对W态度冷漠，不愿与W交流，而W情绪低落，觉得自己很没用，处理不好与他人的关系，连女儿都嫌弃她。后来，W偶尔出现紧张、发抖、疲乏、乏力、入睡困难、少言寡动等症状，丈夫因担心其病情复发便带W前往精神专科医院就医，W被确诊为抑郁障碍复发。

实际应用过程

W就诊入院后，精神科医师除了开具必要的精神类药物外，还运用心理疗法引导W走出困境。首先，精神科医师通过与W沟通，倾听她的烦恼，来拉近与她之间的距离。经过多次沟通后，W 与精神科医师建立了良好的关系，她能够信任并听取精神科医师的建议，也能向精神科医师敞开心扉，因为有了情感的宣泄口，W 的情绪稳定了一些，但依然存在乏力、兴趣减退、入睡困难等症状。而后，精神科医师开始对 W 进行开导，对她的行为予以肯定，帮助她树立自信心，鼓励她积极地面对自己和家人，同时鼓励她参加医院组织的太极拳、陶艺和刺绣活动，以提升她的自我效能感。其次，精神科医师通过与 W 所在社区的社会心理服务工作者合作，对 W 的丈夫和女儿进行了抑郁障碍相关知识的科普，帮助 W 的家人了解了抑郁障碍的病因、发病机制、治疗与康复方法等，重点教授了与抑郁障碍患者的交流方式，以及作为家人应该如何面对患者。当 W 的病情相对平稳、情绪相对平和后，在精神科医师与社会心理服务工作者的见证下，W 与女儿进行了一次深入的交流，女儿对 W 的关心表示感谢，对之前的争吵表达歉意，表明自己其实深爱着母亲，最后母女都对对方的想法表示理解。不久后，W 便出院开始进行居家康复治疗。

W 进行居家治疗期间，精神科医师建议她适当参加社区内的活动，并加强与邻居和家人之间的沟通。刚回到家时，W 又出现了诸如入睡困难、情绪低落等症状，但是在家人、医师和社区心理服务工作者三方的努力下，她重新适应了家里的生活，症状也得到了明显缓解。而后在社区心理服务工作者的介绍下，W 参加了社区的广场舞活动并逐渐喜欢上了这项活动，经常与几个在活动中认识的朋友一起到社区的大广场跳广场舞，甚至参加了地区举办的广场舞大赛并获了奖，这既培养了她的兴趣爱好，又提升了她的自我效能感。而社区心理服务工作者也在密切关注 W 的病情变化，定期对她进行家庭随访，并支持她参与各种社会活动。而 W 也遵循医嘱定期复诊，以便精神科医师能够及时掌握其病情变化并对治疗方案进行调整。

预期/实际效果评估

W 表示，近期无诱因情绪低落发生的次数显著减少，心理状态基本稳定，各种外在症状基本消除，与家人的关系大幅改善，邻里关系良好。而其主治医师表示，患者病情基本稳定，如果能坚持目前这种生活状态，复发的可能性就会显著降低，但 W 及其家人仍要对 W 的病情进行持续的关注，以防病情复发。

现有实践的局限性与展望

精神障碍的识别与治疗目前仍存在一些局限性，包括但不限于以下几点：

- 民众对心理问题存在一定的戒备心理，遇到问题不敢说、不主动求助，导致我国的精神障碍发病率较高，但就诊率较低；

- 精神障碍相关知识的普及率较低，民众难以对精神障碍的外在症状进行判断；

- 对部分精神障碍的研究不够透彻，对其外在症状的判断、诊疗方法尚不成熟，有时会出现误诊、错诊等问题。

未来，我们应加强精神障碍相关知识在民众中的普及，通过讲座、宣传栏、广播、电视广告等方式为民众科普，并将重点放在对精神障碍的识别上。而在群体方面，我们要着重提高社区心理服务工作者的水平，通过集中培训、实践活动、讲座等形式，提高社区心理服务工作者对精神障碍患者的识别、送诊、随访、观察等能力，担当起医院和患者之间的重要桥梁，提高患者的就诊率和治愈率。除此之外，我们还要加深对精神障碍的相关研究，准确掌握各种精神障碍的病因、发病机制、症状等，积极开发治疗精神障碍的新方法，争取做到无误诊、错诊，治疗及时、疗效显著、全面康复的精神疾病治疗过程。

● 抑郁与焦虑相关障碍的特征与诊疗

在这一部分，我们将向大家介绍抑郁与焦虑相关障碍的特征与诊疗。抑郁和焦虑情绪是人们日常生活中很常见的两种负面情绪（状态），抑郁障碍和焦虑障碍则是临床上患病率最高的两种精神障碍，我们不可将负面情绪（状态）和精神障碍混为一谈。

谈及抑郁，人们总是倏然变色，唯恐避之不及。然而，抑郁本质上就是一种常见的负面情绪（状态），几乎每个人都曾有过情绪低落、悲伤沮丧甚至近乎绝望的体验。而当抑郁情绪积累到一定程度，影响人们的正常生活和社会功能时，抑郁就脱离了正常的负面情绪的范畴，严重的可能会达到抑郁障碍的诊断标准。焦虑也是一种普遍存在的情绪（状态），通常人们在面对未来即将出现的危险或可能的不利情况时会产生焦虑情绪。虽然焦虑情绪的体验并不令人愉快，但合理范围内的焦虑极具进化意义，它可以动员机体处于准备状态，增强人们的警觉性，从而提高人们预见和应对危险的能力。然而，若焦虑的情绪状态和行为表现与客观事实严重不符，并对人们正常执行社会功能造成严重影响且持续时间超过 6 个月，则有可能会演变为焦虑障碍。

通过接下来的简述和介绍，社会心理服务工作者将对抑郁障碍和焦虑障碍有初步的认识和了解，从而更好地开展教育科普、心理服务等工作。此外，学习并掌握抑郁情绪和焦虑情绪、抑郁障碍和焦虑障碍的识别与评估也有利于社会心理服务工作者在必要时及时进行转介工作、链接相关资源，为有不同需求、不同类型的服务对象提供针对性的社会支持和专业帮助。

理论简述

社会心理服务体系基于心理学、社会学（社会工作）等学科的理论与方法，结合中国的社会特点和文化特点，积极、主动地预防和解决个体、群体、组织及社会层面的各类问题，尤其是由心理因素引发的各类问题，形成全方位、多层次、多元化的社会支持系统。从服务人群来看，社会心理服务体系的服务对象是全人群，其中包括一些患有重性精神障碍的特殊人群，对于这类人群，社会心理服务体系可以给予及时且充分的干预和治疗，以帮助他们减少身心疾病所带来的负面影响，恢复身心健康。而对于绝大部分民众，社会心理服务体系可以帮助他们预防身心疾病、维护身心健康、提高身心素质、促进身心和谐、达到身心幸福。从目标来看，作为健康中国的基础，社会心理服务体系更多的是保障个体或群体的身心健康。在平安中国的层面，它不仅要保障个体和群体的健康，更要保障社会的健康平安与稳定和谐，进而实现幸福中国的最终目标。所以综上所述，对罹患抑郁障碍、焦虑障碍等精神障碍的特殊人群的识别与诊疗是建设社会心理服务体系中最基础的一环，也是重要的一环。

抑郁障碍

抑郁障碍的概念

抑郁障碍是发病率高且较为严重的精神障碍之一，指经历了一次或多次抑郁发作，期间没有躁狂发作，故也被称为"单相障碍"。关于抑郁障碍流行病学的大数据研究显示，抑郁障碍的终生患病率为 8% ~ 12%，并且在不同国家和不同地区之间存在一定的差异。最近一项针对 17 个国家的抑郁障碍调查发现，平均每 20 个人中就会有 1 个人曾经或正在接受抑郁障碍的治疗。除此之外，抑郁障碍的另一个特点是容易复发，大约有 80% 的抑郁障碍患者会在经历了第一次抑郁发作的一年内再次复发；而少数抑郁障碍患者会转为慢性抑郁障碍。目前，抑郁障碍的发病原因尚未明晰，但可以肯定的是，其发病过程是生物遗传、心理社会（如消极自卑的人格特征、创伤经历、压力应激、退学、失业等）、自然环境（冬季日照时间减少易发季节性抑郁）等诸多因素共同作用的结果。

抑郁障碍的临床特征

1. **前驱症状**。抑郁障碍大多发病比较缓慢，可由精神因素或躯体疾病诱发，失眠、疲乏、学习或工作效率降低及各种内感性不适是常见表现。

2. **典型症状**。"三低症状"即情绪低落、思维迟缓和意志活动减退，其中以情绪低落最为突出。在抑郁心境体验的基础上，患者可能会出现兴趣减退或消失、"三无症状"和"三自症状"。

- **"三低症状"**。（1）情绪低落：典型的情绪低落症状具有昼重夜轻的变化特点，主要体现在患者感到压抑、悲伤、沮丧等，其中以压抑感最常见；（2）思维迟缓：患者感到自己的认知功能受到抑制，对问题反应迟钝，语速缓慢，应答时间延长；（3）意志活动减退：约有一半的抑郁障碍患者可能会出现这种症状，患者常常感到精力不足，表现出疲乏无力、目光呆滞或姿势停滞，动作缓慢而谨慎，懒于料理家务或个人卫生，显得落魄潦倒。

- **兴趣减退或消失**。主要指患者从其所从事的工作、学习、家庭生活及娱乐活动中得不到应有的快乐体验，患者多以"一无是处"来表达这种情况。

- **"三无症状"**。（1）无望：患者对自己现在和未来的生活丧失信心，感到没有希望甚至绝望；（2）无助：患者认为自己总是孤立无援、求助无门，即使周围的人给予他关心和支持，他也认为这些帮助无济于事；（3）无价值：患者常觉得自己一无是处，认为自己做的事情甚至自己的存在对自己、他人和社会都毫无价值，这种无价值感常伴有深深的内疚感。

- **"三自症状"**。（1）自责：患者过分夸大或责备自己的轻微过失和错误，认为自己令人失望，给他人造成了负担；（2）自罪：患者倾向于将所有过错归咎于自己，自觉一无是处、罪孽深重；（3）自杀：患者因感到生活艰难、内心痛苦和悲观绝望而出现自伤的意念或企图。

3. 常见伴随症状

- **注意力不集中**。患者的主动注意不能指向心理活动的目标，带来的直接后果是感觉自己"丢三落四"，感觉记忆力明显下降。

- **精神病性症状**。幻觉在抑郁障碍患者中主要表现为幻听，多为第二人称的、持续的命令性幻听，内容多为命令患者自杀、自伤或伤害他人等，社会心理服务工作者应详细了解患者是否存在被动服从的表现。部分患者在情绪低落的情况下可能出现自罪妄想、关系妄想和被害妄想等。

- **焦虑症状**。病理性焦虑主要表现为在没有明显的外界刺激的情况下产生不安体验，同时伴有自主神经功能紊乱和运动不安。严重的焦虑症状可让患者产生极其痛苦的感受甚至采取自伤行为。

- **生物学指标**。睡眠障碍（典型表现为早醒性失眠，即比往常早醒 2 ~ 3 小时）、食欲改变（通常是减退，极少数是增加）、体重改变（一般是显著下降，即 1 个月内体重减轻 5% 及以上）及性欲改变（一般表现为下降）是抑郁障碍常见的生物学指标症状。

- **躯体症状**。抑郁障碍常见的躯体表现包括消化不良、腹泻、便秘等消化系统症状；可发生在躯体任何部位（如头、肩背和腹部）的功能性疼痛，疼痛部位可固定也可变换。

- **亚木僵状态**。抑郁性木僵是严重迟滞或精神运动性抑制的极端临床表现，患者对周围环境没有任何反应。亚木僵状态表现为患者仅能简单对话，不饮不食，目光凝滞。

焦虑障碍

焦虑障碍的概念

焦虑障碍是以无理由的过度担忧为主要症状，包括广泛性焦虑障碍、惊恐障碍、恐怖症、强迫症、创伤后应激障碍等主要类型在内的一类精神障碍。美国一项大规模流行病学调查发现，焦虑障碍是女性罹患的最常见的精神障碍，大约有 30% 的女性可能在生活中的某段时间内患焦虑障碍；焦虑障碍也是男性罹患的第二常见的精神障碍，其发生率大约为 19%；恐怖症是最常见的焦虑障碍。2019 年，中国首次全国性精神障碍流行病学调查结果显示，焦虑障碍是患病率（4.98%）最高的精神障碍，其终生患病率为 7.57%。

下面，我们主要参考《CCMD-3 中国精神障碍分类与诊断标准》（第 3 版）向大家介绍三类常见的焦虑障碍：广泛性焦虑障碍、惊恐障碍和恐怖症。

广泛性焦虑障碍

1. 概念

广泛性焦虑障碍指对生活中的一系列事件或活动难以自控地感到过分担忧并伴有自主神经兴奋和过分警觉。其基本特征是慢性的、不可控的担忧。

2. 临床表现

- **心理焦虑**。患者常感到焦虑不安、易被激怒和神经紧张，以过度的精神忧虑为核心症状。具体表现为经常性地对即将发生的、难以预料的某种危险或不幸事件感到过分忧虑；即使没有明显的诱因，患者也难以摆脱这种担忧的情绪。

- **躯体性焦虑**。患者的焦虑情绪伴随肌肉紧张和运动性不安。肌肉紧张是因为在焦虑状态下，躯体会释放更多的肾上腺素从而导致肌肉收缩，主要表现为一组或多组肌肉（多见于颈部、胸部、背部及肢体）有主观上不舒适的紧绷感，严重时可能会出现肌肉酸痛；运动性不安的表现为心神不定、坐立难安并不停地来回走动，同时无目的的小动作增多。

- **自主神经功能紊乱**。患者常表现出入睡困难、多梦、易醒的睡眠问题，疲劳、头痛和胃肠道不适等躯体症状，或者出现心悸、多汗、口干和尿频等症状。

3. 干预治疗

- **药物治疗**。抗焦虑药物（如苯二氮䓬类）或抗抑郁药物（如选择性 5-羟色胺再摄取抑制剂）是常用于减轻广泛性焦虑障碍症状的药物。需特别注意的是，药物治疗须由专业的精神科医师进行，以保证安全和有效，患者须遵医嘱服药。

- **心理治疗**。心理教育：向患者科普有关广泛性焦虑障碍和焦虑症状的知识，帮助他们理解病情；向患者提供有效的应对策略。认知行为疗法：通过帮助患者识别并改变负性的思维模式和行为模式，从而减轻焦虑症状。其他可用于广泛性焦虑障碍的心理疗法有支持性心理疗法、心理动力学疗法等。

惊恐障碍

1.概念

惊恐障碍又被称为急性焦虑障碍，是指以反复出现显著的心悸、出汗、震颤等自主神经功能失调为症状，以因害怕发生灾难性后果而惊恐发作并伴有强烈的失控感或濒死感为主要特征的一种焦虑障碍。

2.临床表现

- **惊恐发作**。患者因突然感觉快要死亡或即将面临生命危险，害怕自己会失去控制而产生强烈的不安、恐惧，伴发胸闷、心悸、出汗、颤抖、肠胃不适、手足发麻等躯体症状，部分患者甚至会出现人格解体或现实解体。

- **预期焦虑**。多数患者在惊恐发作后的间歇期仍感到心有余悸、紧张不安，担心再次发作。

- **回避行为**。部分患者在惊恐发作的间歇期会因担心发病时得不到及时的救助或引起可怕的后果而主动回避单独外出。

3.干预治疗

- **药物治疗**。药物治疗是减轻惊恐障碍患者的焦虑和恐慌症状及伴发的躯体症状的首选干预方法；治疗惊恐障碍的药物主要有抗抑郁类药物（如选择性5-羟色胺再摄取抑制剂）和抗焦虑药物（如阿普唑仑）等。

- **心理治疗**。目前临床上倾向于采用认知行为疗法对惊恐障碍进行治疗，通过改变不健康的思维模式和行为习惯来帮助患者应对惊恐发作，还可教授患者一些应对焦虑和压力（如深呼吸、放松训练）的技巧和方法，或者采取暴露疗法，通过让患者逐渐暴露于引发恐慌的情境中让其适应这类情境，从而减缓其害怕和焦虑的反应。

恐怖症

1.概念

恐怖症是以恐惧症状为主要临床表现的一种焦虑障碍。患者会控制不住地对某些特定的情境或事物产生过分强烈的恐惧情绪并伴有明显的焦虑和躯体症状，同时会主动采取回避的方式来消除内在的不安，以致影响正常生活。恐怖症主要可以分为以下几种。

- **广场恐怖症**。患有广场恐怖症的患者所恐惧的对象是特定的场所或处境,如在出现惊恐发作和其他尴尬的情况下难以逃离或很难得到帮助的场所(如置身于商场、剧院、电梯间、车厢等)。

- **社交恐怖症**。又被称为社交焦虑障碍,指在社交情境中会产生持久而强烈的恐惧情绪,进而采取主动回避社交活动的行为。具体表现为患者害怕出现在有其他人或被人注意的场合,容易感到窘迫、面色潮红,或者举止笨拙、不知所措,为避免诱发焦虑而不敢与他人对视或对坐吃饭,或者回避交谈。

- **特殊恐怖症**。又被称为特殊恐惧障碍,指对某一特定情境或物体具有过于强烈而不合理的厌恶或害怕情绪并因此出现主动回避的行为。特殊恐怖症患者常见的恐惧对象有:某些动物(如蛇、老鼠、昆虫等),特定的自然环境(如高处、雷鸣、黑暗等),以及外伤或出血等。

2. 干预治疗

- **药物治疗**。对于较严重的恐怖症患者,可以考虑使用药物来减轻症状以起到辅助治疗的作用。常用的药物包括一般的抗焦虑和抗抑郁药物。

- **心理治疗**。常用于治疗恐怖症的行为干预技术有系统脱敏疗法、冲击疗法和模仿法。(1)系统脱敏疗法:一般包括列出焦虑等级表、放松训练、系统脱敏过程,以及焦虑反应和肌肉放松技术的结合训练等步骤。重点在于引导患者在心境稳定、充分放松时逐渐接近所惧怕的事物,并在确保安全的前提下逐渐提高恐惧刺激的强度,使患者逐步降低对所恐惧事物的敏感性,减轻焦虑、害怕的情绪,直至其完全消失。(2)冲击疗法:不给患者进行任何放松训练,直接引导患者想象或进入焦虑等级最高的情境中,以迅速矫正患者对原先恐惧刺激的不合理认知,消减由这种刺激所诱发的自动化的焦虑和恐慌反应。冲击疗法用时短,可立刻见效,但实施难度较大,对患者的身心冲击也较大,需综合多方面因素谨慎使用。(3)模仿法:咨询师作为榜样去面对患者害怕的事物或处境,以证明对某种刺激或情境的过度恐惧是没有必要的,而患者要进行观察学习。同时,鼓励患者根据示范尝试接触害怕的对象。这一方法通常与系统脱敏疗法结合使用。

案例解析

案例简介

1. 一般资料

W，女，19 岁，大学生，无重大躯体疾病史和家庭精神疾病史。W 是家中的长女，有两个妹妹。父亲脾气急躁，常常与母亲发生争吵，夫妻关系较差。父母思想传统，有些古板，认为过早与异性交往是不正经的行为，对 W 管教严格，不允许她和男生接触。高二暑假期间，W 约好与男同学一起去看电影，二人在电影院门口被父亲撞见，父亲很生气，当着众人的面打了 W。W 当时只觉得很害怕，之后再也不敢与男生交往，甚至看到男女同学交谈就感到恶心，平时也很少出去玩。

2. 主诉与个人陈述

（1）主诉。自从大学开学的两个月以来，我害怕与人交往，一想到要和别人说话，我就感觉特别紧张、害怕，尤其害怕和男生交往，上课无法集中注意力，不敢参加集体活动。

（2）个人陈述。从小父母对我的要求就很严格，不让我和男生接触，说女生容易受欺负，容易吃亏。在上初中前，我还会与男生交往，但自从高二暑假期间发生那件事后，我几乎不敢有任何和男生交往的想法，也没觉得会影响自己的生活和学习。上大学后，我开始越来越害怕与人交往，上课根本无法集中注意力。我不敢和男生说话，不敢正视男老师，害怕一切社交场景。

3. 观察和他人反映

W 衣着整洁，性格内向，语言表达清楚，有逻辑；日常很少与人交往，害怕与人对视，基本不参加集体活动，几乎不和男生交流。

实际应用过程

1. 评估阶段

根据访谈与心理测验的结果，初步评估 W 可能患有社交恐怖症。

2. 干预方案的制定

（1）咨询目标。短期目标：改变"与异性交往是不正经的行为"这种错误观念，调节在社交情境中所表现出的焦虑和恐惧情绪。长期目标：帮助患者学习人际交往技巧，克服社交障碍，改善人际关系，促进自我和人格的完善。

（2）干预方法。认知疗法：使用识别自动思维和认知歪曲、真实性验证及去中心化等技术。系统脱敏疗法：教授放松技巧，划分焦虑情境等级，引导 W 想象焦虑情境，同时进行放松训练。

3. 咨询阶段

第一次咨询

目的：建立良好的咨询关系；确定主要问题；进行咨询分析。

方法：摄入性会谈，心理测验。

过程：耐心接待，了解和评估基本情况，建立良好的咨询关系。

第二次咨询

目的：加深咨询关系；介绍相关的咨询理论；引导服务对象认识自身的不合理认知。

方法：认知疗法。

过程：分析服务对象的情绪和行为问题的原因，启发其认识并放弃自身的不合理信念，建立合理的认知信念；让服务对象观察周围人的言行及对方对她的态度，并询问几名关系较好的同学对她的评价。

第三次咨询

目的：帮助服务对象认识到其自我认知与他人评价之间的差异；进行放松训练，为后续的系统脱敏治疗打下基础。

方法：认知疗法，系统脱敏疗法。

过程：让服务对象比较他人的实际评价与自己想象中的评价之间的差异；通过检验歪曲的自动思维帮助服务对象调整认知；教授服务对象肌肉放松练习。

第四次咨询

目的：建立焦虑等级表，为系统脱敏治疗做准备。

方法：认知疗法，系统脱敏疗法。

过程：鼓励服务对象建立与人交往的信心；和服务对象一起完成焦虑等级表；实施系统脱敏，引导服务对象想象焦虑情境，同时进行放松训练。

第五次咨询

目的：倾听服务对象关于人际交往的反馈；继续指导其做放松练习，巩固效果；

逐渐降低咨询频次，为结束咨询做准备。

方法：认知疗法，系统脱敏疗法。

过程：关注并肯定服务对象的积极转变，进一步增强其社交信心；通过缩短咨询时间，增加咨询间隔，以慢慢减少服务对象的依赖，讨论并准备结束咨询。

第六次咨询

目的：巩固咨询效果；结束咨询。

方法：认知疗法，心理测验。

过程：邀请服务对象填写相关量表，以评估咨询效果；回顾和总结咨询过程，在鼓励和认可服务对象的同时引导其进行自省，分享咨询感受与收获。

预期 / 实际效果评估

服务对象本人、服务者、同学、家长及电话随访均证实服务对象能积极、主动地与人交往，咨询取得了良好的效果。

涉及的职业伦理与原则问题

社会心理服务工作者在遇到抑郁和焦虑的服务对象时可参考《中华人民共和国精神卫生法》和《中国心理学会临床与咨询心理学工作伦理守则》中的相关规定，在自身执业范围和胜任力内提供服务，尊重服务对象的人格和隐私权。需要注意的是，尽管个人的隐私权受法律保护，但这种权利并不是绝对的。社会心理服务工作者有义务向服务对象提前说明保密例外情况并征得服务对象的同意，这也是开展社会心理服务工作必不可少的一个环节。

现有实践的局限性与展望

抑郁障碍和焦虑障碍是最高发、最常见的两种精神障碍，并且越来越多地得到社会大众的关注。目前，社会上存在过度泛化甚至妖魔化抑郁和焦虑、混淆抑郁情绪或焦虑情绪与抑郁障碍或焦虑障碍的现象，这种概念不清和认识错误可能导致一些人莫名给自己扣上"患者"的帽子或被人贴上"病人"的标签，造成不必要的忧虑和恐慌，进一步恶化个体的心理健康状况和社会群体心态。

社会心理服务工作者应主动学习并掌握与抑郁和焦虑相关的专业知识，区分和识别抑郁情绪和焦虑情绪这两种负面情绪（状态），以及抑郁障碍和焦虑障碍这两种精神障碍。社会心理服务工作者可基于评估结果，在职责和自身胜任力范围内为存在不同心理健康状况的服务对象提供全方位、多元化、多层次的社会支持和专业帮助。此外，社会心理服务工作者应重视在党政机关系统、学校教育系统和基层社区（农村）系统展开相关宣传与科普，帮助民众更好地澄清和认识抑郁和焦虑，以更科学的视角和更平和的心态，积极、有效地应对抑郁和焦虑问题。

社会心理服务体系建设相关部门要通力协作，建立全周期的社会心理服务网络：做好科普，预防在先；尽早发现抑郁和焦虑问题，及时干预；必要时做好专业心理咨询与治疗的转介工作，开展综合性干预并跟进服务保障。处理好抑郁和焦虑问题将造福广大民众，对维护民众心理健康、社会平安稳定和国家幸福发展具有重要意义。

○ 心理危机的概念、干预过程与方法

在这一部分，我们将向大家介绍心理危机干预的基本概念和技术。心理危机干预要求服务者不仅能对实际发生的事件做出快速且准确的判断，承受更大的不确定性及责任，还能综合应用多种不同的心理咨询与心理治疗技术，因此了解心理危机干预的基本流程和技术，可以帮助服务者更冷静地应对各种应急情况。心理危机干预作为社会心理服务体系中不可或缺的一环，要求社会心理服务工作者从七层社会支持系统来对服务对象进行引导，对最核心的内圈层来说，社会心理服务工作者在掌握了这些技术后可以进行自我疏导和支持，并惠及家人；对中圈层来说，社会心理服务工作者如果能力足够强，还可以对身边的亲朋好友、同学、同事、社会组织和社区提供支持；对外圈层来说，专业机构、行业组织、政府可以协同参与，利用心理危机干预技术为全人群、全周期的心理健康提供支持和保障。

理论简述

心理危机干预中的危机并不等同于"金融危机"中所指的客观境遇，而是指当事人在遇到某一重大事件或生活境遇时，感到自己完全无法应对，并且这种感受会导致严重的情绪、行为和认知功能障碍。心理危机干预最重要的作用就是给身陷危机的个体、家庭、团体提供有效的帮助和心理支持，并引导他们开发和利用自身的

资源，重新建立新的心理平衡，或者恢复到危机前的心理平衡状态，预防心理危机的复发。

心理危机干预最早是由一些志愿者执行的，他们一般是过去危机事件的幸存者，所以有一些应对危机的经验，能够对身陷危机的一部分人群提供有效帮助。但心理危机干预实际上需要更系统、更专业的知识和技能做支撑，所以到后来，人们逐渐发现，在心理危机干预中面临的许多问题，仅依靠志愿者的力量难以解决，心理危机干预需要更多像心理咨询师、社会工作者等具有专业知识和技能的人员参与其中。"危机"一词可以被拆分为"危"与"机"两部分，危机中的"危险"部分可能会将当事人击垮，导致其心理上的崩溃，甚至危及其自身或他人的生命；而"机会"部分则意味着当危机造成的痛苦迫使当事人寻求帮助时，心理危机干预有机会帮助其获得自我成长。经历危机后，当事人可能会变得更有勇气和信心面对困难，更能理解他人的痛苦，也可能只是表面上度过了危机，实际上却通过消极的自我防御机制暂时逃避危机带来的影响，压抑、忽略由危机造成的负面情绪，因此在未来遇到应激事件时，当事人容易再次陷入危机。还有一种可能是，在危机刚爆发时，当事人就难以承受其压力。对于后两种可能，社会心理服务工作者需要及时为当事人提供一些有力的外部支持，帮助他们提升应对危机的能力，既解决当下的困境，也预防将来再次陷入危机。

在心理危机干预的过程中，重要的工作目标之一就是减少危机对当事人造成的影响，拓展危机中的"机会"部分，促使当事人获得更好的成长。如何才能更好地做到这一点，就需要社会心理服务工作者能够识别危机情境和危机类型，并能够针对不同危机情境的特点进行应对。根据危机对当事人的影响，我们把危机分为以下四类。

1. **发展性危机**。发展性危机指在正常的生命周期内遇到的议题，如生老病死、婚丧嫁娶等，这些议题有时会演变为危机事件。例如，女性初为人母时，可能暂时无法适应高强度的育儿压力及身份的转变，这就属于发展性危机。发展性危机一般被认为是正常的、阶段性的，但这也导致许多发展性危机在初期没有受到重视。每个人的承受能力和应对能力都有所不同，各自的资源和支持系统也差异巨大，我们不应以自身的标准去衡量危机的严重程度，而应针对具体情况进行识别、评估和干预处理。

2. 情境危机。情境危机指当事人生活中偶然的、突发的、无法预料的事件，如亲人意外亡故、突然被确诊为重病等，但当事人无法对这些事件进行控制。情境危机会使当事人产生极大的震惊感和强烈的情绪反应，有时甚至会出现精神恍惚、人格解体等症状，如果当事人没有及时得到干预，容易导致灾难性的后果。

3. 生存性危机。生存性危机指与个人价值观相关的一些重大事件所引起的内心冲突和焦虑，这些冲突和焦虑会使当事人对自己生存的价值和意义产生怀疑。例如，中年男性遭遇职业危机，并且意识到自己不可能在事业上有所作为。

4. 环境性危机。环境性危机指某种自然灾难或人为造成的灾难降临到某个人或某群人身上，其影响范围而后慢慢扩大到在这个环境中生活的所有人，如地震、台风等自然灾害，或者由流行病等生物因素引起的灾害，甚至战争等。

社会心理服务工作者需要掌握识别危机的高相关因素的技巧，以便更好地对身边可能身陷危机的人群进行识别，并尽早进行干预。丧失是与危机高相关的因素之一，当事人在经历丧失的过程中（这种丧失可能是重要他人的离开、稳定的人际关系的破裂、稳定生活来源的中断），很可能会陷入危机；第二个与危机高相关的因素是挫折，当事人在长期反复经历挫折时，如在人际交往中长期遭受排挤、在学业方面长期遭受困境、遭遇投资失败等，也容易陷入危机；同时，一些无法改变的负面事实，如生理上的缺陷、慢性疾病等，也可能会让当事人产生无望感，从而陷入危机；此外，当父母、老师或领导等权威人物可以长期表现出反复无常或无条件的消极关注时，也可能会使当事人感到无助、无望，从而陷入危机。

最后，我们还需要对危机情境和心理危机进行区分，上述提及的不论是危机的分类还是危机的高相关因素，均属于危机情境，但并不一定会引发所有个体的心理危机，针对每个当事人的评估是后续个性化干预的必要过程。

方法概述

虽然每个当事人所经历的危机都具有独特性和复杂性，但对服务者来说，如果能有一个相对简单易懂又行之有效的助人行动框架，会使助人过程变得容易一些。下面，我们将详细介绍心理危机干预的六步骤模型，服务者可以在此基础上形成属于自己的独特的工作方法。

评估不是危机干预中的具体某一步，而是一个贯穿始终的过程，服务者需要根据当事人的应对能力、危机事件的威胁程度及当事人的能动性水平，对当事人过去和现在的危机状态做出整体、系统的评估，并根据实际情况更新动态评估结果。评估的重点主要是危机的严重程度、危机当事人当下的情绪状态、可用的应对方案、支持系统、当事人拥有的其他资源，以及当事人自伤、自杀或伤害他人的可能性。

评估当事人的情绪状态主要从如下两个问题出发。

- 当事人目前处于急性状态还是慢性状态？
- 当事人目前情绪力量的储备如何，是否会陷入绝望？

服务者可以通过上述问题的答案及求助者基本的人口学信息来评估其情绪状态。

对当事人自伤、自杀或伤害他人的可能性的评估则需要服务者小心谨慎地进行，并非所有危机事件都会导致这种可能性，但如果出现这种情况，服务者也不要因为恐惧而回避谈论，而是要真诚地表达关心，向当事人提供表达情绪的空间，这些都会降低当事人自伤、自杀或伤害他人的风险。大多数想要自伤、自杀或伤害他人的当事人往往会表现出明确的线索，或者给出警告，因此捕捉这些信息十分重要。

六步骤模型的前三步主要是明确问题、确保当事人的安全，以及提供支持；后三步则主要是服务者实际采取的行动，分别是评估可供选择的方案、制订计划，以及获得当事人的承诺。

步骤一：明确问题

心理危机干预的第一步是了解当事人正面临什么样的问题和困境，共情当事人的感受，与当事人建立情感联结。服务者必须以当事人的视角来理解其所面临的情境，以真诚、接纳和积极关注的态度倾听当事人的故事。具体的方法包括：开放式提问、复述和总结性澄清，以及积极强化等。

步骤二：确保当事人的安全

服务者必须将当事人的安全放在整个心理危机干预工作的首要位置，将其对自己或他人的身心造成危险的可能性降至最低。在这个过程中，服务者要对一些高风险的情境进行识别，并以关切的态度进行追问，了解当事人目前的情绪状态、其对待问题解决的态度和预期，及其对死亡的看法。当谈话没有办法很好地保证当事人的安全时会涉及保密突破，即服务者需要与当事人的紧急联系人、监护人或最亲密的伙伴进行沟通，让他们陪伴并照料当事人，必要时还要依靠医院甚至警方的力量来确保其安全。

步骤三：提供支持

服务者要让当事人感受到被关心和被在意，积极地表达"我真的很在意你、关心你"。服务者要以一种无条件的、积极的方式接纳当事人，并将当事人作为一个完整的人来看待，而非将其视为"病人"或"疯子"。

步骤四：评估可供选择的方案

即使当事人受到了严重打击，一蹶不振，甚至感到绝望和无可救药，他们身边仍然存在很多积极的支持力量，这需要服务者与他们一同探索和分析。在整个干预过程中，服务者还要收集当事人曾经尝试过的各种问题解决方案，并了解其适用性，将其所能调用的资源考虑在内，引导当事人对各种不同的可行方案进行抉择。可用的应对方案主要包括如下三个方面：

- 情境的支持，即当事人周围的亲友可能会关心他到底遭遇了什么，需要什么样的帮助；
- 应对机制，即当事人所能采取的行动和环境资源；
- 当事人积极的、建设性的思维方式，这需要服务者引导当事人重新理解自己所遭遇的危机情境。

步骤五：制订计划

这一步是步骤四的自然延伸，通过对内在资源和外部支持性力量的探索，服务者可以与当事人共同制订帮助当事人恢复情绪平衡的行动计划，在这个计划中，服务者需要确定一个具体的他人或团体，作为可以随时提供支援的后备力量；同时，服务者需要确定当事人可以立即着手进行的某些具体的、积极的事情。在制订计划时，服务者要邀请当事人积极参与其中，这样计划才有较高的执行性，也能帮助当事人重新获得对生活的控制感和自信心。

步骤六：获得当事人的承诺

这一步是前五步的自然延伸。如果当事人能较好地执行计划，那么他也就相应地完成了对这个计划的承诺。但在某些情境中，我们可能无法陪伴当事人完整地执行计划中的所有流程，这就需要当事人承诺，一定会采取一个或多个具体的、积极的、有意设计的行动步骤，以帮助自己恢复到危机之前的平衡状态。

案例解析

案例简介

1. 基本情况

X 是一名长期患双相情感障碍但一直在稳定服药的女孩。她因为病情反复感到疲惫，经常有自杀的想法，于是在自己状态很不好的时候向所在单位的心理援助服务站求助。X 自述长期有想死的意念，尤其是在早晨醒来时，并且曾有过多次自伤行为。经过深入探索后，她表示自己有时并不想死，只是太累了，对死亡意念的表达可以安抚自己，但自己并不会真的去做。X 在不考虑未来的时候会觉得自己挺好的，也有重要的家人和朋友愿意支持自己，但她越来越觉得每个人都有自己的生活，于是减少了对他人的期待，只在状态很不好时才选择寻求心理援助。

2. 案例分析

X 长期患有精神障碍，这是心理危机的高风险因素之一。X 为应对病情做过很多尝试和努力，但病情总是反复，这让她产生了失控感和无力感，甚至想要放弃与疾病抗争，并产生轻生的念头，做出自伤的行为。

在寻求专业心理援助的过程中，服务者对 X 的痛苦表达了理解和接纳，与她讨论她的自杀意念，并给她提供释放情绪的空间，以使她更准确地观察自己的自杀意念背后的感受——"与疾病抗争太累了，我想休息一会儿"。然后，探索的方向和重点就可以转向如何与疾病共存、如何让自己在这样的情况下获得一些休息，这样，服务者就可以引导 X 制订一份自我照料的计划，以完成一次完整的心理危机干预。

实际应用过程

X 在此次求助之前，已多次寻求心理援助服务的帮助。在本次求助过程中，X 比较直接地坦露了自己的痛苦和困惑。

X：我不理解，我真的不理解，为什么会这样，明明我已经做了这么多努力，但我每天还是要十次、二十次地想不要自杀，不要自伤。有时我可以控制，但更多时候我控制不了，我好累，我好想放弃啊。

服务者：是啊，跟这些感受斗争，让你感到很疲惫，你做了很多努力了，结果却不尽如人意。（明确问题）

X：有时我会觉得人生没有缺憾了，好像我什么都有了，但有时我又觉得这样的生活让我看不到希望和意义。

服务者：嗯，这是两种挺矛盾的感觉，什么时候你会感觉好一些，感觉人生没有缺憾呢？（明确问题）

X：在一天的绝大部分时间里，我还是一个很稳定的人，我也不会非得说什么，甚至觉得自己没有问题。但有时我会突然变得很脆弱。我一直都想帮助自己，但今天我就是毫无缘由地……我也不知道应该怎么办。

服务者：是啊，我听到你感觉很痛苦，这似乎是非常疲惫的一天，你也不知道应该怎么办。但我很欣慰你在这样的时刻想起我们，愿意跟我们说说你的这些想法。我很愿意陪伴你一起度过这段难熬的时光。（提供支持）

X：有人在遭受比我更大的压力，他们明明更困难，但好像他们都能熬过来，为什么我就不可以？我有时会想，是不是我没病，只是我矫情而已。我真的……我真的……我真的很累。

服务者：是啊，这么累，真的应该好好休息一下。你有十分信任的人吗，也许我们现在可以联系他，让他来陪陪你，你也许会好受一些。（评估可供选择的方案）

X：说实话，没有。

服务者：至少在这个时刻，你选择来到这里。你愿意跟我讲讲是什么支持着你来到这里的吗？（探索内在力量）

X：嗯，这里……这里对我来说很安全，而且我知道你们一直都在。

服务者：是的，我们一直都在。如果感觉不舒服，只要你愿意，随时都可以来我们这里。你能答应我如果下次有类似的情绪，甚至想要伤害自己的冲动出现，一定要联系我们好吗？在来到这之前，不要做伤害自己的事。（获得当事人的承诺）

X：我不知道，也许可以试试吧。

服务者：我不知道与一开始的情绪相比，你现在是否感觉好了一些？

X：嗯，谢谢你愿意跟我聊这些。我知道有时我并不想死，我只是太累了，说出来感觉会好一些。

服务者：是啊，太累了。那你准备一会儿做些什么让自己稍微休息一下呢？（制

订计划）

X：……（讨论愿意尝试的具体内容）

预期/实际效果评估

通过与服务者的对话，X 的情绪从失衡慢慢恢复到稳定、平衡的状态，并通过进一步制订后续的自我照料计划，暂时找到了应对生活的稳定感。有时，危机的出现只在一瞬间，如果在这个失衡的瞬间有人陪伴和回应当事人，有人理性地与当事人一起制订计划，那么不少当事人都有能力迈过这个坎儿。

涉及的职业伦理与原则问题

在心理危机干预的过程中，比较容易出现的职业伦理问题是对当事人隐私权的保护与对其生命安全的保护之间的平衡。当服务者在助人过程中评估当事人可能有自伤或伤害他人的计划，甚至正在实施计划时，服务者需要与对方讨论保密突破的相关问题，与其说明伦理准则和精神卫生法的要求，并进行保密突破，如联系当事人的紧急联系人、报警等。在进行保密突破时，服务者要非常谨慎，争取做到最大限度的保密和最低程度的突破。

现有实践的局限性与展望

在实际的心理危机干预过程中，新手服务者可能会因为求助者的紧急情况（如正在实施自伤行为等）而感到慌乱，甚至无法正常进行干预流程。在这种情况下，一个稳定且可靠的支持团队能够给予新手服务者以力量，要记住，在任何时候，危机干预服务者都不是也不该是一个人孤军奋战，当遇到危机时，督导师提供的回应、指导和支持，甚至在必要情况下团队成员帮助进行报警，都能让正在进行心理危机干预的服务者获得稳定感。

因此社会心理服务体系建设不仅仅在培养一个个具有心理危机干预技术的个体，也在培养一个有力且稳定的心理危机干预团队，通过团队协作，社会心理服务体系可以形成心理危机干预的合力与联动机制，为危机中的个体、家庭、团体提供更可靠的支持和更系统的帮助。

第四节　常用心理评估与干预技术

➲ 有效沟通的理念、过程与技巧

在这一部分，我们向大家介绍有效沟通的理念、过程及技巧等内容。例如，通过"五个一"有效沟通法，营造一种温暖、和谐的沟通氛围，建立一套行之有效的沟通方式，给予一份真诚和信任，进行一次思想层面的引领，播下一颗希望的种子。在被看见、被肯定、被尊重、被支持、被理解、被信任、被点拨和被呵护中，服务对象的行为、认知、情绪等方面会发生一定的改变，实现自我成长。同样，社会心理服务工作建立在良好沟通的基础上，在心灵之间的碰撞、思想之间的沟通、交流之间的融合中，社会心理服务工作者与服务对象会建立信任关系并产生一定的默契，从而实现缓解情绪、解决困扰、启发思维、引领思想等目标。

方法概述

针对社会心理服务工作者在沟通方面遇到的问题，我们将结合心理学中的积极心理学理论、焦点解决短期治疗、萨提亚家庭治疗模式、认知行为疗法、来访者中心疗法等技术，以提高沟通的科学性和实效性为目的，详细阐述"五个一"有效沟通法。

营造温暖的氛围

要想进行一次效果良好的助人谈话，首先要了解服务对象的心理。在与社会心理服务工作者谈话的过程中，服务对象可能会存在揣测、惶惑、恐惧、防御、对立、沮丧、期盼等心理，这就使谈话之初的氛围显得尤为重要。无论谈话的主题是什么，社会心理服务工作者都应该在谈话之初营造一种和谐、安全、温暖的氛围。

首先，社会心理服务工作者要请服务对象坐下，并且面带微笑、语气温和，如有条件可给服务对象倒杯水。在服务对象感受到亲近后，社会心理服务工作者可以说类似下面的话。

"约你这个时间段来，希望没有给你造成不便。"

"感谢你对我的信任，愿意坦诚地与我分享你的心里话，我想向你介绍下，你在这里分享的事情我都会保密，除非遇到保密例外的情况。"

谈话开场的氛围是谈话能否顺利进行的基础，对之后的沟通效果具有重要影响。值得强调的是，对沟通而言，营造温暖的谈话氛围还需要注意时间、地点和时机等因素，例如，选择双方都能全然投入的时间、安静而方便的地点、双方的身心状况都相对良好的时机，这样才有利于沟通的展开。

建立有效的沟通

1. 寻找"共鸣点"，让服务对象感到"被理解"

服务对象不管做出怎样的行为，必然有其理由和原因，作为社会心理服务工作者，我们需要深入了解服务对象行为背后的理由和原因。例如，我们可以向服务对象说类似下面的话，表达我们希望了解他的愿望。

"有句话叫不是不理解，而是不了解，我想你这么做一定有自己的原因，你愿意说说吗？"

"我想你这么做一定有你的理由，能和我说说吗？"

"我理解你这么说，可能是因为……"

许多社会心理服务工作者在沟通中会用很直接的方式直指服务对象的问题，然后开始教育服务对象，希望以此达到一针见血的效果，但这样的做法往往适得其反。当社会心理服务工作者表示愿意理解行为、倾听原因时，服务对象会有一种"被理解"的感觉，这种做法可以促进服务对象坦诚地交流，避免产生排斥心理。

2. 发掘"积极点"，让服务对象感到"被肯定"

马斯洛曾提出需要层次理论，提出爱和归属的需要、自尊需要对个体意义重大。如果个体能够感到被爱和被尊重，就会促进个体成长。为了使理解更加深入，让服务对象感受到真正的共情，社会心理服务工作者需要进一步从服务对象的行为中找到积极点。从积极心理学的角度来看，任何人、任何行为都有其积极的一面，社会心理服务工作者要善于发现和挖掘服务对象的资源。同样，焦点解决短期治疗也坚信，每个人都有各自的品性和过往经历，这些品性和过往经历可以给予人们力量，如果合理运用，将有助于人们解决实际困难、创造美好生活。例如，服务对象打架背后的原因可能是为他人出头，维护正义；胆小怕事的积极点是小心谨慎，自我保护意识强等。所以，社会心理服务工作者对服务对象看似糟糕的情况也可以找出积极的闪光点。社会心理服务工作者可以说类似下面的话。

"可能你觉得大多数人会批评你，但我从这件事中看到了你的勇敢和正义。"

"可能这件事让你受到了很多非议，也会有人不理解，但在你身上，我看到了一个热爱社区、愿意帮助他人的好邻居。"

"这件事听起来很糟糕，让你感觉自己是糟糕的，但我从中发现经历这件事后你有所成长。"

即使面对不愿意讲话、沉默的服务对象，我们也可以找到资源。

"我相信，你今天愿意来说明你有意愿和我交谈，有意愿解决这个问题。"

"可能一部分的你会感到生气、不舒服，但另一部分的你仍然愿意解决这个问题，这就很棒！"

"我理解你……"看似简单，但只有做到认真倾听服务对象，真诚地了解事件的原因，欣赏并发掘服务对象身上的资源和积极点，才是对服务对象深入的理解和共情，也才能减少服务对象的防御、反感和阻抗。有人说："赏识，是一种理解和沟通，也是一种激励和引导。"其实，每个人都渴望得到他人的赏识，以体现个人价值，同样，每个人也应该学习如何赏识他人。如此，在相互的赏识中，沟通的壁垒将被打破。

3. 询问"疑惑点"，让服务对象感到"被关注"

当社会心理服务工作者表示了对服务对象的理解和共情，让服务对象发现社会心理服务工作者并没有站在他们的对立面时，服务对象会愿意敞开心扉，这样社会心理服务工作者就可以根据服务对象提出的问题展开深入的讨论。在探讨的过程中，社会心理服务工作者仍需要以服务对象的讲述为主，而社会心理服务工作者主要起到倾听的作用，针对自己有疑问或不明白的地方，社会心理服务工作者可以进行询问，但需要注意提问的技巧。

提问一般分为以下几种类型：

- 开放式提问，如"最近感觉怎么样"；封闭式提问，如"你能和我说说你的情况吗"；

- 祈使式提问，如"你能谈谈你第一次发现自己有艾滋病时是这样的吗"；

- 间接式或隐含式提问，如"我对你今后的计划感到好奇"；

- 投射性提问，如"假设你是电影里的一个角色，你会是哪个角色"。

具体的提问类型如表 3-1 所示。

表 3-1　提问的分类表

提问用词	提问类型	服务对象通常的回答
是什么	开放式	事实和描述性信息
怎么样	开放式	过程或顺序
为什么	部分开放式	解释和防御
什么地方	略微开放式	关于地点的信息
什么时候	略微开放式	关于时间的信息
是谁	略微开放式	关于人物的信息
是否	封闭式	具体信息
能否、愿否	祈使式	发散的信息，有时被拒绝
我好奇、你肯定	间接式	对想法和情感的探究
如果	透射式	干预判断和价值观的信息

在提问时，社会心理服务工作者需要注意以下几点：考虑服务对象是否准备好接受提问；在交流的过程中，不应将提问作为研究服务对象心理特征的最主要方式；提问时要使问题符合服务对象关注的内容，提及敏感问题时要谨慎。

4. 共商"解决点"，让服务对象感到"被支持"

在通常情况下，社会心理服务工作者不需要提出建议或给出解决办法，但也有些特殊情况，如服务对象很想得到社会心理服务工作者的实际帮助，这时我们也可以选择性地给予服务对象一些建议或实际帮助。在该过程中，社会心理服务工作者需注意以下几个方面。

- **强调"在一起"**。萨提亚家庭治疗模式指出，每个人都非独立的个体，因为人与人之间的联结给了人生命力。萨提亚家庭治疗模式创始人维吉尼亚·萨提亚反复强调，每个人都希望与他人产生联结，希望与他人在一起，尤其是值得自己信任的重要他人。所以，社会心理服务工作者在与服务对象讨论问题解决办法的过程中，要让服务对象感到自己正在与他一起面对问题，积极、真心、尽力地想办法帮他，从他的利益出发。例如，社会心理服务工作者可以说类似下面的话。

"现在情况已经发生了，我们一起想办法面对。"
"既然现在的情况是这样，我们一起来想想怎么办。"

这样的话会让服务对象从内心深处感到来自社会心理服务工作者的关爱和温暖，对社会心理服务工作者的建议的接纳程度和认可程度也会大幅提升。

- **抓住问题的本质**。服务对象表述的问题大多是表面问题，社会心理服务工作者要透过现象看本质，抓住问题的主要矛盾。

例如，A 在阳台上养鸽子扰民，因此与邻居发生了冲突。这个问题表面上是邻里冲突问题，但本质上可能是因为 A 的丈夫刚刚去世，所以想用养鸽子来寄托对丈夫的思念，缓解自己的孤单。所以如何让 A 寄托思念之情，化解孤单之苦，如何提升周围邻居、社区工作人员对她的关爱就比解决是否在阳台上养鸽子这个表面问题更重要。

但是要抓住服务对象问题的本质，关键是如何理解服务对象，让服务对象敞开心扉地与社会心理服务工作者交谈。

- **掌握实用的技巧**。社会心理服务工作者也需要掌握一些心理学中常用的技巧来帮助服务对象。例如，在服务对象面对相互矛盾、冲突的选择时，社会心理服务工作者可教其使用利弊分析法，即让服务对象详细地列出每个选择的优点和缺点，再进行比较，这样服务对象将可能有新的发现。当服务对象面对压力时，社会心理服务工作者可教其使用音乐想象放松法。当服务对象情绪低落时，社会心理服务工作者可教其通过向他人倾诉宣泄情绪，通过参加运动转移注意力。当服务对象拖延时，社会心理服务工作者可教其使用强化法。当服务对象遇到人际沟通问题时，社会心理服务工作者可教其采用三段式沟通法等。

给予信任

在焦点解决短期治疗中，社会心理服务工作者要特别坚信"每个人都是解决自己问题的专家"。所以在与服务对象谈话时，社会心理服务工作者要坚信服务对象有足够的能力克服困难，相信服务对象可以创造令自己更满意的生活，并向服务对象表示肯定和赞扬，增强其自信心，提升其自我价值感。例如，社会心理服务工作者可以说类似下面的话。

"我一直觉得你是一个有上进心、负责、友善、善良、有想法的人，我坚信你能……"

"我相信现在的你会成为过去，明天的你会让我刮目相看。"

在谈话中，社会心理服务工作者要敏锐地捕捉服务对象身上的积极品质和成功经验，充分相信和肯定服务对象愿意努力做出改变，让服务对象体会被信任的感觉，给服务对象赋能，激发服务对象的内在动力。

进行积极的引导

很多时候，服务对象会因为当下的困扰而迷失方向。社会心理服务工作者可以使用叙事疗法中的"那时那地"法，让服务对象想象如果几十年后再来看此时此刻的经历，会是什么样子，基本上所有服务对象都会领悟到，无论最终自己能否成功、是否身处顺境，这一经历都会变成自己人生中一笔弥足珍贵的财富，都是一段独一无二的人生体验，于是服务对象的人生意义感由此得到升华。在沟通中，社会心理服务工作者也可以使用这种技术。例如，社会心理服务工作者可以说类似下面的话。

"我们每个人都会遇到各种各样的困难，这次经历也是对你的一次考验和磨砺，我们也是在这样的过程中得到历练与成长的。"

"在生活中，你会有各种各样的经历与体验，希望你能从这次经历中体验到……让这次经历变成今后你人生道路上的财富。"

这不仅让服务对象不再局限于眼前，不对当下的困境感到绝望，还可以使服务对象通过此事有所感悟和成长，从一次具体的经历中总结收获，举一反三，将其变成今后应对类似事件的经验，成为人生路上的宝贵财富。

播下希望的种子

沟通是一门艺术，倘若没有艺术般的沟通，社会心理服务工作者就很难与服务对象心灵相通。诚然，很多时候服务对象的问题可能无法通过一次沟通得到充分解决，或者服务对象在生活中还可能会遇到其他问题。但是，社会心理服务工作者需要给服务对象一份希望，让服务对象感到社会心理服务工作者是他们倾诉的对象、支持的力量、温暖的港湾，为良好的沟通关系播下希望的种子。例如，社会心理服务工作者可以说类似下面的话。

"谢谢你愿意敞开心扉，把自己心里的想法告诉我，以后再遇到什么问题，都可以来找我，我们再一起讨论，想解决办法。"

事实证明，多与服务对象谈话、沟通，就能给服务对象播下希望的种子。

案例解析

案例简介

吴阿姨，52岁，老伴儿上半年因病去世。吴阿姨多次找到社区要求解决窗户外的鸟叫问题，她反映鸟叫影响了她的休息和正常生活，因此要求社区工作人员将窗外树上的鸟全部赶走。在社区工作人员的多次驱赶后，还是有鸟不断地飞到树上，吴阿姨要求社区工作人员将窗外的树砍掉。作为社区工作人员，你将如何和吴阿姨沟通？

实际应用过程

前往阿姨家：吴阿姨，我们来向您了解鸟叫的情况，看您腿脚不方便，我们把您的快递也顺便搬回来了。（建立关系，温暖氛围）

倾听、共情：您反映的鸟叫问题，真的是给您带来了很大的困扰，您能具体和我说说吗？（理解、共情）

在社区工作人员与吴阿姨的谈话中，社区工作人员发现，自从老伴儿去世，吴阿姨就一直闷闷不乐，把自己封闭在家很少出去，所以特别关注鸟叫声。

寻找资源：阿姨，刚刚在和您聊天的过程中，我发现您非常有爱心，您之前还

说经常会喂养流浪狗，您真是一个非常有爱心的人呀！（寻找资源/赞美肯定）

提出问题：但是您让我们把门口这么大一棵树砍了，首先，我们没有这个权力，因为这是社区的绿化；其次，如果我们砍了，让树失去了生命，鸟也没有了栖息的家，我想这也不是您想看到的。您是这么有爱心的人，我想您一定也不忍心吧。

抓住本质：在刚刚聊天的过程中，我发现自从您的老伴儿去世后，您就一个人在家不出门了，您能具体说说为什么不出门了吗？（理解、共情）我能理解，您是因为老伴儿不在身边了，总觉得自己一个人出门很孤单，所以把自己关在家里，但是您在家里又孤独、烦闷，所以特别受不了这鸟叫声。（通过交流，了解事情本质）

共同协商：事已至此，我们一起想想办法吧。我们社区工作人员将会一直支持您，陪伴您度过这段时光。咱们社区有很多活动，以后我邀请您一起参加，有很多伙伴可以跟我一起陪着您的，您就不会每天待在家听鸟叫声了。（一起想办法）

赋能鼓励：您看您在老伴儿去世之前多么热情、开朗，经常在小区遛弯、喂养流浪狗，我相信您的老伴儿也希望您在没有他的日子里可以过得很好，而且我们也相信您可以把自己的生活过得有滋有味。（赋能鼓励）

播下种子：很感谢您今天愿意和我交流这么多，在老伴儿去世的这段时间里您真的挺不容易的，我们愿意陪您一起度过，以后我们会经常邀请您参加活动，您遇到问题也可以随时来找我们。（让吴阿姨觉得生活有希望、有寄托）

预期/实际效果评估

了解了吴阿姨因老伴儿去世而产生孤单、烦闷的情绪，再针对问题的本质做工作，"鸟叫""砍树"也就变得不重要了。服务对象表述的问题大多是表面问题，社会心理服务工作者要透过现象看本质，抓住问题的主要矛盾。但是，要抓住服务对象问题的本质，关键是如何倾听、共情、理解服务对象，让服务对象敞开心扉地与社会心理服务工作者交谈，很多时候，人不是不理解，而是不了解。

现有实践的局限性与展望

有效沟通是建立信任关系的前提，也是维持良好关系的关键，它贯穿于社会心理服务工作的全过程。社会心理服务工作者在提供服务，尤其是在参与基层社会治理过程中要避免高谈阔论或自说自话，要用老百姓听得懂、听得进的通俗话语与之沟通。有效沟通的关键在于社会心理服务工作者如何提高倾听和共情能力，这是需要在工作中慢慢培养、练习的。很多时候，我们总是急于表达自己的观点，急于给建议，结果往往说了一大堆却"事倍功半"。因此，在进行社会心理服务时，服务者可以参考心理咨询中的"跟与领"技术，"指领"服务对象，引导服务对象，教育服务对象。其中，服务者要做到先"跟随"服务对象，理解服务对象，欣赏服务对象，再不知不觉地提出问题，抓住问题的本质才是提高沟通质量、处理冲突和矛盾的重要途径。

⊃ 心理教育的概念、方法与技巧

在这一部分，我们将向大家介绍心理教育的概念、方法与技巧，并简要阐释心理教育是如何服务于社会心理服务体系建设的，以及在实际的社会心理服务工作中，我们应该如何应用心理教育。心理教育的概念是由认知行为治疗之父阿伦·T. 贝克提出的，指的是通过解释和提问等方式帮助服务对象理解自身问题及其产生的原因。在社会心理服务体系建设中，心理学是主要的服务手段和方法，而心理教育则是其中一个非常好用且十分有效的技术。可以说，心理教育贯穿社会心理服务体系建设的全过程，在建设六大内容体系的过程中，几乎每个环节都离不开心理教育，足见心理教育的地位和重要性。社会心理服务工作者应学习并掌握心理教育这项技术，广泛而灵活地将其应用于社会心理服务实践，为守护人民群众的健康、平安和幸福助力。

概念简述

在介绍心理教育的理论和方法之前，我们需要先回顾教育的本质。德国著名哲学家、心理学家和教育学家卡尔·雅斯贝尔斯在其著作《什么是教育》中提道：教育在本质上就像一棵树摇动另一棵树，一朵云推动另一朵云，一个灵魂唤醒另一个灵魂。人们可以通过教育获得心灵之间的沟通和碰撞，让存在于生命中的情感经由教育在彼此之间流淌，促成内生力量的迸发，从而获得更多的成长。心理教育也是如此，它是我们的内心世界、精神世界之间的一种沟通和互动。

社会心理服务本质上也是一种特殊教育，它传承了人类关于生命、生存、生活的智慧，并且通过社会心理服务工作者与服务对象之间的沟通与互动，相互传递知识和能量，帮助服务对象更好地发挥潜能，更加清晰地看到当下的状况，从而更好地解决当下的问题。一个好的社会心理服务工作者所扮演的角色更像一个共创式教练，也就是说，服务对象是他们的生活及个人问题最有发言权的人，而社会心理服务工作者则通过自身的专业知识、服务及态度，帮助服务对象更好地解决问题，产生积极的改变，双方都是专家，二者是合作的关系。

心理教育的概念可以从广义和狭义两个层次来理解：从广义上讲，心理教育主要涵盖了心理健康教育的内容，包括传递心理健康的知识和常识，各种各样的心理健康教育科普活动究其根本都是一种心理教育；从狭义上讲，心理教育是心理咨询工作中常用的技术，它既是一种干预技术，也是一种很好地帮助建立关系的基本技术。

心理教育是连接专业知识和情感关系的纽带，它的重要性不言而喻，这也可以从两方面来理解。一方面，很多时候服务对象并不清楚自己是否需要接受社会心理服务，这时就需要我们利用心理教育来传播信息、资源和知识，通过理念先行来驱动行动，从而更好地帮助服务对象应对问题，解决困惑；另一方面，心理教育也是贯穿社会心理服务工作全过程的一种干预技术，它可以帮助我们更好地与服务对象建立良好的关系，让他们对自己的心理问题更加了解，为他们灌注希望和信心，这也有利于我们开展后续的社会心理服务工作。

方法概述

如前所述，心理教育既可以服务于全人群，也可以满足不同人群的需要，有选择地传播一些内容。面对全人群，社会心理服务工作者可以开展身心健康的科普教育，通过科普身心健康知识，帮助服务对象预防一些问题的发生并提高他们应对问题的能力。心理咨询的终极目标之一就是把服务对象变成他自己的咨询师，而心理教育乃至整个社会心理服务的目标也是如此，即让我们的服务对象对自身的问题、周围环境及事件的全貌有更加清晰、全面的认识，从而更好地帮助自己。倘若未来再次遇到类似的困难或问题，服务对象也会表现得更加从容，进而采取有效的应对方式来解决问题。

心理教育的方法

心理教育最早源于认知行为疗法，常用的心理教育方法主要有五种。

1. 共情倾听，建立关系。关系是沟通的灵魂，也是社会心理服务工作的起点和前提，我们要与服务对象在工作之初建立良好的关系，而这就需要我们与其进行良好的沟通。沟通通常可分为言语和非言语两部分。言语部分就是结合服务对象的背景（年龄、教育水平、经济状况等），用通俗易懂的语言传递一些信息和知识，与他们进行互动。例如，对服务对象进行提问，给予对方肯定与积极的反馈，以及提供专业的建议。非言语部分指我们在与服务对象进行沟通时的语音、语调、语速及伴随的身体语言，这些内容往往易被我们忽视，但它们是建立关系非常重要的因素。社会心理服务工作者可以通过眼神互动、身体微微前倾、肯定地点头等非言语行为，向对方传递自己希望且有信心提供帮助，同时表达尊重和理解，这些都有助于我们与服务对象建立良好的关系。有研究发现，非言语部分所占的影响力甚至可以达到70%。

2. 介绍概念，理解认知。心理教育作为一项干预技术，其背后有理论或模型做支撑，这就需要我们向服务对象介绍这些重要的概念和理论。以认知行为疗法的一些重要概念为例，认知行为疗法认为心理问题的产生很大一部分源于我们对生活事件的歪曲和不合理的认知，这些想法影响了我们后续的行为反应及最终的结果，即在一个事件中，认知、情绪、行为这三者之间是辩证统一的关系。例如，同样是面对半瓶水，有的人可能会觉得只剩半瓶水了，喝完就没了，而有的人会觉得还有半瓶水可以喝，这意味着他还有生存的希望，他可以去寻找新的水源，而他之后的行为也可能会更加积极和主动。在这一事件中，认知、情绪和行为各自扮演了不同却非常重要的角色，而其中认知评价起到了非常核心的作用。在最后的案例中，我们也会具体讲述如何利用认知行为疗法的模型对服务对象的自动思维进行心理教育。

3. 探讨问题，确定目标。当我们与服务对象建立了良好的关系后，我们还需要确定服务对象的诉求，与他一起探讨问题是如何发生的，以及他希望如何解决问题。例如，在进行社会心理服务时，我们可以首先向服务对象表达双方是合作的关系，然后通过一些提问来了解服务对象的真实诉求，"我希望能更好地帮助你，你愿意告诉我你想要什么吗""你希望这个事情怎么解决"，或者通过想象技术进行提问，如"如果我们的工作有效，你觉得你的生活会有什么变化吗"。通常我们所要达成的目标往往是调整由服务对象的歪曲认知引发的情绪和行为方面的问题，我们可以围绕确定的目标进行干预，从而帮助服务对象形成更合理的认知，有效应对心理问题。

4. 科普知识，了解自身。在整个心理服务工作的过程中，我们还需要向服务对象传递与身心健康和心理疾病相关的知识，帮助他们更好地识别和了解自身可能存在的心理问题。例如，社会心理服务体系建设中常常提到健康中国是基础，而这里的健康是涵盖个体、全人群乃至全社会的完全健康，同时包括个体的身心统一健康。它不仅是不存在抑郁障碍、焦虑障碍等精神障碍，更是个体在主观层面拥有幸福感、价值感，这才是完全的心理健康，而身体健康也可以此类推。在实际的社会心理服务工作中，我们不仅需要为服务对象科普相关的身心健康知识，还要评估其当下的心理健康状况，当服务对象面临的问题已经超过一般发展性问题的范畴并可能已经变成精神障碍时，就会涉及心理咨询或心理治疗的转介工作。

5. 小结分享，推荐阅读。在社会心理服务工作结束后，我们可以进行小结和回顾，引导服务对象把咨询过程中谈及的重要概念重述一遍，并邀请他们分享自己的感想和收获。然后，我们可以与服务对象一起讨论在现实生活中，他们可以做出哪些改变和行动。除了在社会心理服务过程中对他们进行心理教育外，我们在服务结束后也可以结合服务内容和服务对象的实际情况为其提供一些拓展的阅读资源，引导服务对象进行自主阅读和学习。与此同时，我们在日常生活中也要有意识地积累这方面的知识和资源，建立身心健康的"小宝典"。

心理教育中的常见问题

当服务对象对社会心理服务工作有意见或感到不清楚时，我们还可以进行下述心理教育，以帮助服务对象更好地了解心理咨询或社会心理服务工作。

如何判断自己是否做好心理咨询的准备了？通常，服务对象在主客观方面都需要做一些准备。例如，从主观上看，它在一定程度上需要服务对象自身付出努力，有勇气面对自己，或者愿意改变看待自我、他人和世界的方式；从客观上看，它需要服务对象能够支付一定的咨询费用，保证每周有稳定的时间，持续进行心理咨询。

心理咨询是如何展开的？一般说来，心理咨询是服务对象主动进行预约的，服务对象在与咨询师签订咨询协议后，双方要约定在固定的时间和地点，以相同的方式（线上／线下）开展持续、稳定的心理咨询。通常来说，心理咨询是每周 1 ~ 2 次，每次大约 50 分钟。如果服务对象有特殊情况需要取消或推迟心理咨询，应提前告知咨询师并重新协商咨询时间，否则咨询师将照常收取咨询费用。最后，咨询师会围绕服务对象的情况进行探讨和分析，共同确定咨询目标和计划。

为什么心理咨询要有相对稳定的设置？ 稳定的咨询设置具有很重要的心理意义：一方面，任何问题的产生都不是一朝一夕的，所以解决问题也需要一个过程，我们需要稳定的咨询来澄清问题、确定目标、解决问题、实现目标；另一方面，稳定的咨询时间和地点有助于保持咨询的连续性，让服务对象感到稳定、安全和可控，从而有充分的时间和空间更好地探索自己。

案例解析

案例简介

C，女，已婚已育，求助问题是对丈夫不关心自己感到不满。丈夫十几年来一直没送过她礼物，现在丈夫越来越忙，忽略她的情况也更加严重。C 想离婚，但又担心离婚会伤害孩子，并且夫妻二人有一定的感情基础，表面上关系还比较和谐。若不离婚，自己想要的浪漫和情感关怀一点也得不到。因此，C 在要不要选择离婚这件事上陷入了两难。

实际应用过程

咨询师：首先，我会花几分钟先询问下你的情况，并结合你的实际情况介绍下认知行为疗法的理念和干预策略，帮助你了解心理咨询是如何开展的，以及心理问题是怎样得以解决的，好吗？

C：好的。

咨询师：你还记得最近这些天在与丈夫的互动过程中，有什么让你感到不开心的事情吗？

C：有的。

咨询师：（具体化）具体是什么事情？发生在什么时候呢？

C：就在上周六晚上，我问他还记得下周一是什么日子吗，他回答不知道。我跟他说是情人节，他哦了一声后就没有下文了。我再问他："你不表示表示吗？"他说："我们都老夫老妻了，还过什么情人节啊，再说了，钱都交给你了，想买什么东西你自己买就是了。"说完他就回房间睡觉了。

咨询师：（询问情绪感受）当他没有任何表示并离开后，你的心情如何？

C：我好生气啊，也挺失望的。

咨询师：（关注自动思维）在感到生气和失望的时候，你有注意到自己当时在想什么吗？

C：我觉得他太不在乎我了，简直无可救药了。

咨询师：（询问行为反应）那后来你做了什么？

C：没做什么，我也就睡了。

咨询师：今天你也没再提情人节的事了吗？

C：没有。

咨询师：你没再提这件事，那你的愿望实现了吗？

C：没有。

咨询师：（梳理并复述）好的，我们把你提到的内容回顾一下：在丈夫对情人节表示没有兴趣并回房后，你产生了"他不在乎你/他无可救药"的想法并因此感到生气和失望，后来你没有继续向丈夫提出自己的需要，结果你的愿望没有实现，是这样吗？

C：是的。

咨询师：（借由图示向C呈现整个过程）我们在这张白纸上把刚才谈到的过程画出来（和C一起绘制）。

咨询师：（结合实际情况，解释原理）认知行为疗法关于心理问题的成因和干预模型中包含了情境、想法（也叫自动思维）、情绪和行为四个概念。我们可以把刚才你谈到的内容填在对应的位置上。这个图中有几个要点。第一点是情境引发想法。这里的意思是，你认为"丈夫不在乎我，他简直无可救药了"的想法是在你要求他在情人节当天对你有所表示，而他拒绝了的情况下发生的，是这样吗？

C：没错，就是这样。

咨询师：（结合实际情况，解释原理）第二点是想法诱发情绪。在刚刚你讲到的情况里，因为你觉得"丈夫不在乎我，他简直无可救药了"的想法导致你产生了生气和失望的情绪。如果你不这么想，可能就不会有这样的情绪了，这你能理解吗？

C：好像是这样，我能理解。

咨询师：（结合实际情况，解释原理）第三点是情绪驱动行为。这里的意思是由于你感到"生气和失望"，后来你也不再继续和丈夫沟通这件事了，是这样吗？

C：嗯嗯，确实是。

咨询师：（结合实际情况，解释原理）最后一点是行为导致结果。你放弃和丈夫继续沟通的最终结果就是，你没有得到想要的情人节礼物或惊喜。

C：是的。

咨询师：（阐释问题的发生机制）现在，让我们回头看看这个问题究竟是怎么发生的。你的行为（放弃和丈夫继续表达自己的需要）是受到情绪（生气和失望）驱使的，而这种情绪则是由你对丈夫拒绝你的解读（他不在乎我，他简直无可救药了）促发的。所以，经过回溯分析我们可以发现，你放弃和丈夫继续沟通也是由你的想法"丈夫不在乎我，他简直无可救药了"决定的，你同意吗？

C：嗯嗯，好像是这样的。

咨询师：（阐释问题的发生机制）我们可以看到，你的那些想法、情绪和行为是在你希望丈夫在情人节当天有所表示但被拒绝后产生的，不过情境并不是整个过程发生的关键，它只是一个外在的客观背景。换句话说，丈夫拒绝在情人节当天有所表示的这个情况并不必然会让你产生这些想法、情绪和行为。这一点我有表达清楚吗？

C：但如果他同意了，我后面的想法、情绪和行为就都改变了。

咨询师：（阐释问题的发生机制）的确，你这么说是有一定道理的。但情境往往是一种相对客观的外部存在，常常不在我们的控制范围之内。在咨询中，我们通常只在我们自己所能控制的范围内讨论寻求改变的事情，包括我们的情绪、想法和行为。从你的故事中我们可以看到，你对丈夫拒绝你的解读导致了你产生相应的情绪和行为。你觉得这么解释符合你的情况吗？

C：嗯嗯，还挺符合的。

咨询师：（介绍干预思路和方法）认知行为疗法认为，我们可以通过改变自己的想法来改变情绪和行为。我们试试看，如果你改变想法，从"丈夫不在乎我"变为"他可能没意识到情人节的仪式感对我来说很重要"，你的情绪会是怎样的？

C：那我可能还是会有些失望，但可能不会那么生气了。

咨询师：好的，那你接下来会怎么做？

C：那我可能会在第二天再跟他聊聊这件事。

咨询师：（介绍干预思路和方法）嗯嗯，事实上，行为的改变也可能改善或改变问题产生的情境。我们继续假设如果你改变了行动，再找机会跟丈夫沟通，表达你的需要并听听他的想法，结果可能会怎么样？

C：他还是很可能会答应在情人节准备点什么的。

咨询师：如果是这样，我们刚才提到的"你希望丈夫在情人节当天有所表示但被他拒绝"的情境就发生改变了。

C：咦，好像是哦。

咨询师：（总结反馈）现在，我想邀请你根据刚刚我们讨论的内容总结一下你对心理问题的产生原因的理解。在情境、想法、情绪和行为中，什么是导致心理问题的直接原因呢？

C：是想法，想法决定了情绪和行为。

咨询师：（表达肯定，总结反馈）很好，你说得非常准确！那么认知行为疗法通常是改变情境、想法、情绪和行为中的哪些方面呢？

C：应该主要是改变想法和行为吧。

咨询师：没错，你说得很对。

涉及的职业伦理与原则问题

社会心理服务不等于心理咨询，但二者之间有一点是共通的，即社会心理服务工作也要始终以服务对象（人民群众）为中心，所有选择和决断的决定权都掌握在服务对象手里。社会心理服务工作者只是陪他们一起渡过难关的人，因而开展社会心理服务首先要遵循的伦理原则就是尊重和相信服务对象。

在实际开展心理教育之前，社会心理服务工作者应先接受系统的心理教育专业培训，积累并掌握心理教育的基础知识和理论方法。在对服务对象进行心理教育时，社会心理服务工作者应确保向服务对象介绍和讲解的知识、理论和方法是科学、严谨的，是经得起时间和实践检验的有效方法。足够好的心理教育能够帮助服务对象更全面、深入地了解自我和自身问题，进而更好、更高效地解决问题。

现有实践的局限性与展望

现有的社会心理服务工作尚未充分认识、重视和发挥心理教育的效用：心理教育可以帮助我们确定服务对象的需求和问题，并以此作为社会心理服务工作的目标和主题。同时，心理教育是可以面向全人群开展的一项心理工作，在针对心理亚健康人群或特殊重点人群时，心理教育也有一些定制化的内容。此外，结合党政机关系统、学校教育系统、医疗卫生系统及基层社区（农村）系统的不同特点和多元需要，社会心理服务工作者可以设计和举办不同主题的心理教育活动。

如上所述，所有社会心理服务工作者都应积极学习常用于心理教育的相关科学常识和身心健康专业知识，在实际工作中不断练习如何运用心理教育这项技术。下面，我们结合实践经验和大家分享四点心理教育的技巧，为大家未来在社会心理服务工作中开展心理教育提供参考。

1. **不是单向灌输，而是双方互动：合作关系 – 解释说明 – 提问交流**。首先，我们要明确这是一种合作关系，是一种平等互动的关系，在这个过程中，我们结合自身的专业知识和服务对象的诉求，介绍和分享一些经验或重要的概念和知识，并听取服务对象的反馈和感悟，这样我们才能更好地提高服务对象的主动性，提升服务对象的参与感。

2. **不是一概而论，而是私人定制：人民中心 – 具体实例 – 反复练习**。这是任何服务走到高水平阶段都需要做到的，即以人民为中心，以服务对象的诉求为中心，结合他们的所需、所求、所感，分享心理教育的内容，或者以生活中困扰服务对象的事件为实例进行演示，以增加服务对象的代入感和动机，促使他们朝着正确的方向改变。

3. **不只侃侃而谈，而且多元呈现：更可视化 – 绘制图表 – 思维逻辑**。在进行心理教育的过程中，我们可以采取更加多元的形式和手段来提供信息，通过给予不同形式的感官刺激，增加服务对象的兴趣，提高服务对象的主动性，让他们更愿意了解、学习和接受我们所传递的知识。例如，我们可以把有关认知 – 情绪 – 行为理论做成实际的模型图，与服务对象一起进行勾画、书写、填涂，从而把其内在的逻辑和重要的概念更好地分享给服务对象。

4. **不只授人以鱼，而且授人以渔：分享技巧 – 应用转化 – 自我教育**。这一点我们在前文也有提及，就是让服务对象能够真正成为自己的心理咨询师或社会心理服务工作者，我们通过科普知识、传递经验、心理教育等过程，帮助他们更好地进行应用和转化，从助人最终变成自助。

⊃ 心理测验的概念、类型与应用

本节会向大家介绍心理测验的概念、类型与应用。心理测验是指通过问卷、访谈等一系列方法测量人类过去、现在和未来行为特点的方法。心理测验既能测量外显（可观察的）行为，也能测量内隐（发生在个体内部、无法直接观察的）行为，比如感受和思想。

心理测验主要以统计学方法为基础，使用经过严格科学论证的测评工具，对测评对象的特定心理行为特征进行量化描述。心理测验在处理心理问题的过程中不可或缺，是了解人们心理状况的重要方法。在社会心理服务体系建设中，心理测验常用于对个体或群体心理健康、社会情绪、社会态度方面进行测量。社会心理服务工作者通过运用专业、科学的心理测验能快速评估服务对象的心理状况，从而制定应对方法与策略，有效解决个体或群体的实际心理问题，促进社会心理服务体系的建设。

理论简述

心理测验是通过观察有代表性的个体行为，依据一定的原则对贯穿在个体行为活动中的心理特征进行推论和量化的一种科学手段。

相对系统的测验最早可追溯到古代中国的科举制度。距今约 4 000 年前，中国就建立了相对复杂的官员考核制度，通过每三年举行口头考试的形式评定职级。汉朝时，测验系统更复杂，开始联合使用两个或多个测验，并且涉及不同主题，如民法、军事、农业、税收和地理等。而到了明朝，科举制度已经发展完善。

现代心理测验源于对个体差异的测量。弗朗西斯·高尔顿发展了分析个体差异材料的统计方法；詹姆斯·卡特尔发展了量化方法与技术；威廉·冯特在莱比锡大学建立了第一个心理学实验室，建立了科学心理学的实验方法。随着智力与标准化成就测验、人格测验的发展，心理测验技术逐渐成熟，如今心理测验已成为最常见且常用的心理评估方法之一。

在目前广泛开展的心理咨询实践中，心理测验已成为一项重要的程序。标准化的心理测验既可以帮助被试发现自己未被开发的潜能，从而为其升学和择校、课程和职业选定等方面提供有价值的参考，也能及时查出被试可能存在的心理隐患，从而为预防心理问题和进行及时有效的干预提供指导。心理测验的应用既有利于使心理辅导和心理咨询工作者的指导和帮助更有针对性，也有利于使被试的自我决策和行为矫正立足于科学之上。

心理测验强调科学性和有效性，既注重测评工具本身的有效性，又关注测评工具是否适用于测评群体。在实际应用中，开展心理测验要根据测量目标和测评对象的特点选取合适的测评工具，遵循标准的施测流程，使用科学的评估方法，针对具体问题进行准确描述，结果要经得起检验，符合心理测验的基本原则和伦理规范。心理测验在社会心理服务体系建设中发挥着重要作用，社会心理服务工作者可通过测评结果快速有效地了解服务对象（个体或群体）的心理状况，有助于进一步干预。

方法概述

社会心理服务体系建设常用的心理测验方法主要包括问卷调查法、访谈法和大数据分析法。社会心理服务团队在实施心理测验时应严格遵守相关伦理标准，并对异常心理测验结果进行及时处理。基层社会心理服务机构可与心理专业院校和科研机构等联合开展工作，以确保心理测验工作具有科学性、有效性。

问卷调查法

开展调查前应明确调查目的、调查群体、被试可能具备的心理特征、问卷调查团队的资源情况，并以此制订合理的问卷调查方案。

- **选择科学有效的问卷工具。**依据调查目的和要测的心理特征，选择合适的标准化心理测验量表，并以此为基础编制问卷。
- **确定测评程序。**问卷调查是一项工作量较大的综合工程，测验团队应明确被试是哪类群体，测评地点在哪，怎么联系被试，被试怎么参加调查，并在实施心理测验前对测评人员进行培训教育。主试在测评开始前要确定标准化指示语、测验的环境、时间和方式，充分考虑调查中可能遇到的问题并提前规划好解决方案。
- **问卷回收与数据分析。**社会心理工作者在回收问卷调查后应封存收集到的数据，保证数据不外泄。如果采用在线调查的方式，社会心理工作者也应避免泄露数据。可以与科研机构、学校的心理学专业工作人员等联合开展工作，以确保分析结果科学有效。

访谈法

访谈法更适用于对个体心理情况的深入测评，主要分为个体访谈和群体访谈，结构化访谈和非结构化访谈。结构化访谈是指提前设计好访谈的内容，访谈过程相对确定、访谈内容相对集中；非结构化访谈的访谈内容较发散，适合在情况不清晰时采用。在实际社会心理服务工作中，社会心理服务工作者应根据具体情况选择合适的访谈法。此外，我们所采用的访谈法通常不具备心理、医学方面的专业治疗效果，而更侧重于对测评对象心理状况进行了解。

访谈法的原则。访谈中应保持良好的态度（如诚实、开放、体贴），并避免出现以下行为：1.评价性回应，如"这样不好"；2.强迫对方回答问题；3.展露敌意；4.做虚假承诺，如"别担心，一切都会好的"。评估访谈需要较强的谈话技巧和沟通能力，因而在开展访谈前主试应接受相关培训并及时处理访谈中遇到的问题。

大数据分析法

随着信息科学技术的发展，新型的大数据分析也能用于进行社会态度、社会情绪的调查。大数据网络通过对人们在社交平台上发布的文字进行分析就能够较好地测评整体社会态度、社会情绪，其测评效果已在网络舆情分析中得到了检验。社会心理服务体系建设应积极推动测评体系建设，鼓励开发新技术、新方法进行个体、群体和社会整体的心理测验，尤其是在重大社会事件发生后，社会快速形成舆论并影响大众心理，这时使用大数据分析法是非常有效的。例如，在新冠疫情发生后，短时间产生的负面新闻对公众心理产生了较大影响。大数据分析法有助于我们发现负面心理问题，及时调整新闻媒体发布新闻的类型，有效缓解人群的恐慌和负面心理。

案例解析

这一部分将以某社会心理服务团队（以下简称为"A团队"）在新冠疫情发生期间开展的心理测验工作为例，以供参考。

社会心理服务工作者应遵循服务为先的原则，因地制宜、因时制宜，依据当地具体需求及时提供社会心理服务。新冠疫情发生初期，民众对疫情的了解和认识尚不充分，焦虑、恐慌等情绪不断扩散。武汉当地医护人员和公务人员连续奋战，加班加点，没有休息日。患者情况较为复杂，民众被迫居家，总体上全社会都处在应对新冠疫情初期的艰难状态。在此情况下开展心理工作十分困难，心理测验工作同样难以开展。而在新冠疫情趋于平稳后，心理测验工作在此背景下得以充分展开。

问卷调查法。问卷调查对快速了解疫情对群体心理状况的影响十分有效。新冠患者和医护人员是受疫情影响最大且最直接的两个群体。A 团队针对这两个群体设计了专项问卷，在线调查了包括焦虑、抑郁、创伤后应激障碍等在内的多项心理指标，共调查患者一千余人、医护人员约 600 人，并撰写了相应的报告，以供相关部门参考。同时，A 团队对公众、公务人员等同样受到疫情影响的群体也展开了类似的调查，涉及几千人，并撰写了各群体心理状况报告，以便及时反映民众心理情况，化解潜在风险。

访谈法。A 团队的专家对在服务工作中遇到的或问卷调查中显示的需要进一步关注的个体或群体开展了个体和团体访谈，以及提供了咨询服务。具体来说，A 团队专家团成员主动与公务单位 B 的多位工作人员（其中包含某个问卷调查结果显示需要关注的工作人员）进行团体访谈，以进一步了解他们的心理状况，并通过专家团体咨询进行有效干预，较好地处理了潜在心理问题。此外，A 团队与公务单位 B 通过高效合作，在单位 B 建立心理访谈室，为有需要的员工提供个体咨询服务，从而改善该单位工作人员的心理状况。

总体而言，A 团队在新冠疫情发生后，从当地实际情况出发，有效地开展了问卷调查和访谈等心理测验工作并及时汇总了科学的报告结果，通过提供专业的社会心理服务为抗疫工作做出了贡献，也为其他形式的社会心理服务提供了数据支持，取得了良好的效果。

在当今社会，心理测验已渗透到各个领域，除了在传统的学校和医学领域外，在人力资源、体育竞技、社区服务、政府决策等方面都越来越显现出其重要作用。心理测验在下述领域的作用是有目共睹的。

用于评价，以便更好地开展教育

一个人的发展，尤其是儿童的发展是否处于正常状态？如果偏离了正常状态，是正向的还是负向的，偏离的程度如何？要获得这些信息的最有效办法就是采用心理测验。对不同的个体进行个性化、标准化的评价，所制定的目标应与其个人特点相适配。

用于心理问题的预防

社会心理服务工作者可通过采用心理测验了解服务对象的心理健康状况，从而对服务对象可能存在的心理问题进行及时干预。

用于心理治疗过程

对处于心理治疗阶段的服务对象进行适当的心理测验能使社会心理服务工作者准确把握其状态，准确诊断出精神障碍，从而有针对性地展开治疗，实现对症下药，有效改善治疗效果。

涉及的职业伦理和原则问题

伦理审核内容

符合伦理规范是开展心理测验的必要前提，测评前，伦理审核系统应负责审核每个测评项目是否保证了被试群体的权利不受侵害。伦理审核内容应包括以下几点。

1. 测验实施单位资质、主要负责人资质与信息、被试群体情况。

2. 测验目的、测评方案与程序、潜在风险、费用标准。

3. 被试群体的收益、隐私保护原则、退出程序细则、知情同意细则。

心理测验的伦理

1. 心理测验应由接受过专业培训的、掌握心理学专业知识和技能的人员进行，心理测验的目的是为需要帮助的人提供帮助。

2. 被试在进行测验前应签署知情同意书，以表示自己了解心理测验的内容、方法、步骤等并同意参加测验。被试同意并签署知情同意书后，主试可开始测验。

3. 心理测验的结果应根据标准化的测验原则，结合测验的目的、对象、文化背景等因素结合，得出客观性的评价。

4. 被试有权要求主试解释测验结果，主试也应该根据被试的测验结果对被试进行合理的解释。

5. 遵循保密原则。除非被试允许，否则不得以任何形式公开或透露测量结果；不得以任何形式向非专业人员或机构泄露与其相关测验的内容与结果。

现有实践的局限性与展望

目前，心理测验仍以自我报告的形式为主。如果被试有意隐瞒自身情况，会促使主试难以通过常规方法发现问题，从而导致心理测验的结果不能准确反映被试的真实情况。因此主试应具备较丰富的实际工作经验，能通过自身体验和经验发现可能潜藏的问题，以弥补自我报告的局限性。在未来的社会心理服务体系建设过程中，要加强专业化人才的培养和培训，并根据当地实际情况改进和完善心理测验的方式和方法。相信未来将会有一批又一批扎根于中国实际、国情和文化，兼具科学素养和丰富实践经验的社会心理服务工作者投身社会心理服务体系建设这项伟大的事业当中。

⊃ 社会支持性心理干预技术

本节会向大家介绍社会支持性心理干预技术的概念、理论和方法，并基于社会心理服务体系建设的大框架阐释如何理解并运用好这项技术。支持性心理干预技术起源于 20 世纪初，最早是由一系列心理动力学技术组成的，如表扬、建议、劝告、鼓励等，主要用于治疗症状严重的患者。而现在，支持性心理干预技术演变成了一种一对一的治疗方法，即治疗师通过采取直接有效的措施帮助服务对象改善症状，维护、重建或提高他的自尊和完善自我功能及应对技巧。

在社会心理服务体系建设的大背景下，一般支持性心理干预技术可被赋予更深层次、更系统、更宏大的涵义，应更准确地阐释为社会支持性心理干预技术。它服务的对象是全体人群、全领域、全社会，它所提供的支持不仅局限于心理层面的支持，而是一种全方位、全周期、多元化的社会支持，并致力于推动健康中国、平安中国、幸福中国建设，构建起社会心理服务的共同体。

理论简述

一般支持性心理干预技术最初是由心理治疗师帮助服务对象应对一些疾病症状，减少或预防更严重的精神障碍复发的一种干预手段。从广义上讲，它是心理服务或心理咨询过程中一种普遍适用的技术，从狭义上讲它属于心理动力学治疗的一种技术。在面向健康人群时，一般支持性心理干预技术会帮助人们聚焦于个体当下所面临的一些问题，并尝试通过运用一些赞美、鼓励等技术和方法帮助其更好地解决问题。对社会心理服务工作者而言，这种技术有助于为服务对象提供高质量、有温度且科学专业的支持，最终实现服务全人群、全社会，建立起以人民为中心的社会支持系统的目标。因此从这一角度上讲，它又是社会心理服务工作的非常重要的组成部分。

在此基础上我们所提到的社会支持性心理干预技术，更像是在社会心理服务体系建设框架下的一种服务模式和理念。与一般支持性心理干预技术相比，社会支持性心理干预技术更强调激活社会资源，为个体链接更多的社会帮助，从而构建起一个更广泛、更稳固的社会支持网络，让服务对象在面临生活中的困难和挑战时，有更多依靠、更多可以寻求帮助的渠道。为不同的人群提供社会援助的类型也是不同的，例如，当遭遇一些突发性事件时，社会支持就不仅局限于心理层面的支持，而且包括物质层面的支持，以保障个体的基本生存需求；而面对一些社会适应能力较差的个体时，我们就可以为其提供一些更具普遍性的心理支持，从而帮助服务对象形成积极向上的心态，更好地解决生活中的一些问题。

从社会心理服务体系建设的角度来看，社会支持性心理干预技术是面向全体人群的，其中包括心理亚健康人群及其家属、特殊重点人群等，同时它是贯穿机关企事业单位、教育系统、医疗卫生系统及农村和基层社区系统四大系统的一种全覆盖式的支持网络。另外对社会心理服务体系建设的内容体系来说，无论是前期的预防、科普宣传、测评筛查、人才培训，到之后服务过程中所提供的相应的多元化的服务，还是后期评估与跟踪保障，社会支持性心理干预技术都贯穿其中。

方法概述

社会支持性心理干预技术在方法上主要涉及两方面的内容，一方面是直接用于改善问题，通过向服务对象分享一些保持身心健康的知识和方法，从而预防问题的发生，或者帮助存在一定问题的患者改善症状；另一方面，通过提升服务对象的身心管理能力，如情绪管理能力、人际交往能力等，增强其自尊、自信，帮助其更好地适应当下的环境。

支持性心理干预的基本原则就是建立并维持与服务对象之间良好的工作同盟关系。在社会心理服务工作中，我们需要与服务对象建立起互动性的、建设性的且和谐健康的合作关系。在此基础之上，我们才能进一步开展各项工作，更好地为服务对象提供帮助和指导。社会心理工作者在其中扮演的是"父母"的角色，不仅需要倾听服务对象的心声并给予其鼓励、安慰和支持，而且需要明确服务过程中的一些原则、边界和底线，同时要及时制止服务对象做出过激甚至违反伦理道德和法律的行为。

在这里列举五种常用的一般支持性心理干预技术。

共情倾听： 良好的关系是人际交往和互动沟通的灵魂，也是整个社会支持的核心，而建立良好合作关系的基础就是共情倾听。共情倾听通常包括两个部分：非语言和语言。首先在语言部分，服务对象是整个服务过程的核心，我们要聚焦于其当下的困扰和问题，选择其最关心、最担忧、在当下最想解决的话题，并对其展开深入探讨。在此过程中我们可以向服务对象提出简短明确的问题，以引导他更好地进行表达，增强沟通的互动性。同时可以灵活变换提问的方式，例如，采用开放式提问方法，如"能不能告诉我，这事为什么让你感到那么生气"，从而给予服务对象充分的自由表达空间，最后再对其回答及时给予积极的反馈与回应，必要时为其提供建议。非语言部分则是指我们在与服务对象交流时可以尽量使自己的语调沉稳，语速适中，同时通过与对方进行眼神交流给予对方适当的回应，以表示尊重、肯定和欣赏，给予服务对象更多的支持和温暖，从而与服务对象建立良好的合作关系。

赞美： 充分的赞美是很好的支持性技巧，它有利于调节服务过程的氛围，消除服务对象的紧张感，减轻其心理压力，使沟通更自然和顺畅。此外，赞美还有利于激发和增强服务对象在心理服务工作者的引导和指导下，自主解决问题的意愿和信心。但赞美必须是真诚的、发自肺腑的、充分具体的。虚假或无意义的赞美无法使双方建立良好的合作关系，甚至可能还会带来负面效果，因此社会心理服务工作者在服务的过程中应尽量将自己的赞美行为限制在社会期待的反应之内，具体如下所示。

服务对象：我上周每天都有服药。

治疗师甲：很好。

治疗师乙：很好，这样你就能避免再一次发作。（肯定服务对象的行为，但仍是权威式的）

治疗师丙：很好，你承诺会一次也不遗漏地好好服药，你真的做到了。（肯定服务对象的自控力）我们下周再继续坚持，看看能不能让我们的情况更稳定，你觉得

呢？（寻求回馈和做进一步约定，以强化和鼓励服务对象继续维持良好的行为）

再保证：与赞美一样，再保证也是建立在真诚的基础之上的。同时再保证必须基于服务对象的真实状况。服务对象必须相信是社会工作者根据对其特殊状况的了解治疗方案的。骤然做出保证或提供服务对象（或家属）想听到的承诺是不可取的。此外，我们应在自己的能力范围内提供必要的说明，例如，治疗师可以与服务对象讨论一种药的作用及不良反应，但意在了解服务对象对服药的担忧和困扰，而非告知药的起效机制及其不良反应。同样，治疗师可以说明多数人在接受治疗的数周内从急性精神疾病发作中有所恢复，多数人的哀伤反应也会在一年内平复，但不能保证治疗一定会成功。同时在服务过程中，我们也需要及时灵活地调整自己的谈话内容和谈话的方式，以确保服务对象能接受和理解，具体如下所示。

服务对象：不管到哪里，我都很怕自己失控。

治疗师甲：你并没有失控啊。（这种较权威的再保证有一定的效果，但比不上引导服务对象发觉自己的力量）

治疗师乙：在我看来，在很长一段时间内你都能很好地控制自己，你的这种焦虑和害怕是没有根据的。（依据服务对象的病程情况，从增强其适应行为的角度出发提供再保证）

治疗师丙：社交恐惧障碍患者总是害怕失控，然而真正的失控却很少发生。（依原则提供再保证）

建议与教导：适当为服务对象提供一些建议和指导是很有必要的，我们提供的建议必须基于服务对象的实际情况和需求。针对不同的服务对象，我们提供的建议也是不同的，例如，对社会功能严重受损的服务对象，我们可以给予其日常生活方面的建议，帮助他们回到正常生活的轨道；而对一些能自理且社会功能未受损的服务对象，我们更多需要做的是辅助与引导的工作，帮助他们更好地挖掘自身的资源和潜力来改善自己的状况，这在一定程度上也能让服务对象收获自我掌控感和成就感。除此之外，我们在提出建议时也需要充分考虑服务对象可能会存在的抵触情绪，就像器官移植手术有可能引发的排斥反应一样。我们最好能引导服务对象自己做出决定，找到解决问题的途径和方法，从而改善自己的状况，具体如下所示。

治疗师甲：每一天你都要规划自己的生活，尽量让自己过得充实和快乐。

治疗师乙：他们给你额外的信用额度，但你最好不要负债。（成熟的智慧）

治疗师丙：我们一起来想想你生气时应该怎么做，好吗？这样才能让你避免因为想自杀而来急诊室。（适应技巧）

治疗师丁：我认为你可以试着和自己身边的人沟通，这对你建立信心有很大的帮助。（合理化的解释）

鼓励：是指社会心理服务工作者通过语言、动作等对服务对象进行鼓励，帮助其进行自我探索和改变。鼓励在社会心理咨询服务的过程中扮演着非常重要的角色，人们倾向于相信付出努力会有收获，因此鼓励在一定程度上能为服务对象带来希望。我们可以通过鼓励服务对象更多地尝试运用能帮助自己改善状况的措施和方法，激励他做出积极行为，从而帮助他解决问题并提高他的自尊水平，具体如下所示。

服务对象：我在吃和睡方面都没问题，但我的生活一团糟，我没有信心继续生活下去了。

治疗师：一个士气低落的人会相信，即使付出努力自己也终究会一事无成，因而放弃尝试。其实，唯一的出路是一旦抑郁症状有所改善，就强迫自己做一点事，即使自己觉得还没有康复。生活一团乱，等于每天都在提醒自己的社会功能受损，而且会打击自己的自尊心，所以强迫自己做出改变应该是有帮助的。

在此，借用同心圆模型阐释在社会心理服务体系建设这个大框架之下，如何理解社会支持性心理干预技术在其中所发挥的作用。社会心理服务体系建设的目标之一是打造一个以人民为中心的七层社会支持系统，从服务对象的角度来看，这里的七大层可以归为三层，即内圈层、中圈层、外圈层。内圈层由自我和家庭的核心支持所组成；中圈层由亲朋、邻里、同事、同学及组织、社区、单位这些中间支持所组成；外圈层则由外部机构、法律规定、社会文化这些外部支持所组成。同时从平安建设这一更宏观的角度来讲，这三个圈层也是防范化解极端事件的多重防护网。三个圈层的内容具体如下所示。

首先是内层圈 —— 自我支持。我们每个人都是自己身心健康的第一责任人。我们可以通过主动地学习心理科普宣传课程来提升身心健康的意识，积累相应的常识，提高发现和应对自身心理问题的能力，从而培养积极向上的心态和提升身心管理的能力水平。家庭是我们每个人的第一成长环境，父母给予我们的社会支持尤为重要。这就意味着我们需要加强家庭、家教、家风的建设，建立更和谐的夫妻关系、亲子关系和营造融洽的家庭氛围，让孩子能在一个充满温暖、呵护、关爱的家庭环境中健康成长。然后为有心理服务需求的家庭提供相应的辅导和支持。

其次是中圈层——中坚支持。在个体逐渐社会化的过程中，我们会在学校接触到朋友、同学，而当我们进入社会以后也会有同事。在这些过程中，人际间的关爱和关怀也非常重要。邻里之间互相团结与友爱，对整个社会支持网络也是非常重要的。所以构建健康与和谐的群体关系，能更好地维护个体的身心健康和社会稳定。社区、组织和单位是发现危机苗头的"监管方"。所以社会工作者要了解所在辖区或单位组织当中可能存在的一些风险，以及可能会造成危机的事件，尽早对存在的矛盾和风险进行干预和化解，协调多方的资源，从而维护社区组织和单位的效能、安全和稳定。

最后是外圈层——外部支持。当实际情况的严重程度超出我们能解决的范围时，我们就需要寻求更专业的服务机构的支持，例如，当儿童的抑郁问题已经严重影响其正常的学习和生活时，我们就必须寻求专业机构的帮助，为其提供相应的转介资源。此外，我们需要为具有较高风险的人群建立健全一种常态化的预警机制，并融入从源头到末梢的全周期社会治理体制体系建设中。中华优秀传统文化博大精深、源远流长，从中提炼出来的社会主义核心价值观及富有滋养作用的文化理念，能帮助我们运用东方哲学的智慧丰富我们的精神世界，助推整个社会精神文明的建设。在这种自尊、自信、理性平和、积极向上的社会环境下，相信每个人都会更有安全感和幸福感。这三个圈层协同发展、共同作用，才能构建起一个由表及里、多层次、多维度、多元化、全链条、全周期、全方位的社会心理支持体系。

案例解析

一般资料

1. 人口资料

服务对象小 Q，女，16 岁，身材适中，某高职院校五年制大专学生，来自农村，家中有爷爷奶奶、父母、比自己小三岁的妹妹和小五岁的弟弟，奶奶因患病瘫痪在床，父母均在建筑工地工作。

2. 生活学习情况

小 Q 生活能自理，学习成绩一般，与室友之间存在矛盾，认为室友总是处处针对自己，内心有很多冲突和矛盾，后来不愿意主动与他人交往。

3. 个人成长史

小 Q 生活在一个"重男轻女"的家庭，爷爷奶奶、外公外婆、爸爸妈妈都比较喜欢男孩。小时候，奶奶对她比较严格，常常会因为一点小事而动手打她，例如，洗澡、吃饭拖延了一点时间，就会把她浑身打出血迹。爸爸的脾气暴躁，爱砸东西，在外很内敛，不怎么说话，在家很爱唠叨，服务对象平常和父亲交流得少。妈妈性格比较强势，是家里的主要经济来源，更偏爱弟弟妹妹，买了水果和糖故意躲着小 Q，只给弟弟妹妹吃，出去玩也只带弟弟妹妹。父母关系一般，常常会因为一些事情吵架，吵架之后妈妈会给小 Q 打电话说像"我要和你爸爸离婚，我不要你了"之类的话。

小 Q 小学时成绩一般，没什么朋友，初中开始爱学习，在全班成绩名列前茅，朋友较多，当时觉得自己生活得挺快乐。初二时因一些事情被全班同学嘲笑和议论，从此感到很自卑，但即使被嘲笑，也交到了朋友。小 Q 是个性格要强的人，遇到比自己优秀的同学会感到不舒服，和老师关系较好。

主诉与个人陈述

1. 主诉

我不知道怎么和室友相处，想解决自己的人际关系问题，而且我情绪不稳定，常常控制不住情绪，莫名哭泣。

2. 个人陈述

我在寝室感觉被排挤和针对，觉得她们用轻蔑、怀疑、讽刺、厌恶的表情看自己，不理解自己。一天傍晚，寝室同学在说话，他们不时的笑声让我感觉是在讥讽我，她们的笑声在我的脑海中持续了一整晚，我只能自己默默地哭，有种要崩溃的感觉。之前对针对自己的那个室友说了很多坏话，感觉很愧疚、很自责，觉得自己做得不够好，觉得自己施加了校园暴力，不知道该怎么弥补自己的过错，有时甚至会想到死亡，会想"如果自己在他们的世界里不存在了，他们会不会活得轻松一点"。我的情绪不太稳定，有时候很暴躁，不知道为什么就是感觉很烦，心里很乱，有时候很忧郁，头脑很混乱。

暑假时，开学两周前有连续几天我的情绪莫名变得很崩溃，一直张着嘴哭泣，感觉哭得快要断气了，为了让自己清醒过来，疯狂地用东西挠自己，用书的最尖角戳自己，还会掐自己，身上当时还留下了很多印记。有一次妈妈带我和妹妹出去玩，吃了很多东西，玩得也很愉快，本来特别开心，在回去的路上突然开始掉眼泪，刚开始没让妈妈看到，怕妈妈骂自己，说自己矫情。但是当时没忍住，用衣服擦眼泪，整个袖子都湿了。妹妹看到了说姐姐哭了，妈妈说在大路上哭什么，想哭回家把门关起来哭。

疫情发生期间我的整体感觉还好，在家时情绪比较稳定，后来去支教了一个月，暑假去外面做了两个月兼职。但曾经情绪也崩溃过一次。在我去支教时，妹妹发QQ"说说"说自己觉得很无聊，我回复说她神经，后来手机没电关机了。后来我打开手机看到评论里妹妹的朋友骂自己，我也跟着回骂，当时情绪崩溃，感觉她的朋友不理解我和妹妹之间的相处方式。开学后我住进了一个新寝室，寝室的一个女孩子被赶走了，由此我就觉得很害怕，想搬寝室，辅导员说有新的寝室才能搬，于是来预约咨询。室友也以为我住不了很久，就没有给我留柜子。我有一次给妈妈打电话说想回去，想继续陪读，辅导员和妈妈说我需要适应集体生活，给自己和寝室同学做了工作，后面我感觉好了一些。我和室友之间没有很亲密的接触，交谈内容仅限于打扫卫生、活动通知等，我在寝室也不怎么说话，隔壁寝室有一个朋友，我们沟通的时候我主要是听她说，平常和她一起上课、吃饭。因为平常比较忙，所以我会把精力投入学习中。

实际应用过程

第一阶段：心理评估

目的：辅导员将服务对象转介到心理中心，主要目的是对其进行心理评估，判断其是否适合在校读书，是否需要陪读，是否需要请假或休学接受治疗。

方法：摄入性会谈法

过程：1.咨询师介绍自己，介绍咨询的保密原则与保密例外原则，时间设置原则，介绍评估的目的。2.咨询师询问小Q需要解决的问题，了解到其想要求助的问题为人际关系问题，询问问题的来龙去脉（起始时间、发展过程、对其产生的影响、问题可能形成的原因及以前如何应对等），同时寻找正面力量和资源。3.评估目前状况，包括自杀风险、精神状态、社会功能等。4.与辅导员沟通，了解服务对象在校表现情况。5.与母亲沟通，了解服务对象的家庭情况和成长史，并建议母亲为服务对象提供支持。

第二阶段：心理支持

目的：运用倾听、无条件积极关注、鼓励、共情等技术支持服务对象，帮助服务对象宣泄自己的情绪，正确看待自己的问题。

方法：支持性心理治疗

过程：1.建立工作同盟，为服务对象创造安全的环境。2.对其进行心理健康教育，帮助其了解自身目前的问题。3.询问每周情况，包括服药及药物反应情况，以及目前人际关系，生活事件，不批判、不指责，倾听其内心想法，支持和陪伴服务对象，稳定其情绪。4.详细收集个人成长史方面的信息，包括家庭生活情况、学校生活情况等，探讨人际关系模式，以更好地理解服务对象，同时促进其自我觉察和反思。5.共同找到服务对象的资源及更好的情绪应对方式。6.综合运用鼓励、安抚、问题解决、提供新的视角、共同设定目标、共同探索可能性等支持性心理治疗技术，增强其较薄弱的自我功能。

第三阶段：巩固支持和结束

目的：稳定情绪、探索自我、增强自我功能和现实检验能力。

方法：支持性心理治疗

过程：1.询问疫情防控期间的情况和开学后的情况，了解小Q目前在人际关系中运用回避的方式，情绪有所改善，崩溃情形减少。2.详细回顾服务对象早年经历，共同探索早期经历对目前状况的影响，促进服务对象的自我觉察和反思。3.对每周情况进行询问，支持和陪伴服务对象，让其宣泄情绪，释放压抑的能量，从而让服务对象更好地学习和生活。4.在建立良好咨询关系的基础上，探索服务对象的感受及情绪并将其转化为语言，鼓励服务对象对自己的情绪命名，深入了解自己，提高服务对象的心智化能力。5.小结咨询，咨询结束，处理分离。

咨询效果评估

服务对象自述

在咨询过程中经常会哭泣，每次咨询结束后觉得很轻松，觉得空气都变得清新很多，感觉心里的石头放下了，心里觉得踏实很多，睡眠也好很多，将之前纠结的事情说出来后不再纠结，比如之前纠结自己对寝室同学造成了很大的伤害，但这只是自己的想法，可能他们根本就没放在心上。

咨询师观察

服务对象在咨询中能将心里无意识的想法慢慢意识化，慢慢命名自己的情绪，理解自己的情绪和状态，更客观地看待世界和现实，使情绪变得更稳定，情绪崩溃次数明显减少，社会功能有所增强，逐渐能将精力投入到学习中。

涉及的职业伦理和原则问题

支持性心理治疗的一般原则和服务对象与治疗师的关系有关，部分原则如下所示。

1.为维持良好的咨访关系，支持性心理治疗一般不会聚焦在服务对象对治疗师正向的感觉及移情上。

2.为了避免治疗失败，治疗师必须警觉服务对象的疏离和负向的反应。

3.当服务对象与治疗师的问题无法经由实际的讨论得以解决时，治疗师必须回到治疗关系的讨论中。

4.治疗师能利用澄清及面质修正服务对象歪曲的觉知。

5.如果间接的方法无法处理负向移情或治疗僵局，或许治疗师和服务对象需要对治疗关系进行更明确的讨论。

6.治疗师只使用必要的表达性技术处理负向移情。

7.治疗联盟可以让服务对象听得进治疗师提供的材料，而服务对象并不接受由其他人提供的这些材料。

8.当提出让服务对象感觉自己在被批评的陈述时，治疗师有时必须以愉快或支持性的方式陈述，或是提供预先指导。

现有实践的局限性与展望

对于患有严重精神障碍的患者和心理亚健康的人群，只是在个体层面或心理层面提供支持与服务是远远不够的，需要联动各领域、各机构、各层级的资源，融合心理、社会工作者、社会治理等多学科的力量，为其提供全流程、全链条、全方位、全周期的社会心理服务与社会支持。

在自我支持层面，个体需要积极参加心理健康科普宣传与知识讲座，提高自身发现、应对和解决心理问题的能力，主动改善自身亚健康的心理状态；在需要接受专业的咨询辅导与干预时，积极寻求专业机构的帮助，保证自我安全和健康。

在家庭支持层面，家庭是个体成长的第一环境，我们要加强家庭、家教、家风建设，给予家庭成员充分的家庭关爱与支持，减少心理问题的发生率，为存在需求的家庭提供心理辅导、情绪疏解、悲伤抚慰、家庭关系调适等心理健康服务，以家庭为核心予以及时充分的支持。

在朋友同事支持层面，通过亲朋的接纳、共情、疏导与人文关怀，提供心理支持、满足心理需要、消除心理困扰，改善个体的亚健康心理状态。同时还可以为存在危机苗头的人群及时链接专业机构和部门的资源与帮助，预防危机事件的发生。

在组织支持层面，社区是发现风险苗头的前沿阵地，要及时发现有心理问题的风险人群及突发事件的苗头，协调多方解决问题、化解矛盾。此外，企事业单位应积极组织开展心理健康讲座，科普宣传心理健康基本常识，使员工掌握情绪管理、压力管理等自我心理调适方法，同时对存在心理问题的职工进行有针对性的干预。

在机构支持层面，心理服务机构可以联合社会工作者、医疗卫生系统为心理亚健康人群提供心理疏导、情绪疏解等心理健康服务，以防心理问题演变为精神疾病。同时为存在严重心理问题的服务对象制订有针对性的心理干预方案，为其提供多渠道的心理服务，实现对心理危机事件的有效干预和处理。

最后在政府法制、社会环境及文化支持层面，建议相关部门针对高风险人群建立健全常态化社会心理服务疏导和预警干预机制，融入从源头到末梢的全周期社会治理，及时消除潜在的危机隐患，营造良好的社会风尚，为全体人群提供宏观层面的支持。

⊃ 短程心理干预之焦点解决

本节将介绍短程心理干预方法技术中较经典的焦点解决短程治疗技术。焦点解决短程治疗最早是由史蒂夫·德·沙泽尔及其妻子因苏·金·伯格创立的，此流派的主要特征是关注未来、目标明确，它是一种从短程家庭治疗的实践中总结归纳而来的治疗方法。焦点解决短程治疗的特点在于强调训练、注重实践，而非仅仅停留在理论上，因此治疗师通过实践往往能习得较实际的工作方法，并尝试通过应用来更好地掌握本技术。焦点解决短程治疗技术的应用领域比较广泛，几乎适合对所有心理问题进行干预。因此，焦点解决短程治疗技术对社会心理服务体系建设也具有非常重要的意义，可指导一线的社会心理服务工作者及其他需要进行助人行为的服务者，以一种更信任服务对象的、激发其内在力量的形式，为其带来帮助。

理论简述

焦点解决短程治疗兴起于 20 世纪 80 年代，由美国短程家庭治疗师史蒂夫·德·沙泽尔、其夫人因苏·金·伯格及其同事和服务对象共同创立。家庭治疗的一大难点是影响因素众多，因此通过探究并消除问题的产生原因来帮助服务对象会非常困难。在这样的实践环境中，焦点解决短程治疗的创始人团队通过长期实践和观察，详细记录服务对象取得进步的过程，以及与问题解决相关的内容，花费近30 年时间进行摸索，终于开发出这套更关注未来及问题解决的系统理论和实践方法。

焦点解决短程治疗的核心理念是信任服务对象自身的能力及其恢复能力，关注他们过去的解决办法，通过运用一系列干预手段，鼓励服务对象做更多尝试，最终解决问题。与传统的心理治疗中关注问题形成和问题分析的方法相比，这种方法取得了极大的突破，也更适用于社会心理服务体系所植根的场景。

社会心理服务体系的建设目标：建成以人民为中心，以我国国情与文化为基础，融合心理工作、社会工作、社会治理的综合性服务实践，完善全方位、全周期、多元化的社会支持系统，提升人民身心健康水平和社会治理能力，形成能推进健康中国、平安中国、幸福中国建设的社会心理服务共同体。在这一共同体中，服务对象是存在一定心理困扰，但同时具备内在心理资源的广大民众。焦点解决这一聚焦问题解决并能充分调动服务对象内在资源的方式较适用于该类群体。

与所有心理咨询与治疗的流派一样，焦点解决短程治疗技术也是基于服务对象和服务者的治疗联盟而得以发展的。在整体的工作过程中，流程与大多数的流派相似，存在几个必经的阶段，即心理评估阶段、帮助阶段及结束阶段。心理评估阶段的主要任务是了解和确认服务对象的问题，澄清其求助目的；帮助阶段的主要任务则是帮助其改变认知、情绪或行为；结束阶段的主要任务则是帮助其巩固自己在这段合作关系中尝试过的有效方法，助人自助。

除此之外，焦点解决短程治疗技术也有其独具特色的典型技术。在本节中，我们会详细介绍焦点解决短程治疗的几种典型的技术和方法，具体如下所示。

关注会谈前的改变

服务对象愿意主动向外界寻求帮助，主动探寻问题的解决方法本就是很大的进步。因此我们会以解决问题为导向，关注服务对象自身的内在力量。在会谈开始时往往会先询问服务对象在决定来求助前的这段时间内他们的情况有什么改变。哪怕服务对象的回答是"情况不容乐观"，我们也可以顺势进入主题，与其探讨其求助的主要目的，了解服务对象想获得哪些方面的帮助。

制定以解决问题为核心的目标

焦点解决短程治疗，顾名思义，其流派的主要特点是将助人过程的重点聚焦在解决问题上。因此，探索清晰、具体、针对性强的目标是这一流派技术的重点之一。如何使目标聚焦于问题解决？这里有一个小方法，即引导服务对象用肯定句描述他的目标，如"我要尝试用更平和的语气与我的妻子沟通"。而不是用否定句，如"我不要再对我的妻子大吼大叫了"。肯定句的表述可以让服务对象更明确自己应该做什么，同时能帮助其减少在面对目标的过程中由于自我批判而产生的负面情绪。另外，为了使目标更容易实现，在制定目标的过程中，服务者需要引导服务对象积极参与其中，以他的经验为基础设定一系列的阶段性目标。

奇迹问句

很多时候，服务对象会沉浸在对现状的不满和愤怒中，在提及具体的目标和解决方案时很难找到头绪，甚至有些服务对象会认为自己完全丧失了内在力量，这意味着他们希望治疗师能提出解决方案。服务对象或许会说："我到这里就是来寻求帮助的，你应该告诉我需要做什么，我自己怎么会知道呢？"这时，服务者就可以通过奇迹问句来引导服务对象进行想象：如果他的生活中目前的困难不再存在，对他来说完美的一天会是什么样子的？

这种基于假设的想象，一方面回应了服务对象此时的困扰，表达了治疗师非常愿意与他们展开讨论他们目前面临的问题；另一方面，描述的过程也会调动服务对象的积极情绪与体验，日常的描述能够使服务者了解服务对象对生活的期待，如此一来，模糊不清的目标就能逐渐清晰起来。

评量问句

评量问句是焦点解决短程治疗的一种评估策略。治疗师几乎在每一次会谈中都会运用这项技术，即治疗师通过询问服务对象，在1—10分的范围内会为自己当前的状态打几分。它可以像一把标尺一样，帮助治疗师了解服务对象目前的状态，以及近期尝试过的方法是否有效。评量问句也是一种有效的干预方式，有时服务对象对完美一天的描述会让人充满力量和希望，但理想与现实的差距也容易让其心生畏惧、踌躇不前。通过使用评量问句，我们可以将大目标逐步拆解，同时可以探讨目前已有分值的来源，帮助服务对象更好地发掘其内在力量。

构建解决方法和"例外"

"例外"指的是服务对象常常面对的困难本该出现，但实际上没有出现的情况。直接邀请服务对象说出问题的解决方案可能会让其感到有些困难，即使服务对象没有成功解决问题的经验，也总会有一些"例外"出现，很少有问题会绝对发生。在"例外"中，我们可以与服务对象一起探讨他无意中致使该"例外"发生的行为，并思考是否在其他时候能主动付诸行动来解决困难。

做一些新的尝试

当会谈接近尾声时，可以邀请服务对象在下次会谈前做一次新的尝试。这次尝试建立在服务对象已经在做的、正在思考和感受的基础之上，它们能推动服务对象完成目标。在与治疗师探讨例外、评量及奇迹之后，服务对象自然会了解有哪些行为是可以尝试的。如果此时服务对象还是较难自行提出新的解决方案，治疗师也可以提示之前服务对象所表达的可行方法。

赞美

当治疗师倾听并关注服务对象表达的信息，理解他们所面临的困难，认可他们所作出的努力，甚至可以向他们反馈一些其并没有意识到的进展时，服务对象会受到极大的鼓舞，同时其应对问题的信心和力量也会随之增强，从而激励他们逐步做出改变。

方法概述

在上文中，我们按焦点解决短程治疗的一般流程顺序介绍了几项较典型的技术。我们将详细介绍其中的奇迹问句、评量问句和例外问句。这三种技术目前已经形成了较固定的询问句式，可供初学者参考。同时，治疗师可以通过深入理解和不断应用焦点解决短程治疗技术，慢慢脱离典型询问句式，用更内化的方式开展助人活动。

奇迹问句

奇迹问句技术是偶然出现的。当创始人因苏听到一位绝望的服务对象说"也许只有等待奇迹发生了"时，她会顺势邀请其讲一讲奇迹发生后会有什么不同，这让她意识到这种技术的优点 —— 可以邀请服务对象一起参与"一旦问题变小时，生活将会什么样"的联想情境中。

奇迹问句的一般句式如下所示。

我想问你一个有些奇怪的问题。假如今晚你在睡觉的时候有一个奇迹发生了 —— 你所面临的问题被解决了，但因为你正熟睡着所以并没意识到奇迹的发生。那么，当你第二天早上醒来时，你认为你看到的什么变化会让你感知到奇迹的发生，让你意识到问题已经被解决了呢？

这一询问方式看似简单，但也时常会面临挑战。例如，有些治疗师不理解这一假设性的问题，因此治疗师需要掌握其内在逻辑，以便在合适的时候对服务对象作出解释；同时，在提出奇迹问句前，治疗师往往会用"我想问你一个有些奇怪的问题"作为开始，这可以帮助服务对象提前做好心理准备，以迎接这一日常生活中很少会探索的问题（见图 3-3）。

图 3-3　奇迹问句的逻辑

可能有些治疗师会担心，在现实生活中如果"奇迹"无法实现该怎么办呢？难道不会更打击服务对象吗？其实，基于这一逻辑的想象和探讨，往往会引导服务对象寻找现实生活中的细节。由于奇迹发生过的证据只能在服务对象的真实生活中才能找到，因此奇迹问句也可被看成现实的问题。

当然，遭遇重大挫折的人们总会希望自己的生活恢复正常，有时治疗师也会遇到一些情况，那就是服务对象说出不可能发生的奇迹，如亲人死而复生、重病痊愈等。允许服务对象表达这种想法或情绪，其实没有什么坏处，当服务者能真诚地回应服务对象，对他的愿望表示理解或认可时，大部分人的注意力就会转向比较现实的层面。服务对象知道什么是可能实现的，什么是不可能实现的。

除了无法实现的奇迹之外，还有一些来自服务对象的回应，也会让治疗师感到困惑，无法直接导向问题解决的目标和行为，具体如下所示。

1. 当服务对象的回答是"我不知道"或者沉默时

这一回应并非表明服务对象完全无法思考这一问题，而可能是他们在对生活感到失控时的一种习惯性表达。在这一情况下，服务者需适当保持沉默，给服务对象一些思考和想象的时间，这会对他非常有帮助。

2. 当服务对象的回答是否定句，如"我不再……"时

这时，服务者可以追问服务对象，当不再有某些感受，或者他人不再有某些行为时，一切会有什么不同，在这种情况下，他会做什么，或者会感受到什么。

3. 当服务对象的回答与想法和感受有关时

如果服务对象只有比较空泛的、可能很难落到具体行动上的表达，如自己的情绪状态会变好、不再烦恼等，此时，服务者可以顺势询问服务对象："在那样的感受和想法之下，你一般会想到哪些你现在没办法做的事？"

4. 当服务对象的回答和他人有关时

服务对象可通过他人对自己的反应和评价来体现奇迹的发生，此时则可以询问服务对象，他人观察到了服务对象本身发生了哪些变化，才会出现这样全新的反应和评价？

奇迹问句在实际工作中十分有效，以上我们主要讲解了它在帮助服务对象探索目标的作用；同时对问题解决后的情境加以想象能很直接地为服务对象带来正向的情绪体验，同时能使服务者为后续使用其他技术做好准备。

评量问句

治疗师通过使用奇迹问句鼓励服务对象描述了对待未来的、问题解决后的期望，甚至有部分服务对象会主动表示奇迹中的一些情境在他的过往经历中也曾出现过。由此可见，奇迹问句确实能给服务对象带来一些积极的体验，并发掘其内在的力量。那么如何将这种力量更明确地展现给服务对象，并且帮助他规划更可行的行动目标呢？此时评量问句就能很好地发挥作用。

评量问句的一般句式如下所示。

接下来请你给自己的状态评分。如果"0分"代表你决定寻求帮助的时候，"10分"代表奇迹发生后的那天，你会给自己现在的状态打几分呢？

这里要注意，"0分"指的并不是最糟糕的状态，而是服务对象决定开始行动，向外界寻求帮助的时候，这可以让我们更准确地评估其近期的状态，而非放在一个过长的时间维度中去评估。同时，因为下限的0分中，展现的是服务对象已有积极行动的时刻。因此，哪怕服务对象的回答是0分，服务者依旧可以尝试引导其谈谈他让情况不再变得更糟糕的行为。

在回答奇迹问句的过程中，服务对象往往会产生一些积极的情绪，很少有服务对象会在此时回答"0分"。如果服务对象已经在评估结果中给自己评了分，那么治疗师可以顺势探讨其背后的原因，例如，"你因为做了什么事打了3分，而不是0分呢"。此时，治疗师可以通过给予鼓励和肯定，同时再提出像是"还有什么呢"的追问，让服务对象充分探索自己的内在力量。

有时，服务对象可能也会回答"我不知道"。面对这种情况，治疗师可以尝试询问别人会怎么说，例如，"如果我问你的好朋友，'10分'代表奇迹发生后的那一天，那么你现在的评分是多少，你觉得他会怎么回答"。

除了发掘服务对象的内在力量以外，评量问句还可以鼓励服务对象探索接下来的阶段性目标，例如，"你刚刚提到现在的评分是3分，那如果想要达到4分，你觉得可以做什么呢"。治疗师可以运用这种方法引导服务对象逐步拆分目标，让接下去的每一小步努力都更具体、更具有可操作性。

在这个阶段中，服务对象比较容易陷入的误区是，将达到满分10分时的最好状态当作下一阶段的目标。换言之，服务对象缺乏将目标进行合理拆分的能力，此时治疗师的引导就尤为重要。因为大的进步往往会过于困难而难以实现，这会导致服务对象失望和动力缺失的情况出现。此时治疗师可以尝试回应："这听起来比 4 分的情况好了很多。"或者"你说的这些都很理想、很棒，那比它更小一点的进步是什么呢？"由此，治疗师就可以逐步帮助服务对象制定更可行的目标。

评量技术应用于助人的各个阶段，它可以帮助我们更准确地了解服务对象的现状，同时探寻更适合他的改变方向。

案例解析

本小节案例均由笔者对几个较典型案例进行了较大程度的改写而成。但典型心理问题的呈现和焦点解决短程治疗技术在本案例的应用符合临床规律和逻辑。

案例简介

服务对象小 A 为读高三的 17 岁男生，他在距高考还有 2 个月的时候向某社区心理服务热线寻求帮助。他有一个双胞胎弟弟，因为小 A 在中考时发挥失常，所以与弟弟分别在两个高中就读：弟弟就读于重点中学，为走读生，小 A 则因学校要求一直住校。从上高中以来，小 A 在学习上与弟弟有很大的落差。在生活上，弟弟与父母交流更多，这种更亲密的状态也给小 A 带来了情感上的落差，这些问题一直困扰着小 A。随着时间的推移，小 A 在高二下半学期甚至出现了睡眠障碍和抑郁倾向，也曾因此休学一个学期。此次导致小 A 求助的主要应激事件是高考迫在眉睫，他非常想在这一个月内超常发挥，以完美的状态投入到学习中，弥补之前休学过程中落下的课业内容。但他无法承受这样的学习压力，每当自己打开书本和作业的时候，他就会出现自我谴责、自我厌恶的情绪，完全无法集中注意力应对学习任务。

情况分析：服务对象小 A 的情绪问题由来已久，且受到多方面因素的影响，但需要应对的应激事件"高考"又较紧迫，应用传统的"问题导向"的心理治疗方法来调整小 A 家庭中的人际关系、沟通方式，引导小 A 重建自我认知等溯源的方法的确有效，却难以高效地解决当下迫在眉睫的问题。如果此时治疗师尝试使用焦点解决短程治疗技术，可以先引导小 A 探索"例外"，通过激发其自身的内在力量，建立循序渐进的阶段性目标，从而助其逐步恢复学习能力。

实际应用过程

治疗师通过在前期与小 A 建立咨访关系、倾听和共情，了解小 A 的概况后，在谈话时可以聚焦在小 A 在意的学习问题上，然后治疗师可以尝试用评量问句帮助小 A 确定自己当前的状态，帮助他更客观地认识到他期待的完美主义给他带来的影响。治疗师可以使用评量问句中"前进一小步"的方法，引导小 A 树立更易于实现的目标。具体干预过程如下所示。

治疗师：你刚刚谈到，如果奇迹发生，问题都得到了解决，你的学习状态似乎能有非常大的改善，你也很详细地描述了这种理想情况的具体细节。假如我们将这种完美的学习状态评为 10 分，把你决定来找我谈话的那一刻评为 0 分，你会给现在的自己打几分呢？（评量问句）

小 A：我想，可能是 3 分吧。

治疗师：3 分，嗯，你愿意讲讲为什么是 3 分吗？你看，如果将现在的你和 0 分状态下的你进行对比，你似乎已经有了不小的进步。（评量问句拓展）

小 A：这两天我也不是什么书都没看，老师布置的作业还是得写，有些不会的题我通过翻书找到了答案。而且，我觉得我挺愿意学习的，就是那些烦躁的感觉总是挥之不去，我不知道怎么控制它们。

治疗师：看来你已经在很认真地观察自己，也发现了自己在什么情况下能学习一些知识。虽然情绪一直困扰着你，让你无法那么投入，但你的学习意愿和动机是那样强烈，你很想让自己多做一些事，你真的很努力啊！（赞美）

小 A：（默默流泪）

治疗师：我能感受到你非常想弥补之前缺失的那段学习时间，甚至会要求自己全身心地投入，你怎么看待自己的这一期待和要求呢？这一期待与你刚刚提到的 10 分的奇迹状态相比，会是几分？（评量问句）

小 A：大概就是 10 分吧……或者，也可以算 12 分。

治疗师：啊，那真的很高了呢，它甚至比奇迹发生的分数还要高。

小 A：嗯……它好像确实比奇迹发生的一天的分数要高。

治疗师：这样听起来，你一直都在用一个很高很高的标准要求自己，听起来好辛苦啊，尤其是你还生着病。我想也许给自己一段恢复期会是一个好的选择。

小A：可是马上就要考试了，那样就来不及了。

治疗师：那我们想一想，如果你用 12 分要求自己，但这个过程中一直因为没办法达到目标而产生很多很多情绪，很难认真学习，那可能只能让你发挥 10% 的潜能；或者你可以有另一个选择，你现在的评价是 3 分，也许我们可以将达到 5 分当作目标，这样会容易一些，等你的情绪状态也好一些，或许你就能发挥出自己 50% 的潜能。你觉得两者比较起来哪一种的效率会更高一些呢？

小A：可能是 5 分吧。

治疗师：那我们一起探索一下，如果要做到 5 分，你还可以做一些什么，怎么样？（评量问句）

预期效果评估

在本次干预过程中，小A建立了一个相对合理的学习目标，并梳理了具体的、可执行的一些行为，小A与治疗师约定，在接下来的一周会对这个计划进行尝试并观察自己的变化。通过与治疗师沟通，小A也发现了自己已有的知识基础和学习能力足以支持自己完成基本的学习任务，他也开始肯定自己。

涉及的职业伦理和原则问题

焦点解决短程治疗技术强调，问题本身不是问题，难道就应该忽略服务对象没有意识到的一些严重的问题吗

这个问题是在假设：我们注意到了一些服务对象没有注意到的问题。如果此时治疗师选择当面责问，使用面质技术，则常常会使治疗师进入一种防御状态，使助人过程陷入一种尴尬的境地，甚至会产生反作用。那么当服务对象没发现或不承认他们生活中的有害状况时，治疗师要做些什么？有效策略：询问情境性问题，例如，"你不认为你的坏脾气是个问题。但是当你要表达愤怒时，你觉得你的孩子会希望看到哪些不同？"

如果服务对象是解决个人问题的专家，是否意味着不需要给服务对象提出建议

其实应用焦点解决短程治疗的服务者会花大量时间引导服务对象说出自己曾经最接近问题解决状态时的经历，并帮助服务对象回忆他那时做了什么。他们的建议仅仅是建议而不是作业，这些建议都是试探性的，服务对象可以判断它们是否适合自己，从而决定接纳还是摒弃它们。

现有实践的局限性与未来展望

焦点解决短程治疗技术虽然具有较强的实操性和应用性，但基于社会心理服务体系的建设主体可能来自各行各业，部分社会工作者、社区组织成员等可能对心理咨询与心理治疗的整体理念、流程甚至是伦理方面的了解还不够深入，在应用过程中可能会存在照本宣科的情况，从而在助人工作中流于形式，一味地通过照搬固定句式进行提问，导致互动不够真诚。基于这样的可能性，建议广大学习本节内容的治疗师，在充分理解社会心理服务体系建设的主要内容、服务对象、建设目标的前提下，积极投身实践，加深对焦点解决短程治疗技术在应用中的理解。同时，如果治疗师学有余力，也可以更多地拓展心理咨询与心理治疗方面的其他知识和技术，尤其是咨询伦理方面的相关内容。

➲ 家庭系统理论与辅导技术

家庭定义了每个人最初的身份认同，影响着我们未来将做出的许多决策与发展，但现有的心理服务往往强调个体，而忽略了家庭的重要性。家庭系统理论将家庭视作一个系统，认为其中某一家庭成员的问题其实反映的是整个家庭结构与互动关系上的失衡。本章首先介绍了家庭系统理论的发展起源及其相较于个体治疗模式的创新性，并介绍了其中在我国得到广泛运用的萨提亚模式。其次，介绍了常用的家庭辅导技术，如家谱图、天气预报、循环提问等，并结合案例讲解了运用这些技术时的关键思路。再次，列举了社会心理服务工作者在提供家庭社会心理服务时需遵循的工作伦理和注意事项。最后，以家庭系统理论为出发点，讨论了未来家庭社会心理服务的诸多可能性与发展方向，试图为社会心理服务更好地使广大家庭受益，构建和谐、友爱的社会环境提供思路。

理论简述

"将家庭看作一个系统来认识"这句话似乎有些多余，如今在我们看来，家庭本来就是一个系统，当然应该作为一个系统来认识。然而，在心理学研究历史中的很长一段时间里，大多数心理学研究者只看到独立的个体，而没有对个体所处的家庭开展专门的研究，更没有将家庭视作一个系统，从家庭系统的角度研究个体。家庭系统理论以系统思想为出发点，主要研究家庭成员的互动关系、角色地位及家庭规则。1956 年，贝特森等人通过对精神分裂症患者家庭进行研究后发现，养育者若经常给孩子下达相互矛盾的指令，诸如一边告诉孩子要开心，一边又在孩子每次开心的时候向其"泼冷水"，甚至对其进行辱骂，长期处在这样的环境下的孩子罹患精神分裂症等严重精神障碍的概率会大幅增加。贝特森等人将其命名为"双重束缚模型"。该模型首次将心理问题放在整个家庭系统中来看待，一经发表便引起了众多心理学者的关注。研究者后来用各种模型不断丰富家庭系统理论，从早期的结构模型、策略模型、代际模型，到如今的多元家庭系统模型。无论模型如何演变，它们都基于共同的前提假设，即将家庭视为一个完整的系统，家庭成员是其中会发生交互作用的组成部分。心理治疗以家庭系统理论为基础发展出了家庭系统治疗的形式，其核心概念主要有家庭生命周期、三角关系、症状的功能、互补关系、依恋理论、融合、自我分化等。家庭系统治疗关注的重点不再是个人的问题或症状，而是从系统论的观点出发，针对家庭成员间的互动关系，以整个家庭的改变促进个人的改变。

家庭系统疗法自诞生之日起就显得格外引人注目，其理论及实践与传统的个体疗法有显著差异，不仅给心理咨询与治疗工作增添了一种新的工作方法，让咨询师的关注点从"个体"转向"关系"，解放了被症状"束缚"已久的服务对象，使他们不必独自承担一切问题，而且"系统观"的提出更如观念革新一般，为心理学研究提供了新的方向和方法。家庭系统治疗的重点主要在三个方面。首先，从有"问题"的服务对象出发，探索其家庭中存在的问题系统。其次，让家庭中其他成员意识到家庭中存在的问题关系和问题系统。这一做法有助于保护服务对象的自尊心，避免使其将引发问题的全部责任归结于自己。同时让其他家庭成员意识到自己对问题负有责任，需要共同参与解决问题的过程。最后，将家庭视为一个动态的、相互作用的复杂系统，其中每名成员都有自己的身份角色和相应的权利，当成员的权责过于不对等时，就容易导致系统的混乱，从而引发问题。例如，孩子在家庭中没有什么话语权，但是父母每次吵架后都把责任归于孩子，并对孩子说："要不是为了你，我们早就离婚了。"如果一直维持这样的模式，孩子自然会产生许多心理问题。家庭系统治疗就能减轻孩子身上不应有的责任，并将孩子应有的话语权重新赋予他。

随着我国社会的不断发展，家庭形式也从过去的大家族转变为现在的小家庭，过程中产生了许多新的适应性问题。因此，如何发展出适合我国国情的家庭社会心理服务已成为当下社会心理服务体系建设的重要使命与服务方向。在诸多家庭治疗模型中，萨提亚模式家庭治疗在我国的应用最广泛，主要原因如下所示。

首先，符合我国传统文化思想，易于本土化。萨提亚强调每个人的善良本性和自然诚实的情感表达，追求个体的内在和谐与人际间的和睦关系，这与儒家思想中"推己及人""修身齐家""随心所欲而不逾矩"等思想一致。其次，经过整合的理论体系更全面。萨提亚模式以人本主义为基础，吸收策略模型的家庭规则、家族系统理论的情绪情感等核心概念，不仅被广泛应用于家庭治疗，在个体治疗上也取得了不错的成效，并在大量实践的基础上经进一步改进、创新、完善，形成了高度凝练的理论体系。最后，该模式具备很强的可操作性和实用性。萨提亚模式将家庭治疗中主要的思想具体化为各种成熟的技术，如家庭因为某一问题或症状感到特别困扰和焦虑时，治疗师可以向其说明"危机"的两面性（既是危险也是机会）。家庭成员积极地参与咨询与治疗，反而能借这次问题改善家庭成员间的关系，营造温馨和睦的家庭氛围，并通过运用这样实用的方法，稳定家庭成员的情绪，帮助他们以更积极的视角看待问题或症状，促进"问题"的解决。

方法概述

家谱图

家谱图作为家庭治疗中使用率极高的方法，能将家庭结构与关系可视化，通过在纸上绘制家庭成员间的亲缘关系、角色地位、沟通模式等，呈现出家庭中的代际传承、家族遗传、家庭关系模式等重要信息。家谱图主要有如下优点：首先，治疗师通过分析家谱图可以发现家庭系统中存在的模式、规则和角色分配，了解家庭中不健康或不平衡的互动模式，从而制定治疗目标和策略；其次，治疗师也能从中发掘和利用家族中的积极资源和支持系统，并利用这些资源促进家庭的健康发展；最后，记录家族的历史和传承，在治疗中发现家族的价值观和文化背景，帮助家庭成员更好地认识和接纳自己的文化身份。

家谱图的具体操作步骤如下所示。

1. 开始绘制：从第一代开始，按照代际顺序一一列出家庭成员的姓名和相关信息。使用线条将家庭成员之间的关系连接起来，例如，父子关系用水平线连接，夫妻关系用竖直线连接。

2. 标注关键信息：在每位家庭成员的节点上标注姓名、出生日期、婚姻状况等信息，可以根据需要标注其他重要信息，如职业、居住地等。

3. 添加符号和图例：可以根据需要添加符号和图例，以表示特殊情况或标记特定信息，如离婚、早逝、重要事件等。

4. 分享和保存：完成绘制后，可以与家庭成员分享这个家谱图，并可以将其保存在电子或纸质档案中，以备将来参考或更新。

天气预报

天气预报（又称"温度读取"）是萨提亚独创的一种广泛运用于家庭治疗中的体验式练习，主要是通过构建一个安全、平等、温暖的情境，让家庭成员能放松、真诚地表达自己的内在感受，其他成员也能从中得到真实的反馈。轮流反复地进行这一练习，有助于家庭成员学习如何在互相尊重的前提下沟通与相处。

天气预报的具体操作步骤如下所示。

1. 你的付出有人见证。该练习的第一步从生活中的积极方面开始。一位家庭成员看向另一位成员，说出那些他想肯定与感谢这位成员的话，例如，"感谢你昨晚做的晚餐，我真的很喜欢""你今天给我扎的头发很漂亮""你把自己的房间收拾得很整齐"。

2. 你的忧愁有人关心。我国有句俗语是"报喜不报忧"，体现了传统观念中个体其实不习惯将忧愁带回家，但即使不说，其他家庭成员也会因其与平常不一样的表现而担心，例如，孩子看到自己的父母整天忧心忡忡，孩子的情绪也自然会受到影响。因此在练习的第二步，家庭成员以"我很关心你，所以我想问问……"的问句确认某一成员最近正在做的事情及其遇到的阻碍，被问到的成员会真诚地回答。这一步并不是为了解决问题，而是通过提供无条件的支持和力量，让个体更有信心应对困难。

3. 你的需求有人回应。家庭中经常会出现成员互相抱怨对方的情况，抱怨实际上是因为对现状的不满，因此抱怨背后其实是个体的需求与期望。练习的第三步就是要个体在向其他家庭成员说出自己的抱怨的同时，说出自己相应的需求，例如，"爸爸你真是太偏心了，我很讨厌你，我希望你能多花些时间陪陪我，而不是只陪弟弟。"这样，家庭成员就由"抱怨"转向了问题的解决。

4. 你的分享有人倾听。就像日常聊天一样，每位家庭成员轮流分享自己近日有趣的经历、接触的新事物，或者八卦、体育新闻，最好是与家庭成员相关的信息。一位成员讲述的过程中，其他成员需要耐心倾听，让讲述者感到自己的心声被听到。

5. 你的梦想有人支持。愿望指向未来，承载着我们对自我和他人的期待。在练习的最后一步，每位成员轮流说出自己近期的目标，或者未来的梦想，其他成员给予相应的支持与鼓励。

循环提问

用更通俗的方式来说，循环提问即不断提问。循环提问的特点是反复追问关于互动和关系的问题，以便获取更多的信息。这些问题通常涉及家庭成员之间的互动模式、情感反应、期望和信念等方面。治疗师通过循环提问可以帮助家庭成员认识他们之间的互动关系，以及这种互动关系如何影响和塑造他们的行为和情感。循环提问在家庭治疗中主要有如下作用。首先，更深入地理解问题。治疗师很容易忽略聚焦问题的重要性，常常用简单的问句确认问题后，就急于开始解决问题。通过循环提问不断搜集问题及其相关的信息，有助于治疗师对问题理解得更深入和全面。其次，寻求新的视角和解决方案。循环提问可以帮助家庭成员从不同的角度看待问题，并激发新的思考方式和具有创造性的解决方案。通过不断追问，治疗师可以帮助家庭成员发现一些可能被忽视的因素或关系模式，并引导他们寻求更全面和有效的解决方案。

案例解析

儿童在成长过程中常常会受到早期家庭经验及父母抚养模式的影响，从而产生困惑、烦恼，且儿童思维的自我中心性比较强，因此他们会将家庭中出现的很多问题的责任都归结到自己身上。本部分以某一初中生因父母婚姻破裂而产生心理问题为例进行分析，仅供参考。

案例基本情况

小王（化名），13 岁，男，初中二年级学生。小王在父母婚姻破裂前比较乐观开朗。12 岁时父母离婚，之后小王的情绪一直比较低落，周围的人都感觉他变得沉默寡言，不好相处。家人也对小王的变化非常担心，于是帮小王联系了心理咨询师，但是来来回回换了十几位心理咨询师，一直没有什么效果，小王对心理咨询也比较抗拒，常常不回复心理咨询师的提问。

在我为他做咨询的过程中，他好像比较愉快，并且经常会要求我继续为他做咨询。至少他不觉得我对他的一些提问是有攻击性的。当我问他"在咨询过程中哪些提问对他是有帮助的"时，他也会告诉我，我的很多提问让他从一个全新的角度思考他以前的一些做法。他觉得很有意思，他以前从来没有这样想过，他一直都觉得以前的做法都是不成熟的、幼稚的，其实后来想想也没那么简单，并认为自己是很认真、负责的。

这里的关键其实就在于从家庭整体的视角看待问题，不将男孩本身视作问题，而是去看男孩的问题背后隐藏着的家庭互动模式。运用循环提问和外化技术确定离异事件对男孩的影响，让男孩不再为父母的离异承担责任，而是为自己的生活负责。这一视角的转变帮助男孩意识到之前以为是自己伤害了父母的感情，是因为他们对自己感到失望，才导致了他们离婚。实际上他没有因为自己个人的希望而强迫父母一定要在一起，这其实是非常负责任的行为。

家庭系统治疗并非只适用于全家人一起参与的咨询，也可以运用于个体治疗。因为心理咨询师只要理解个体和家庭系统的关系，在一对一的治疗中也能很好地运用相关技术。只要家庭中某一成员出现变化，整个系统就会因此改变。此案例就是通过这一视角，帮助男孩重新定义他在家庭中的身份角色，男孩也因此获得了启发，从对父母离异的愧疚中逐渐走了出来，开始为自己的未来努力，父母也因为他的变化受到鼓舞，各自开始了新的生活。

涉及的职业伦理和原则问题

在运用家庭辅导技术提供服务时，社会心理服务工作者（如心理咨询师）应注意以下几点。

1. 社会心理服务工作者在服务过程中应保持中立，避免预设立场反对或支持家庭中的某一成员。

2. 社会心理服务工作者要重视症状背后的系统，而不是症状本身。

3. 社会心理服务工作者要坚持遵守"去病理化"原则，注重解决问题，而不是诊断疾病。

4. 社会心理服务工作者不仅要观察家庭中的语言沟通模式，而且要注意家庭成员在相处过程中的非语言行为，如动作、姿态、表情等。

当下实践的局限性与展望

正如前文所述，家庭系统理论是一种极富创新性和发展性的理论，以其为基础的家庭系统治疗同样在当前非常受欢迎，得到了众多心理学研究者及治疗师的认可，在经历了漫长的发展之后，仍展现出强大的生命力，并正在走向更繁荣的未来。但是任何理论观点和方法都是时代的产物，必有其局限性。因此相关研究者应积极探索家庭系统理论的应用模式，开发出更本土化、多元化、系统化的家庭社会心理服务方法。

首先，家庭社会心理服务需要本土化探索。家庭系统理论源于西方，西方的家庭关系模式与我国不同，例如，西方已经习惯了小家庭的模式，家庭教育方式也比较民主。我国则是近十年才进入小家庭模式，父母对孩子的投入较多期望也较高。同时，由于我国当前存在如留守儿童、隔代教育等问题，因此社会心理服务工作者亟须发展出更接地气、本土化的家庭社会心理服务模式，切实解决与百姓生活息息相关的问题。

其次，家庭社会心理服务需要多元化发展。《中华人民共和国国民经济和社会发展第十四个五年规划和 2035 年远景目标纲要》提出，要强化家庭教育支持服务、促进家庭服务多元化发展。因此不应将家庭系统理论局限于家庭心理咨询。社会心理服务工作者应在科普宣教、矛盾调解、团体辅导等多种社会心理服务中灵活运用系统观和整合观。如在矛盾调解中明确矛盾并不只是当事人个人原因引发的，而一定是由当事人所处的系统失衡导致的，并结合循环提问技术确认问题系统，再根据这一部分寻找可选方案。

最后，家庭社会心理服务需要系统化分析。社会心理服务工作者在处理与家庭相关的心理问题时，应根据系统观点和同心圆模型，运用家庭系统理论与辅导技术，以当事人为中心，统筹把握来自自我、家庭、同学、同事、社区（村）领导和组织（单位）领导、机构（专业）和政府（法治及管理）、社会环境及文化等多方面的心理支持，尤其应关注当事人及其直系、旁系三代人的互动方式，并从中找到具有针对性的解决方法。

总而言之，家庭系统理论与社会心理服务建设体系的有机结合任重而道远，需要所有社会心理服务工作者及全社会的共同努力。家是最小国，国是千万家，只要每个家庭都拥有温馨和睦的氛围和家人间相互支持的系统，整个社会就将会变得更加和谐美好、积极向上。

⊃ 团体心理辅导技术与方法

本节将介绍有关团体心理辅导的概念、特征及要素等内容，并简要阐述在社会心理服务工作中使用的相关技术方法和操作流程，以便各位读者了解相关内容并将其应用于日常生活和工作中。团体心理辅导最初从国外引进，可以说是一个"舶来品"，该技术由美国内科医生普瑞特开创，其因具备工作效率高、辅导形式丰富、成员互动良好等独特优势，深受社会心理服务工业者的青睐。团体心理辅导的基本过程在一个安全舒适的环境中展开。团体心理辅导可以帮助成员之间建立起良好的关系，团体成员通过分享彼此的经验和看法，提高自我认知，获得个人成长，从而更好地应对生活中的挑战和压力。

理论简述

团体心理辅导（简称"团体辅导"），是由心理专业人士组织聚集一群具有相似或相同的关于亲子、工作、人际等方面问题的人，通过促使成员互相交流共同解决问题的心理学方法。

团体辅导是主要为要解决社区居民在生活中都会遇到的主题内容而开展的面向普通群体的心理辅导，具有以下三个特征。第一，引起共鸣。人们常常局限于在家庭、职场中的角色，倾向于认为问题只存在于自己身上，而团体会提供一个心灵共鸣的平台。也就是说，当人们觉得心里不痛快或有心理困扰时，常常会有一种想法，即这个问题只有我有而别人都没有，由此就会心理失衡，久而久之就会陷入负面情绪的死循环中。然而，在团体中，大家会发现原来很多人都会面临相似的困扰，从而产生心理共鸣，心结便瞬间打开了。第二，自我探索。不同的人遇到相似问题时，应对和处理的方式可能千差万别。团体能够发挥桥梁作用，成员可以通过观察、学习、体验、分享、反馈，听到更多不同的解决方法，并在此过程中进行自我探讨和自我接纳。第三，助人自助。团体成员围绕某一问题在向外倾诉、分享解决方法的同时会得到其他成员的回应，经过思想的碰撞，解决方案会不断更新、优化。由此，成员在帮助他人的过程中，其实也在帮助自己，化解原本困扰自己的问题，实现个人成长、进步。

团体辅导的魅力在于它是一个"圆圈"，能够巧妙解决人们心中的困扰。有效的团体辅导需具备以下几个要素：第一，和谐的团体情境。成员之间应当是平等的、真诚的，如果有人显得强势或对别人持轻蔑的态度，会导致团体成员间的关系失衡，并使成员产生不安全感。因此，作为团体带领者，应当在辅导之初就告知大家要相互尊重，例如，"我希望大家来参加咱们的团体活动期间，能够彼此真诚、彼此平等、相互尊重"。第二，高效的团体管理。具有凝聚力、向心力及共同目标的团体会促进成员合作，增强成员的参与感。同时，生动活泼、丰富有趣的团体活动是保证团体辅导成功的重要因素。第三，专业的团体领导。一般来说，负责、有专业素养的团体带领者能帮助团体达到目标，并且更善于激发团体的积极性和创造力，从而快速找到解决问题的方法。因此，这一神奇的"圆圈"能极其高效地把有共同目标的人集中起来，使其体验他人的角色和感受，实现资源和信息共享。例如，电影《亲爱的》讲述了许多被拐卖或走失孩子的父母在寻找自己孩子的途中自主形成小组的故事。小组成员会定期见面，相互支持，相互理解。尽管当事人的亲戚会表达对丢失孩子的同情，但经历过相似事件的父母更是惺惺相惜，更能理解彼此的心情，有时一句话便胜过千言万语，这便是"圆圈"的魅力所在。虽然团体辅导技术有许多优势，且被广泛应用于心理服务工作中，但是仍具有一定的局限性，如效果存在差异、隐私保护力度不足、团体带领者专业程度不同、适用人群有限。

团体辅导、团体咨询与团体治疗三种技术有相同点和不同点。首先，三者的共同点在于都是以团体方式将具有相同或类似问题的人聚集起来以解决问题，实现共同目标。其次，三者也存在明显不同：1.团体辅导又称"发展性团体辅导"，是一种具有预防性、支持性的心理教育指导活动，主要用于帮助个体解决在成长阶段中可能会遇到的各类问题所引发的心理困惑，并提升心理健康素质和水平。发展性团体辅导的首要目标是帮助成员适应现状，避免未来发展为功能不良，同时提高成员的自尊水平和解决问题的能力。团体辅导的对象是社会功能正常的个体。治疗师若想为这些个体提供咨询需要掌握相关信息、技巧。发展性团体辅导通常有固定的主题，重点在于通过沟通自动化解问题，团体人数为 25 ~ 45 人；2.团体咨询主要适用于存在心理困扰的人群，主要用于防止其心理困扰发展成精神疾病。团体咨询虽然也可以有主题，但更关注成员彼此之间的互动，重点在"参加的成员"身上，包括认知、情绪、态度、价值与行为等方面的学习。团体咨询的对象是那些正在经历非严重性的生涯、教育、个人、社会和发展问题的个体，参与人数一般为 8 ~ 12 人；3.团体治疗主要针对的是少数患有精神障碍或患有某些精神疾病（正在康复中）的人群，是一种长期性的、人格改变的临床服务，目的在于重建人格，减少疾病对个体身心的危害，促进患者康复，如边缘型人格团体心理治疗、抑郁障碍团体心理治疗等。团体治疗一般由临床心理学家或精神科医生负责开展，协助个体在人格及行为上发生改变。团体治疗主要聚焦于改善成员深层次的心理问题，参与人数通常为 6 ~ 8 人。

方法概述

团体带领者是活动的发动者、成员的激励者、问题的协调者、氛围的营造者及规则的执行者。因此，在进行团体辅导时，团体带领者需讲清楚整个活动流程，营造安全、和谐的氛围，对成员发表的观点给予肯定，并积极鼓励较内向或不善表达的成员发言。整个团体辅导会持续一个半小时到两个小时，其具体实施过程如下所示。

组团阶段

事前需要做好准备工作，合理设计团体辅导方案，确定团体性质及名称、目标、人员配置、对象及规模、活动时间、活动场所、具体方案等，还包括成员招募、预算设置、道具制作等其他方面，从而增强心理服务的专业性和可操作性。

1. 确定团体辅导的目标。首先，弄清需要解决的问题是什么，以及该问题是否属于社区或单位大部分人员所共同具有的，如亲子问题、邻里矛盾、工作压力等。其次，把所在区域具有相同或相似问题的人汇集在一起，对他们进行心理疏导。

2. 明确人员配置。就是指一个团体由几位工作人员组织，以及一个团体同时有多少人参与，避免因参与者过多而导致场面不可控的现象出现。

3. 安排时间和场所。根据团体成员的时间安排，提前确定何时进行团体辅导并通知到位。同时，选择安全、舒适的场所，以便成员相互交流、敞开心扉。例如，放置移动桌椅，将桌椅排成圆形，准备有趣实用的游戏道具等。

4. 招募团体成员。通过设计海报、发送推文、发布短视频等有趣味性的方式招募团体成员，写明团体辅导的时间、地点及主题和名称等信息。

5. 制定实施方案。全面考虑人、财、物、机制、机构等各要素，并准备临时调整方案用以应对突发状况。同时，编写满意度问卷，并在团体辅导结束后发放问卷。一方面，收集有关团体辅导的反馈信息，以改进实施方案；另一方面，了解成员的参与情况，即是否有所收获，是否帮助其解决了困惑等。

破冰阶段

破冰阶段的主要任务是融合及认同，即让团体成员试着适应团体并在团体中找到自己的位置，进而决定成为一个怎样的参与者。在该阶段治疗师可以通过开展一些有趣的热身活动，如"揉肩操""微笑握手""无家可归""推气球"等，消除成员之间的陌生感，缓解尴尬局面，同时帮助团队更好地识别和解决潜在的冲突和误解，为后续的成员之间的合作奠定基础。其中，最主要的就是每位成员需进行自我介绍，包括姓名、职业、目标、存在的困惑和问题等。此外，以口头交流或在黑板、白纸上留言等方式，确定本次团体辅导的目标和共同承诺的契约，并鼓励成员提出自己的想法和要求，具体内容如下所示。

我们主要围绕亲子关系进行探讨，希望在这个过程中大家都能坦诚相待，勇敢地表露自己，彼此真诚地交流。每名成员在分享观点的时候，希望其他成员能给予尊重。

今天团体辅导活动结束以后，请大家把我们彼此之间分享的一些内心感受留在这间屋子里，不要带出去。

我希望在大家相互分享的过程中将手机调至静音，放到一边，全身心地投入活动。

破冰活动后团体带领者大致了解了每位成员的性格特征。同时通过热身活动，成员之间有了适当的肢体接触和语言交流，这能迅速拉近成员之间的心理距离，增强成员间的亲近感。

工作阶段

工作阶段主要聚焦于开展各种形式的工作，以便最终达成目标。该阶段大致分为提出问题、分析问题、解决问题三个过程。

首先，通过自由绘画、击鼓传花、毛遂自荐、情景剧等方式，让成员分享故事，提出问题，谈谈想法。以绘画为例，成员无须花费过多精力和时间完成一幅"大作"，可以任意用简单的形状如点、圈、线条，以及任意的颜色进行表达。目的在于通过绘画表达自己的想法，并对自己的画进行解释。如果需要控制时间，也可以采取两两组队的模式，相互分享，从而产生情感上的共鸣。在这个过程，需注意使用什么样的活动形式不是最重要的，重要的是引导成员分享，将埋藏在内心的困惑和问题讲出来，这是解决问题的必要前提。

其次，成员分享后，团体带领者需将在成员中常见的问题进行归纳和分类。以亲子矛盾为例，问题可以分为如何与孩子沟通，如何与孩子做好时间规划，如何保护好孩子的安全等几个部分。接着，按照问题进行分组，引导成员针对矛盾产生的原因进行讨论和分析。讨论结束后，邀请每个组派出成员汇报讨论结果并分享自己的观点。

最后，通过小组讨论，或者案例表演的方式共同寻找解决问题的方法。团体带领者并不需要了解非常丰富的心理学知识，主要起到组织协调的作用，而且要充分相信一个团队的力量是无穷的。如此，成员间通过互相讨论就能想出一些奇妙的点子。

结束阶段

结束阶段的任务是回顾团体辅导的整个过程。团体带领者需要对本次团体辅导的过程进行全面的回顾和总结，认真分析每个环节，对成员的表现和互动情况进行深入的评估，并对自己的带领和引导方式进行反思和总结。

在引导成员进行总结时，可以让成员在便利贴上写出自己在参与团体辅导中的收获和感悟，以及未来将会在哪几个方面做出改变。写完后，可以带领成员将自己的便利贴贴在黑板或墙壁上，贴成一个爱心或一棵树的形状，形成"许愿心"或"许愿树"。这种方式在帮助成员回顾团体辅导的要点的同时，能进一步以文字表达的形式缓解压力，燃起希望。最后，团体带领者需要认真对待每位成员的反馈和建议，尊重他们的意见和想法，并在适当的时候给予反馈和回应。这不仅可以增强成员的参与感和归属感，而且可以促进团体的持续发展和进步。

团体带领者在开展团体辅导时，需要根据不同成员的情况和需要，采取不同的方式和策略，以达到最佳的辅导效果。

对于非自愿参加且有抵触情绪的成员，团体带领者应提前做好准备，转变成员的消极态度。例如，可以说"既然大家不是自愿参加团体的，我想你们来这儿可能会有强烈的抵触情绪。你们可以用几分钟时间表达这些情绪，但是，首先我想简单地告诉大家我们的计划，希望你们能感受到团体是有趣的，是能帮助大家的"。

对于说话有点犹豫的成员，如果其因害怕被拒绝而不敢表达，那么跳过他是比较好的做法；如果拒绝发言的成员的态度比较消极，可以先跳过这名成员，不要强迫成员发言，但团体带领者需留意该成员的动态；如果成员还没有准备好，可以简单告诉他最后还会有发言机会，并为其预留出发言时间。

对于保持沉默的成员，首先，弄清楚其沉默的原因，可能包括以下几种情况：没有准备好；正在思考或整理信息；性格使然；对团体缺乏信任或投入；被支配他人的成员或团体带领者吓住等。其次，有针对性地采取措施，但都需要团体带领者以真诚、包容、温暖的态度对待他们。

对于有争论的成员，最开始先允许争论一会，如果争论的内容没有建设性，团体带领者最好迅速介入避免这种争议持续下去，但如果是就问题本身进行讨论，团体带领者可以允许成员适当地进行讨论。

对于发言过多者，以不点名的方式进行适当提醒，并且及时介入把表达机会给那些还没有发言的成员。

案例解析

在当今社会中，心理压力普遍存在。压力可能源自繁重的工作、复杂的人际关系、忙碌的生活及个人内心的困扰等。在面临这些压力时，人们可能会感到焦虑、沮丧和无助，甚至出现失眠、食欲不振等身体不适症状。为减轻心理压力，社会心理服务从业者可以在社区招募存在心理压力的居民，采取团体辅导的方式为其减轻压力，维护其身心健康。以下为心理减压团体辅导实施步骤，仅供读者参考。

团体辅导名称："减轻压力，跑得更快"

团体辅导性质：功能性、预防性、发展性、互动性、结构性团体

团体辅导目标

1.认知目标：使成员认识到人们普遍都有心理压力，并将感到有压力视为正常现象；帮助成员认识到我们只要以正视压力、不逃避的心态，掌握自我调节的方法，就可以有效缓解压力。

2.情感目标：为成员提供机会和途径，诉说自己的压力源和目前的状态，表达自我，宣泄情绪；让成员体验到团队对自己的尊重、共情及支持；引导成员领悟团体心理辅导的作用和意义。

3.行为目标：团体通过集思广益结合指导者的指导为成员提供一些减压的经验和方法；为成员提供支持，帮助他们发现并利用自身的心理资源和能力；鼓励成员将所学的知识和经验应用到学习和生活中。

团体带领者

选定一名专业心理咨询师为团体带领者，并根据团体规模、咨询师能力等实际情况配备若干名团辅助手。

团体辅导的对象、时间及地点

1.参与对象：因职业、家庭、人际等方面产生心理压力的社区居民，20～30人，需注意保证参与者自愿报名参加。

2.时间频率及次数：一次完成，120分钟至150分钟。

3.开展地点：社区心理服务站，配备移动椅、圆桌、投影仪、话筒等设施。

具体流程

1. 破冰阶段（20 分钟）

（1）团体带领者与助教进行自我介绍，与成员一起建立团体辅导契约，并引导每位成员分享自己的问题及相关的个人信息，从而形成团体辅导规范，增强成员的安全感和归属感。

（2）手指欢迎操：由团体带领者带领成员完成手指欢迎操，即伸出双手，跟着带领者完成动作，即食指互相敲击、双手拍打大腿、双脚踩脚、拍手四个步骤。做手指欢迎操可以提高成员的注意力水平。

（3）揉肩操：跟随节奏欢快的歌曲，成员互相揉肩和做伸展运动，这可以舒缓肌肉紧张，减轻疼痛感。同时，适当的肢体接触可以拉近成员间的距离，为后续活动的顺利进行打下基础。

2. 工作阶段（80 分钟）

（1）"九宫格"画说压力

成员可以用绘画的方式展示自己在生活、家庭、人际等各方面的心理压力，这也是成员进行自我展示和宣泄情绪的机会。此外，团体带领者可以通过引导成员看到自己和他人的压力状态从而产生共鸣。团体带领者在本环节可以按照以下步骤发出指令。

①请大家把一张 A4 白纸折成九个格子，横放，在最左边的顶部格子写上"压力状态"，在最右边顶部格子写上"安全平静状态"，中间顶部格子写上"关键词"。

②请大家在左边的两个格子上画出目前让你感到压力最大的两个画面，在最右边的两个格子画出让你感觉非常安全和平静的两个画面。想到什么就画什么，想用什么颜色就用什么颜色，可以写实，可以抽象，一切都随你自己而定，也可以加简单的注解。

③画完之后，就以下两方面和旁边一位成员相互分享。

a. 你画的是什么？表达的状态是什么样的？

b. 左边画面带给你最强烈的感受是什么？右边画面带给你最强烈的感受是什么？并写到中间的"关键词"位置（如焦虑、忧郁、迷茫、幸福、平静、安全、欣喜等）。

（2）寻找"烫手山芋"

寻找"烫手山芋"的活动能帮助成员识别和发现自己产生心理压力的因素是什么。同时，在团体内外的沟通过程中，成员会在其中找到自己在团体中的定位，从而进一步明确自己的问题所在，在后续的活动中准确找到解决方法。本环节的具体流程和可以使用的指导语包括以下几点。

①同学们集思广益，觉得哪些大类的问题可能会成为压力源，即"烫手山芋"，如学习、人际关系、地域适应、规章制度、婚恋问题等。

②通过小组讨论，列出5项大家公认的"烫手山芋"。

③给每位成员发一张纸，每位成员把选出的5项"烫手山芋"列在纸上，同时根据自己的情况，给这5项"烫手山芋"排序，最困扰自己的因素排序为"1"，最不困扰自己的因素排序为"5"。

④小组成员相互探讨，最困扰自己的因素（排序为"1"），相同的成员坐到一起，组成一个小组。

⑤小组成员相互分享，在这个大类"烫手山芋"里，是什么困扰着自己。例如，"学习"困扰组，小组成员分享，学习的哪些方面困扰着自己。每组选一位成员进行记录，一位成员总结发言，发言中可举例子。

⑥各组代表总结发言，每组发言时间为2分钟。

（3）互补加油站

成员在本环节分享故事时，能找到自己具备的积极资源和积极特征，从而促进其进行自我探索。同时，在聆听他人故事时，成员需集中注意力并不断思考解决方案，以便给予讲述者良好的反馈，从而有效地实现助人自助，具体步骤如下所示。

①每个人回想一件最近让自己感到压力大的事情，这件事情你是经过自己的努力去做，并克服了一些困难，最终做成了的事。

②两两组队：通过报数将组内成员组队，一人讲述压力事件，一人提供反馈。

③相互讨论以下这些问题

a. 这是一件什么事情？

b. 这件事为什么会给你带来压力？

c. 你为这件事做了哪些努力？

d. 做成之后你有什么样的感觉、体会、感悟？

e. 在做这件事的过程中，你觉得自己做得不错的地方是什么？这对你的现在和未来有什么帮助？

④相互反馈

a. 你在听了对方的分享之后，有什么样的感受和想法，可以反馈给对方？

b. 你从对方的事例中觉得有哪些可以学习和吸取的经验？

⑤大组分享：每个小组选一位反馈方作为代表发言，谈对方的事例及自己的感受。

3. 结束阶段：20 分钟

（1）成员总结

为每人发一张便利贴，请大家把自己想说的话写下来，包括所学的知识、对活动的感受、未来的改变等内容；每位成员在团体组内轮流分享自己写的话，并将其贴到许愿树上，并在许愿树前合影留念。

（2）团体带领者总结

点名本次团体活动的目的，总结本次团体辅导的整体效果、技术要点等，并以鼓励为主对每位成员进行点评和给予肯定。同时，重点强调效果较好的技巧和方法，并发散思维，举例传授如何将所学知识运用到日常生活和工作中。

综上所述，该心理减压团体心理辅导可以有效缓解参与者的心理压力。通过认识到压力对自身的影响，理解压力与效率的倒 U 形曲线关系，正确看待压力这把双刃剑，参与者可以更了解这个过程，并探索出适合自己的应对压力的方式。团体心理辅导能让成员通过各种活动和相互分享，学会更好地认识自我、欣赏自我、调节自我，从而帮助成员及时化解心理困扰，提高心理承受能力和抗压能力。同时，辅导过程能增强成员间的理解和支持，有利于他们更好地适应各种生活情境，应对各种困难和挑战。

现有实践的局限性与展望

总体来说，团体心理辅导主要运用的是群体互动和共同成长促进心理健康的方法，具有效率高、效果持久、适用范围广、提供心理支持、促进人际交往等优点。在这种辅导中，一群人聚集在一起，通过交流、分享、体验和探索了解自己的内心世界，解决心理问题，增强自我认知。但是，该技术也存在一些局限性，例如，参与人数较多，导致保密难度较大；组织起来需要更多的资源；个体关注度相对较低；对团体带领者要求较高；等等。

针对上述局限性，我们建议结合团体心理辅导和个体心理咨询两种方法，有效解决社区居民可能存在的心理困扰。具体来说，就是通过团体心理辅导，解决大部分居民普遍存在的一般心理困扰，同时可以起到宣传心理健康知识的作用。对存在严重心理困扰的社区居民，则需要开展深入的、具有针对性的个体心理咨询。由此，通过将"点面结合"的方式落实到基层，就可以有效提升民众解决问题的效率和质量，从而完善社会心理服务体系建设。

⊃ 中医心理护理技术与方法

本节会向大家介绍中医心理护理技术。中医心理护理技术与治疗技术相伴而生，两者都源于古代的祝由术，其核心概念是在治疗疾病和护理患者的过程中重视患者心理健康状况。中医心理学基础理论和技术可用于临床护理，以指导护士根据患者的心理活动规律为其提供有效的护理。护理人员可通过帮助患者在语言、表情、姿势、态度和行为等方面有所改变帮助患者缓解不良情绪、提高生活质量，从而优化治疗效果。中医心理护理技术主要有整体性和个体化的特点，通常作为中医心理治疗的辅助手段来防治心理疾病，对改善易患人群日常的心理健康十分关键。该技术主要在有专业人员提供指导的条件下运用于基层社会心理服务工作，旨在提高社会心理服务工作者的专业胜任力和服务质量，从而维护人民群众的身心健康。

理论简述

中医心理护理技术源于古代的祝由术，当时生产力水平普遍低下，人们的生活质量较差，经常身患疾病却又无能为力，于是只能祈求祖先保佑，驱鬼消灾。由此，祝由术这一疗法应运而生，祝由术并非单纯的封建迷信，而是利用心理学知识进行对症治疗。古人还发现除了治疗过程外，疾病的愈后也十分重要，适当的调护可以使病情好转得更快，因此中医护理技术逐渐发展起来。

概念界定

中医心理护理技术是指应用中医理论和方法，结合护理实践，对患者进行心理疏导和干预的技术。中医心理护理技术注重身体的整体性和平衡性，以中医观念和辨证施护为基础，借鉴了现代心理学和社会学等领域的知识。其核心理念是，人体的健康不仅受生理因素影响，而且受心理、情绪和社会等因素的影响。因此，中医心理护理重视患者的整体健康，注重平衡患者的身心状态，并通过调整患者的心理状态辅助治疗，关注患者的心理需求。医生在运用中医心理护理技术时需要为患者提供情感支持、认知引导和行为调整等方面的帮助，以促进患者的康复。

中医心理护理技术的特点

整体性

中医心理护理技术与中医心理治疗技术都是经过长期实践演变而来的。说到治疗方法上的特点，一是关注人自身的变化和人周围的环境；强调身心的统一，并认为人的身体和心灵是不可分割的整体，包括生理和心理活动的统一与协调，即身心合一；二是通过调节患者的心理状态，促进患者的气血流畅与身心和谐，达到促进患者康复和保持健康的目的；三是注重治疗方法的整合，将针药治疗与心理治疗进行有机结合运用，如情绪疏导、草药调理、针灸、按摩、推拿等，灵活应用于护理实践中。中医心理护理技术通过调整患者的情绪、疏通经络、调节气血等方法达到心理治疗的效果。

独特性

中医心理护理技术的独特性体现在两个方面：一是侧重于个体化护理，根据患者的病情、个性特点和心理需求，制订相应的护理计划，将患者视为整体，考虑到其体质和生活习惯等，提供量身定制的心理护理方案，能够更好地满足患者的需求；二是基于中医理论，包括阴阳五行理论、气血理论等，通过应用中医的整体观念和辨证施治法，主要对个体的心理问题进行综合分析和干预。

医患关系

医患关系对患者的治疗发挥着重要作用。良好的医患关系具有优化治疗效果，增强患者的依从性以及增强患者对治疗的积极性和信心等重要作用。不同的中医古籍也都提到了医患关系的重要性。医生只有具备了良好的专业素养与道德品质，从多方面、多视角了解患者的病情，同时掌握必要的治疗技术，才能被视为一名合格的中医。而患者也要通过配合医生让病情有所好转。

方法概述

社会心理服务工作者在运用中医心理护理技术时，需要在基本护理中融入中医心理学理论和技术。这种技术要求将护理的重点从"疾病"转移到"患者"身上，关注患者的心理健康，并尊重他们。具体方法包括运用温和的语言、轻柔的动作，提供关怀和鼓励等，帮助患者减轻顾虑和烦恼，缓解或消除由此产生的负面情绪，以及相关的身体症状，使患者在最佳的心理状态下接受康复治疗和护理。具体方法包括语言开导法、情志相胜法、暗示疗法等。社会心理服务工作者在实际工作过程中可根据患者的心理状态采用合适的中医心理护理技术辅助治疗。部分常用的护理方法如下所示。

语言开导法

语言开导法也称为"舒神开心法"，是指在取得患者的信任后，使其将自己的疑虑都说出来，再对这些问题进行解释与说明，必要时进行适当的辩驳，从而让患者心情舒畅，缓解压力，改变以往的负面认知与想法，从而促使患者更健康积极地生活。语言开导法旨在通过用语言缓解患者的心理困扰和负面情绪，能帮助患者减轻焦虑、恐惧和压力，增强心理抵抗力，提升心理健康水平。社会心理服务工作者在运用过程中需要与患者建立良好的信任关系，注重倾听和理解，用积极的语言传递关怀与支持。

情志相胜法

情志相胜法也称为"情志疗法"是中医中的一种治疗方法，指通过调节情绪和情感，为治疗疾病提供有益的影响，具体方案包括思疗、喜疗、怒疗、悲疗和恐疗五种。根据中医理论，情志与人体各个器官、脏腑功能密切相关，不同的情绪状态会对个体的身体健康产生积极或消极的影响。情志相胜法强调通过调节情志，使正常的情感和情绪在适当的范围内流动和转化，以达到平衡身心的目的。需要注意的是，情志相胜法是一种综合性的心理护理方法，对不同个体和不同情况的效果可能有差异。因此，社会心理服务工作者需根据具体情况进行个体化的评估和选择合适的方法，以确保技术的有效性和安全性。例如，过于担心自己的病情，害怕此次生病影响到自己以后生活的患者中年患者，可根据"思胜恐"原理，引导患者理智地了解自己的病情，从而消除患者的恐惧感。

暗示疗法

暗示疗法是一种心理治疗方法，指利用语言、动作或器械等媒介，使患者潜移默化地受到积极的影响，以消除其心理压力与负担，缓解症状的方法。暗示可以使治疗师通过直接或间接的方式将积极想法传达给个体，以引发个体积极的认知和情绪变化，促进个体心理健康和行为改变。暗示疗法的基本原理是个体对外部的暗示信息做出反应，并将其内化为真实的经验和信念。这种暗示可以来自治疗师、医护人员或周围环境的语言、行为、氛围等，甚至可以通过音频、视频和文字等媒介进行。在暗示疗法中，治疗师会利用暗示性语言和技巧，引导个体集中注意力或进入深度放松状态，使其更容易接受暗示信息。暗示疗法常用于改变不健康的思维模式、消除负面情绪、增强自信和积极态度等方面。它既可以用于治疗如焦虑障碍、抑郁障碍、睡眠障碍、恐怖症等精神障碍，也可以帮助个体实现戒烟、减肥等日常目标。将中医学理论与暗示疗法相结合的疗法具有独特的文化优势，较易被患者接受，也能达到事半功倍的效果。

案例解析

对于该技术的应用，此处以卒中后中医心理护理为例。医生在护理卒中后患者时，要十分关注患者的情绪变化和心理健康，同时康复护理也十分重要，好的护理可以极大改善患者的治疗效果，并可预防多种卒中后疾病的发生。

患者张某，男，74岁，自卒中后整日沉默，被动接受喂饭，需他人帮忙才能活动四肢，每日只望着窗外发呆，对家属和医护人员态度冷淡。张某日前接受的每日护理内容包括对患者的肢体功能恢复、语言训练以及自理能力训练等。接受过系统护理培训的社会心理服务工作者在观察到此种情况后，决定使用中医心理护理技术。首先社会心理服务工作者需要从患者家属那里充分了解患者的性格特点、兴趣爱好、人际交往情况及可能存在的烦恼等，并在后续的护理中主动与其搭话，从患者曾经感兴趣或认为有意义的经历说起，等患者给予回应后就可以鼓励患者多与自己或其家属聊聊天。此外，社会工作者提供护理时应敏锐地觉察患者的进步和变化，并及时给予反馈和鼓励。社会工作者与患者聊天时要有耐心，应使患者感到被关怀和理解，适时用温和的语言开导患者，指出困扰患者的本质问题并帮助其走出困境。如果患者难以摆脱负面情绪，则可用别的患者感兴趣又容易做到的事情来转移患者的注意力，等到患者对自己充满信任，愿意敞开心扉时，则可以进一步鼓励其和家属、周围的病友交流。中医心理护理的特殊价值在于培养患者乐观、自信和积极的生活态度，增强他们对抗疾病的勇气和信心，以促进其早日康复。这种心理疗法需要护理人员进行长期充满耐心的教育和指导，使患者能更好地应对病情。

现有实践的局限性与未来展望

中医心理护理技术目前暂未形成规范化体系，无论是在概念还是具体执行方面都亟待完善。尽管中医心理护理技术在实践中得到了广泛应用，但与西方心理学领域的技术和方法相比，前者的科学论证和研究还相对较少，可操作性较弱，学界独特性不明显，缺少系统的临床试验。中医心理护理技术需要由经过专业培训和具备相关知识技能的护理人员或社会工作者提供专业指导并协助实施。然而，目前中医心理护理领域的专业培训和认证体系还不够完善，从业人员的素质和水平参差不齐，因此可能会影响技术的应用效果。随着医学的不断发展，心理因素在健康和疾病中的作用逐渐受到重视。尽管中医心理护理技术存在局限性，但它仍然是一种重要的心理护理方法。

在实践中，护理人员需要结合患者的具体情况和需求，综合运用不同的心理护理技术，以优化治疗效果。同时，专业人员应不断加强对中医心理护理技术的研究和验证，优化培训效果。未来应发展和完善中医心理护理技术的理论体系和临床实践，重视其在临床中的应用，将中医心理护理技术应用于基层社区，为建立健全基层社区（农村）社会心理服务体系添砖加瓦。

⊃ 中医心理咨询与治疗技术

本节将介绍中医心理咨询与治疗技术。该技术最早由古代的祝由术发展而来，并在 1985 年由王米渠教授正式提出，其核心概念是运用中医心理相关知识，通过运用心理暗示的方法对患者产生影响，从而达到治愈疾病的目的。它具有简单易懂、本土适宜、影响深远的特点，通常用于解决心理问题或由心理问题引起的相关疾病。中医心理咨询与治疗技术融合了中医形神合一论、五脏情志论、人格体质论等，理论充实，内涵丰富。社会心理服务工作者既可以在临床中运用中医心理咨询与治疗技术帮助群众改善心理问题和心理状态，也可以在科普宣教工作中，结合更易于理解民众的中医心理知识，有效提升民众的心理健康意识，促使民众积极主动地参与社会心理服务并从中受益。

理论简述

中医心理咨询与治疗技术源于中医学，是中医学的重要组成部分。中医学植根于中华民族上下五千年文化的沃土，深受中国古代哲学思想的影响，强调人本观、整体观和系统观，尤其强调人与自然和谐统一的"形神一体，天人合一"的观念。在漫漫历史中，中医学通过为无数普通百姓防治疾病，积累了丰富的临床经验，并逐渐发展壮大起来，成了我国古代医学的重要组成部分，而这一过程中就充分蕴含了中医心理学思想，中医心理治疗技术也成了具有中医学特色的心理治疗手段。

中医心理咨询与治疗技术在春秋战国时期初步成形，《黄帝内经》中记载了许多有关中医心理咨询与治疗的知识，如阴阳五行人格理论、五脏化五志理论、心主神明理论、气与情志理论等。书中对这些理论进行了充分阐释，并在心理病机、心理诊断、心理治疗、心理卫生、养生调护等方面进行了详细介绍；三国时期，中医心理学思想进一步得到发展。华佗就十分注重治病时患者的心理状态，并能给予相应的治疗方案，他通过观察动物的行为创立了五禽戏，以帮助民众强身健体，养生调神；到了东汉末年，张仲景所著的《伤寒杂病论》和《金匮要略》，将"内因"中的情志因素当作病因中的重要组成部分，为中医心理学思想注入了新的血液，书中记载的百合病、梅核气、脏躁、奔豚、不寐等疾病都属于现代心理问题的范畴，而治疗方法在书中也都有完整的描述，其中不乏一些疾病的心理治疗和后续调护要点。

宋金元时期，中医心理学得到飞速发展，陈无铎提出"内伤七情"致病学说，即"喜怒忧思悲恐惊"七种过激情绪会导致人体患上各种疾病，在治疗时如果能针对七情病因进行相应的治疗会取得更好的疗效。元代朱丹溪则针对情志病提出三方面的养护方法，即合理发泄情绪，尽量减少思虑。这也成为指导后世的调护原则。到了清代，中医心理学的发展更上一层楼，尤其是叶天士提出的"移情易性"的方法，即在治疗情志病时可以用语言使患者的注意力转向别处，或者改变其周围环境，使其脱离原来的不良刺激因素，或者改变患者内心的焦虑状态，使其从某种情感纠葛中解脱出来，并助其将注意力转移到其他人或事物上。这种用情志疗法治疗相关情志疾病的方法，为后世中医心理咨询与治疗技术的发展和临床应用提供了坚实的理论基础。

中医心理咨询与治疗技术的核心概念是通过运用中医心理咨询的方法，使患者调节心理状态和情绪，最终达到恬淡虚无、精神内守的境界，也就是我们现在所说的心理健康状态。而中医心理治疗的方法主要包括中医情志疗法、中医认知疗法和中医行为疗法等。中医心理咨询与治疗技术主要针对的是易有情绪问题或因情绪问题产生各种躯体化症状的人群。这些人群通过接受中医心理咨询治疗，可以纠正不合理信念和自动化思维，从而在日后的生活中保持正确看待世界的方式和思维模式，以达到治疗心理问题的目的。中医心理咨询和治疗技术植根于我国优秀传统文化中的哲学思想，有五千年的文化底蕴，早已广泛运用于生活中，如民谚、俗语、寓言故事等。这些其实都是中医心理咨询治疗的一部分，其在原有心理咨询的基础上融合了中医基础理论知识和古代哲学思想，具有简单易懂、本土适宜、影响深远的特点，在实施治疗时更易被国人接受和理解，从而产生更明显的治疗效果。

方法概述

中医心理咨询与治疗技术主要包括中医情志疗法、中医认知疗法和中医行为疗法，多用于情绪引发疾病的情况，具体介绍如下所示。

中医情志疗法主要包括情志相胜疗法和利用特定情绪治疗心理因素引发疾病的方法。情志相胜疗法体现了中医辨证论治的特点，根据情志之间相互影响的辩证关系，将身心关系在治疗中统一起来。研究表明，不同的情绪对人体的影响各不相同，如"怒伤肝、喜伤心、思伤脾、忧伤肺……恐伤肾"。中医将情绪与身体各部分功能系统一一对应，并根据系统间相生相克的关系，发展出利用一种或多种情绪增强或制约另外一种或多种情绪的心理疗法。中医心理疗法并不认为某一种情绪一定是消极的，关键是要适度，通过情志疗法平衡制约当事人的情志，如同烹饪菜肴，火太旺了要多加水、少添柴，火太弱了则要多添柴、多扇风。巧妙地运用中医千年来的智慧，将身心视作完整的系统，运用个体内在的调和能力从根源上消除疾病。

中医认知疗法包括开导劝慰法和以理遣情法，在治疗抑郁障碍、焦虑障碍、躯体形式障碍等方面有较好的效果。开导劝慰法即治疗师根据服务对象的性格特点、问题类型等，选择合适的谈话方式，让服务对象在温暖、包容的氛围中认识到使自己产生心理问题的原因，并在与治疗师沟通的过程中调整过去的不合理认知。以理遣情法与开导劝慰法相似，都是通过谈话进行治疗，区别在于以理遣情法更适合在服务对象有强烈情绪尤其是服务对象有愤怒的情绪和过激的行为时使用。这时治疗师需要帮助服务对象厘清情绪背后隐藏的意念和需求，让其认识到情绪情感可以由理智控制，同时教授服务对象一些控制、疏导情绪的方法，以达到治疗或预防身心疾病的目的。与传统的认知疗法相比，中医心理咨询与治疗技术在其中融入了中国古代哲学思想和内容，并且咨询、治疗的形式和内容多种多样，并不拘泥于一种。佛学中有个词叫作"顿悟"，就是指人在听到一句话、看到一个东西或经历一件事情后瞬间领悟到了真理，从而解决了一直困扰自己的问题。古代民间故事中就有许多对名人经"顿悟"后从此洗心革面，最终成就一番事业、名留青史的记载，如李白的"铁杵磨成针"、韩信的"胯下之辱"等。与西方的心理咨询方法相比，传统中医心理咨询和治疗方法因通俗易懂、形象生动的形式和内容更易被服务对象深刻理解，所以能取得更显著的疗效。

与西方行为主义强调理论指导相比，中医行为疗法具有鲜明的本土化特色，在治疗中融入了许多中医实践中的宝贵经验，并根据个体的行为习惯和群体特点对其不断创新。具体方法主要包括模仿法（主要用于儿童的集体治疗，根据儿童善于模仿成年人的特点，通过榜样的正确示范，让儿童习得适应性行为）、冲击疗法（与现代行为治疗中的满灌疗法相似，通过呈现出让服务对象感到极端恐惧的场景，使其恐惧情绪达到顶峰，从而治疗服务对象的方法。治疗师需谨慎使用该方法，它对承受能力较弱的服务对象容易造成心理创伤）、课业疗法（通过让服务对象参加具有疗愈作用的活动，循序渐进地治疗心理疾病的方法）和消愁愉悦法（通过从事一些放松身心、陶冶情操的活动，帮助服务对象调节消极情绪、恢复心理健康的治疗方法，如音乐悦心、书法育心、运动健心等）。

上述方法在实际对服务对象进行心理咨询时都呈现出了良好的效果。我们在开展心理咨询和治疗时应以通俗易懂、生动形象又富含深意的语言对服务对象进行开导和劝慰，可以采用打比方和举例子的形式，便于服务对象理解和体会，也可以同时为服务对象布置课后的家庭作业，结合中医心理行为治疗共同对抗疾病，以期获得显著的疗效。

案例解析

服务对象：我的心情很差，高兴不起来，做什么都没劲儿。

治疗师：有什么原因吗？

服务对象：因为我的工作让我很烦躁，我没办法在工作中开心起来。

治疗师：您方便告诉我您的工作内容吗？

服务对象：我是在养老院做护工的，我照顾的老人脾气都很古怪，经常为一点事情冲我大发雷霆，平常对我也总是不满意，经常挑我的刺，我承受着他们的无名怒火，所以我根本没有办法做到对他们态度温和，我不发脾气就算不错了。

治疗师：这样啊，这种情况确实会让人有些郁闷，您每天的工作时间大概多长呀？

服务对象：我从早到晚都要上班，一周上五天休息两天。

治疗师：那除了上班之外，休息的那两天您都会做什么？

服务对象：我就在屋里躺着，没心思干别的，也不想出去，一想起来就委屈，有时候就会委屈地哭。

治疗师：嗯，我很能理解您的委屈。

服务对象：人都会将心比心，你说他对我态度那么差，我对他又怎么可能有好脸色，不是我想不开，是碰见这种事情，遇见这种人，没办法想得开。

治疗师：您觉得您没办法开心起来，是因为他们对您态度太差是吗？

服务对象：对啊，这不由我，我没办法。

治疗师：您现在能对我微笑吗？

服务对象：微笑？

治疗师：对，就是嘴角向上的微笑。

服务对象：（勉强露出微笑，但对这种行为非常疑惑）

治疗师：您看，其实您是可以做出任何表情的，即便是在现在这种您完全不想微笑的情况下，您也可以微笑，那是不是也代表着，无论外界的环境是什么样的，您的态度都可以由自己决定，对吗？

服务对象：（深思后表示认同）确实，我的态度和心情并不一定完全取决于我遭受了什么，而是可以为我所控制。

治疗师：对的，因为我们是具有智慧的高级生物，我们和其他动物比起来的优点就是我们有更多改变自然和环境的能力。就如同一棵长在石头缝里的小草，它周围的环境很不好，根本不利于生长，它可以认为自己没有办法解决这个问题，从而放弃生长，也可以选择破岩而出，最终长成参天大树。即便我们改变不了环境，我们也可以改变自己的心态，使自己以一种更健康、平和的心态面对世界。

服务对象：您说得很有道理，我想这对我是有帮助的，那我还能做点什么让自己开心起来呢？

治疗师：您之前都有哪些爱好呢？

服务对象：之前我就愿意跟小姐妹们聊聊天、一起去广场跳跳舞，现在我已经好多天没有去了，她们都对我有意见了。

治疗师：那您和姐妹们聊天、跳舞的时候有什么感觉呢？

服务对象：就是非常放松，感觉心里完全不用想事情，跳完舞心情也是很愉悦的。

治疗师：那您现在想象一下您和姐妹们聊天、跳舞的场面，体会一下那种快乐的感觉。

服务对象：（闭眼想象）

治疗师：现在有没有感觉心情比刚开始好一点呢？

服务对象：嗯，确实好一点了。

治疗师：您在郁闷的时候也可以多想象一下自己心情很好时的感觉，这样对您的情绪也是有帮助的。

服务对象：好的，那我还能做点什么呢？

治疗师：下次您的姐妹们再叫您出去跳舞的时候，您就跟着一起去，适当的运动对心情也是很有好处的，或者您也可以白天多出去晒晒太阳，跟着大爷、阿姨一起晨练，比如打太极拳等，您有空了也可以跟着视频做冥想，练习一下自己对呼吸、身体、情绪等方面的控制力。

服务对象：好的，谢谢您医生，我现在感觉好多了，也许下次我能以更平和的态度面对我的工作。

治疗师：好的，不客气，相信您会慢慢好起来的。

在以上这个案例中，服务对象因工作变得抑郁，并且陷入了无助状态，服务对象认为自己没有办法改变这一情况，所以十分沮丧。医生采用了举例子和打比方的开导劝慰法帮助服务对象认识到自己的心情和态度其实完全是由自己决定的，只要我们愿意，我们可以用任何态度面对这个世界，从而改变了服务对象的不合理信念。通过通俗易懂的表达，让服务对象通过想象快乐的感觉而改善抑郁的心情，这就是中医情志相胜疗法的"喜胜悲"，即引动服务对象的"喜"情绪，克制服务对象的"悲"情绪，从而达到治疗的目标。最后，医生让服务对象每天保持适度交际和运动（打太极），这则是运用了中医心理行为治疗，将情绪、认知、行为治疗三者巧妙结合，能显著增强干预的有效性。

涉及的职业伦理和原则问题

社会心理服务工作者在运用中医心理干预技术时要注意以下这些伦理原则问题。

1. **善行**：治疗师需从服务对象的个人福祉出发，选择合适的治疗方法，帮助服务对象解决问题，认识自己，增强幸福感。

2. **责任**：服务对象主动前来寻求治疗，代表其信任治疗师。因此治疗师应认真、负责、专业地对服务对象进行治疗。

3. **诚信**：不能夸大治疗效果，不能乱搞封建迷信，应运用科学且有效的手段进行咨询和治疗。当发现自己的能力有限，无法帮助服务对象时，应及时为其安排转介。

4. **尊重**：既要尊重每位服务对象的生命，也要尊重每位服务对象的个性、习惯、身份，不因自己的个人喜好而对服务对象存有偏见。

现有实践的局限性和展望

目前中医心理咨询和治疗技术还在规范的过程中，尚缺乏一套和西方认知行为治疗法类似的中医心理治疗和评价体系，故而在临床施治时缺少指南和规范。这种情况易导致中医心理咨询千人千样，没有统一的标准，最终疗效也有很大的差异。相关研究者需逐步完善相关内容，从而发展出经专家认可的、规范化的、可行性较高的、疗效明显的中医心理咨询和治疗技术。未来此技术可广泛应用于社区和基层，使每个社区都配有中医心理咨询师，从而及时且有效地解决民众的心理问题，维护社会心理健康。

第四章

社会工作理论与方法在社会心理服务中的应用

4

　　近几十年来，中国社会发生了巨大的变迁，伴随着诸多社会问题的产生，我国的社会工作也应运而生。随着中国社会工作专业化、职业化和制度化进程的进一步加快，越来越多的社会工作者能为人民群众解答社会心理服务困惑并提供专业服务和建议，他们正在成为建设社会心理服务体系与实现社会和谐的重要专业力量。

　　本章内容将主要介绍社会工作可以运用于社会心理服务中的理论知识和技术方法，以社会工作的理论基础和社会工作在实务工作中的三大方法为主，从理论和实践两个角度阐述社会工作的内涵与重要性。了解社会工作的基础理论与伦理原则，能使读者形成对社会工作的基础认知。本章将介绍的社会工作三大方法将帮助读者从不同视角看待社会工作实践，提高读者解决问题的综合能力。

第一节　社会工作基础

　　社会工作是协助人们恢复和发展社会功能的助人专业，核心理念是"助人自助"，社会工作者站在"人"的角度思考和处理问题，不仅要给案主链接物质支持，而且要给他们提供精神方面的帮助，运用专业的方法和技巧帮助他们发挥自身潜能，从而达成实现自我价值的目标。社会工作是指在特定的社会福利框架下进行的助人活动，该框架包括社会政策、法律和规章制度等方面，旨在为弱势群体提供必要的福利与支持。广义的社会工作是指政府和社会团体运用科学的方法，协助人们解决生活中的困难，满足个体的基本物质和精神需求，维护社会稳定的一种工作实践。狭义的社会工作则是指一项专业化的工作，主要涉及对特定群体进行干预和提供支持。社会工作专业人员在个体、家庭、社区和社会层面发挥着重要作用，能促进社会公正和人的全面发展。

⊃ 社会工作基本原则

　　随着我国现代化进程的加快和市场经济的发展，传统人际交往中的信任关系正悄然发生着变化。人与人的关系却逐渐变得疏远，当今社会存在着各种各样的危机和困境，人们面对困境时必须寻求与以往不同的途径，这一时代性特征促进了社会工作的发展。社会工作者在开展工作时需遵守相关基本原则，这与心理学的原则相似。这些原则强调对人的尊重和公正，旨在提供高质量的服务。社会工作者处在主动地位，需用温和态度与服务对象建立关系，同时需保持专业边界。社会工作者只有秉持助人自助理念和遵守基本原则，才能有效帮助服务对象解决问题。社会工作者开展社会工作时应遵循的基本原则具体如下所示。

自决原则

自决是指案主有权利和能力自主地做出决策，独立地控制自己的行动和选择。如果为案主提供过多外部帮助，有可能会使他们产生依赖心理，从而不利于案主自身潜能的发挥。社会工作者需要始终相信案主有自主做出决定的能力，并充分尊重他们的自决权，帮助案主分析问题的成因且为他们链接相关的信息和资源，使案主能独立地做出决策。同时，社会工作者应在实务过程中避免家长作风，防止以一种居高临下的姿态影响案主的选择与决定。

作为社会工作的一项重要原则，自决原则不仅保障了案主的正当权益，而且能激发案主的潜能，充分体现了对个人价值和自主性的尊重，积极支持个体实现自我发展。在众多基本原则中，"自决"非常重要且十分复杂，在实践中也可能引起许多困扰和争议。社会工作者由于一方面需要保持对案主做出选择时不加干预的态度，另一方面又要帮助他们找到解决问题的方法，因此有时会陷入两难境地，不知该如何抉择。不为案主做决定并不是让社会工作者袖手旁观，而是为他们创造解决问题的条件。因此，有学者指出案主自决并不意味着社会工作者在服务过程中不能针对案主遇到的问题提出建议，相反，社会工作者将自身拥有的学识、经验和意见作为一种补充信息，可以更好地为案主服务，而不是在社会工作者的专业权威下促使他们做出最终决定。

贯彻自决原则时应注意以下几点。

1. 尊重个体价值观和选择权。社会工作的核心是尊重个体的价值观和选择权。在实施自决原则时，社会工作者应尊重案主的价值观、信仰体系和生活方式，充分认可案主的个人选择。

2. 提供信息和知情同意。案主在作出决策之前需要了解相关信息。社会工作者应向案主提供相关的信息，包括可能的选择、风险和后果，以便案主能做出有利的决策。社会工作者应确保案主的决策是在明确知情的基础上做出的，并取得案主的知情同意。

3. 提供支持和辅助。案主在决策过程中可能会面临各种挑战和困难。此时，社会工作者应提供支持和辅助，帮助案主理清思路、评估各种选择，使案主做出符合自身利益和价值观的决策。

4. 多重利益多方考虑。社会工作者在贯彻自决原则的同时要考虑自己的职业责任和道德规范，帮助案主获得最佳利益。

5. 多元文化敏感性。社会工作者应保持多元文化敏感性，尊重和理解不同文化价值观和信仰对决策的影响，并倡导跨文化沟通和理解。例如，在社区工作中，在存在问题的社区开展社会心理服务工作时，社会工作者让居民自己做出选择和决定是十分重要的。社会工作者不能确定自己的判断能否得到每位居民的接纳，而社区居民又可以拒绝工作者的帮助，所以社会工作者不能以自己的价值观左右社区居民的选择。若想真正实现自决原则就必须要求社会工作者与居民一起切合实际地讨论现有的问题，对问题进行客观分析后，再交由社区居民做出决定。

个别化原则

个别化又叫"个性化"，它强调每个人在心理特点、生活方式、过往经历等方面具有的独立性和独特性。个别化表现在各个方面，如言行举止、外表特征、情感状况、职业选择、兴趣爱好、个人信仰等等。社会工作者要主动探寻案主的主观世界，尽可能了解他们的人生发展轨迹，关注他们的差异和个性，重视他们对待问题的态度和看法，将他们看成独立的可以实现自我价值的个体。即使不同案主的情况类似，社会工作者也不应使用相同的策略应对问题，在个别化原则的指导下，必须将案主视作独特的个体，但是不能随意给案主贴标签。一旦给个体贴上了某种标签，环境就会将其视为该标签代表的类型的人，这可能不利于案主的个人成长和发展。

实施个别化原则时应注意以下两点。

第一，关注个体的独特性。每一个个体都是独特的，这不仅体现于生理特征、外貌特征等方面的物理差别，也体现于心理、性格等方面的心理差异。

第二，不仅应该认识到案主的独特性，而且应该认识到案主问题的独特性。首先，案主的独特性说明每个人的背景、经历和环境都不同，因此他们所面临的问题也会有所不同。其次，即使是同一个案主，在不同时期和不同发展阶段所面临的问题也不同。最后，社会工作服务对象的独特性决定了案主的问题具有差异性。

例如，当社会工作者在为老年人开展心理服务时，社会工作者不能像许多普通人一样给他们贴上像是"固执""保守"的标签。因为实际上每个人的情况都不同，很多老年人的思想也是相当开明的。所以，社会工作者在服务的过程中要考虑到他们的具体情况和需求，不能想当然地提供服务。

接纳原则

接纳原则，简单说就是不歧视、无偏见，是指社会工作者在服务过程中视案主为重要伙伴，真诚接纳服务对象的个体差异，不因案主的性别、年龄、职业、收入、生活习惯等对他们产生任何偏见和歧视。社会工作者要认真倾听并积极鼓励案主将真实想法和感受表达出来，设身处地地考虑他们的需求，这样的态度可以使案主感到被尊重，从而使其充满解决问题的信心。接纳不是单纯的专业技巧，社会工作者应当将接纳视为一种发自内心的道德实践。接纳的主要对象是案主这一个体，而不是案主的所作所为。

案主只有在感到社会工作者完全接纳自己的态度时，才会逐渐放松，这样更有利于其主动和社会工作者分享个人经验与内在情绪。因为案主刚接触社会工作者时往往是敏感且带有一定戒备心的，他们往往很担心社会工作者把他看作有问题的人。例如，案主知道当人们发现自己曾经有过欺骗的行为时就会批评他，所以担心社会工作者也会对他"贴标签"。由于部分案主是非自愿接受帮助的，因此在建立专业关系时，他们很容易做出敏感的反应。面对这一类案主时，社会工作者应当逐步接近案主，引导案主打开心扉，大胆表露内心世界的真实想法，这有利于社会工作者了解他们的困境，协助他们寻求解决问题的办法。接纳并不意味着完全赞同案主的行为或价值观，社会工作者也有自己的行为观念和价值准则，因此接纳原则可能是实践过程中最具挑战性和最容易引起伦理困扰的原则之一。社会工作者需要在维护自己的专业价值观的同时，避免对服务对象进行评判，这是一个需要时常面对的挑战，社会工作者必须谨慎处理。例如，案主是一个已婚男性，因为性骚扰他人而被家人送来接受心理辅导，这可能会让一名女性社会工作者产生负面的感受，因为很多人都会对这种情况感到愤怒。但是社会工作者应该尝试忽略这些行为本身，把案主当作一个处在困境中的人看待，揭下贴在其身上的标签，从而帮助其做出改变。

非批判原则

非批判是指社会工作者不评判是非对错，对服务对象可能存在的片面或错误的价值观和行为不予以指责和评判。因为案主曾经的生活经验可能会使他在面对批评时持一种对抗态度，也可能会出现紧张情绪，进而影响其自由表达。社会工作者可以同案主分享个人见解，也可以提供一些解决问题的意见。然而，社会工作者不能以直接或间接的方式强迫案主接受自己提出的意见，应该尊重案主的意愿和选择。社会工作者要保持价值中立，尽力理解案主行为背后的动机，帮助案主发现自身的真实需求，激发他们的内在潜能。

作为社会工作者，非批判原则不代表对案主的偏差行为表示赞同，社会工作者与普通人一样拥有自己的价值观。然而，社会工作者必须认识到自己的责任，不能强迫案主接受自己的想法和观点，让案主放松心态，才能建立良好的专业关系，帮助案主修正偏差行为。例如，如果案主是一个有宗教信仰的人，社会工作者不批判不代表认同案主的宗教观念。但是如果案主存在明显错误的、违背普遍价值观的认知，适当的批判会更有利于社会工作的顺利进行。

保密原则

保密原则是指社会工作者不向任何第三方泄露案主的个人信息及私密事项。保密主要基于案主对社会工作者的信任，在此前提下，案主才能放心大胆地向社会工作者述说自身最真实的经历与感受。在社会工作实践中，保密原则被广泛应用，以保护案主的个人隐私和权益。然而，我们也必须认识到，保密并不是绝对的，在某些情况下，为了更好地服务个体或社会群体，必须充分考虑保密原则的相对性。例如，社会工作者在帮助青少年处理心理问题时，可能会接触一些他们不愿向其他人透露的隐私问题。按照社会工作的保密原则，社会工作者应对这些信息保密，但是不少社会工作者会遇到被案主家属施压的情况。因为他们作为监护人，对孩子的情况有一定知情权。因此，许多家长会要求社会工作者将双方谈话内容告知他们，这时社会工作者就会陷入困境。

为了尽可能减少保密原则可能发生的冲突给社会工作者造成的困境，人们设定了保密例外的特殊情况，如威胁到生命、受到侵害和虐待，或者出现违反法律规定的行为等。在下列情况下，社会工作者可以自主决定是否披露案主的相关资料和信息。

1. **合法授权**。当受到案主明确地合法授权时，社会工作者可以披露服务对象的资料和信息。在这种情况下，社会工作者应确保披露的资料和信息仅限于必要的范围。

2. **要求作证或遭到起诉**。法院要求社会工作者或服务对象出庭作证或起诉，具体包括法律要求、法庭传票或其他适用的法律程序，社会工作者需要按照法律和相关规定进行处理。

3. **自我危险**。当服务对象做出自我伤害或自杀行为时，社会工作者可能需要披露相关信息，以便进行紧急干预。这旨在确保服务对象得到必要的协助和保护，以减少潜在的危险。

4. **危及他人安全**。当社会工作者或案主身边的其他人受到案主威胁，可能受到伤害时，社会工作者需要披露相关资料和信息，制止或预防案主的行为以确保相关人员的安全，尤其是在发现儿童受到虐待、忽视或其他形式的侵害时，应当向儿童保护机构提供有关信息。

在服务过程中，社会工作者要严格遵守以上几个原则才能成功地建立起专业关系，更好地帮助案主解决问题。

⊃ 社会工作理论

社会工作理论是指用于指导和支持社会工作者实践的一系列概念、原则和框架。它们提供了对社会工作实践中各种问题和挑战的解释，并为社会工作者提供了行动指南和方法。社会工作理论是社会工作专业的重要研究内容，也是指导社会工作实践的重要武器，它能探明社会工作的行为与过程，揭示社会问题的本质和根源，还能建构有效的服务技巧和方法。在长期的实践过程中，社会工作者逐渐形成了系统化的知识体系。在实际工作中，社会工作者通过运用不同的理论指导分析问题，就可能会采取不同的方法来解决问题。因此，为了发挥好社会工作在社会心理服务中的作用，学习社会工作的相关理论是必不可少的，它能在归纳与分析相统一的基础上，总结社会工作的介入方法和服务经验。本节将介绍常用的社会工作理论，以便读者初步了解社会工作的理论。

精神分析理论

发展沿革

精神分析理论最早于 19 世纪由心理学家弗洛伊德提出。基于早期神经症和精神病学治疗实践，他的研究属于神经精神病学的专科研究范围。1905 年之后，他的研究进人了后期阶段，他进一步完善了早期的"本能""人格"等理论。在这一阶段，他的理论对人们面临的问题提供了更广泛的解释。随着时间的推移，他的研究逐渐深入，探讨的问题也更具普遍性和适用性，研究对象扩大到了全人类。

核心概念

根据弗洛伊德的观点，意识、前意识与潜意识是人的心理结构中的重要组成部分，它们在精神分析理论中扮演着重要的角色。他认为人的行为是由无意识动机、非理性力量及本能驱动力决定的。意识是指在任何时候都可以被觉察到的感受和想法；前意识是很容易变成意识的潜意识，也是通过思考可以觉察的部分；而潜意识包含了个体无法直接意识到的冲动、欲望、情感和记忆等内容，这些内容可能对个体的心理状态产生深远的影响。

弗洛伊德将人格分为三个层次：本我、自我和超我。本我是人与生俱来的、最原始的部分，遵循快乐原则，在人格结构的底端，直接反映生物本能，如婴儿饥饿时就会哭泣；自我是经过外界影响形成的认知系统，遵循现实原则，属于人格结构的中层，它在本我与超我之间起协调作用；超我是理想我，遵循道德原则，处于人格结构的高层，它是人们想达成的理想状态。这三部分既相互区别，又相互联系。对个体而言，只有三者和谐相处，人格才会正常发展，而当本我、自我、超我失衡或相互冲突时，人格发展将会非常困难，个体就会产生不同程度的心理困扰，人的活动就会出现问题。

此外，弗洛伊德认为，人的心理性欲发展分为多个阶段，每个阶段对原始欲望的满足方式都有所不同，并且呈现出独特的生理和心理特点。

精神分析理论在社会工作中的应用

精神分析理论对社会工作的发展至关重要。一般来说，精神分析治疗过程可以分为治疗情境的建立、治疗关系的建立和治疗性对话。社会工作者在服务开始时要秉持专业的态度，同时要以中立的态度分析问题。由于早期社会工作的案主中有很大一部分是精神疾病患者，因此源于精神疾病治疗的精神分析理论也对社会工作的发展具有直接的影响。社会工作的早期实践中都存在一些精神分析的因素，精神分析学派的心理动力理论为后续社会工作理论和实践的发展奠定了基础。同时，这一理论也使潜意识、洞察、焦虑、移情等重要概念融入了社会工作的专业术语中。

在服务过程中，案主的本我、自我、超我之间常常会产生冲突，表现为不同的心理问题和困扰。它们是由被压抑的本能形成的，因此社会工作者可以引导案主合理释放内心的压抑情绪，调整冲突双方的关系，提高自我调节的能力。社会工作者在提供服务和解决问题的过程中要尽量理解案主的想法和感受，秉持接纳的态度，时刻关注他们的反应并给予支持，这样案主才可能讲述他过去的生活经历，帮助社会工作者了解案主的成长和发展过程，分析他的人格是否健全。社会工作者再综合各方情况并依据相应的方法制订干预方案并开展工作。

人本治疗理论

发展沿革

人本治疗理论由美国心理学家卡尔·罗杰斯提出，主张个体的人性和主观体验，经历了多个发展阶段。1940 年到 1950 年，罗杰斯提出了非指导性咨询的理念，主张社会工作者应尽量避免表达个人观点，减少对案主的影响，运用专业的方法与案主建立真诚、温暖、互相尊重和信任的关系，为案主提供一种支持性的环境，帮助案主依靠自己的能力，挖掘自身内部的资源，促进自我发展。随后，罗杰斯将注意力转向社会工作者的品质，提出社会工作者应敏锐地觉察案主的感受，理解他们的主观世界，社会工作者的所作所为，包括他的态度、对自己角色的基本观念等会直接影响治疗的效果。1957 年到 1970 年，罗杰斯的研究重点开始转变，他强调在治疗过程中，案主可以产生知觉方式、人格结构、行为特征等方面的变化，这意味着社会工作者应该通过与案主合作，帮助他们深入了解自己，并促使他们发展出更真实和积极的自我。

核心概念

人本治疗理论以人为中心，强调每个个体内在的自我实现潜力，认为每个人都拥有独特的人生经历、价值观和目标，都拥有发展和成长的能力；案主被视为主动参与治疗过程的合作者，他们被赋予了自己的权利和责任，社会工作者在人本治疗理论的指导下需要帮助案主自主地解决问题。人本治疗理论的目的是帮助案主更独立地应对外界事物，其理论宗旨是协助案主成长，帮助其自主克服问题。

人本治疗理论主张，社会工作者协助案主通过探索、认识和理解自己的内在想法、感受重新梳理自我概念，探索内在世界，发现自己的真实需求和动机，从而发挥案主的自我潜能。罗杰斯指出，社会工作者在促进案主发生变化的过程中应做到以下几个方面。首先，态度保持真诚。在咨询过程中，社会工作者应呈现出一种真诚的态度，不伪装也不刻意要求自己达成某种目的，真实地表达自己的感受和观点。其次，理解案主并与案主产生共情。社会工作者应对案主经历的情感和体验产生共情，与案主建立情感上的联结。最后，社会工作者在与案主互动和为其提供服务的过程中，不应对案主的行为产生偏见或予以评判，而应给予案主"无条件的支持"，做到耐心倾听和尊重，表达关心和回应，以促进沟通和相互理解。

人本治疗理论的目标是帮助案主实现独立和整合，让案主可以按照自己的想法做事情。它非常注重案主本身，而不是案主呈现出来的问题。罗杰斯强调，人本治疗的目的不仅仅局限于问题的解决而是更注重帮助案主实现自我成长和发展，协助案主建立自我意识和自我价值，培养自我探索和自我实现的能力，从而使其具备面对未来当中的更多问题的能力。

在几十年的发展中，人本治疗理论形成了许多独特的主张与实务方法，它的鲜明特点表现在以下几个方面。

强调案主的主体性

人本治疗理论强调将人当作整体来看待。罗杰斯指出，社会工作辅导应重点关注案主的现有情况，特别是案主当前的情绪状态。社会工作者可以通过这种关注更深入地了解案主，进而探索案主内心的矛盾和冲突，同时让案主意识到自己的真实需求并逐步有所改变。在如何看待人性方面，人本治疗理论强调应以一种积极正面的态度对待人性，让案主积极主动地感知、表达、自由体验自己的各种情感变化，从而实现自我成长。

治疗效果的安全性

在人本治疗理论下，个案工作的视角发生了根本的改变，强调从案主的角度而非从解决问题的角度开展工作。与过去不同，人本治疗理论将案主视为一个独特、完整、正常的个体，并认为其有能力实现自我改变。因此，案主的个人发展成了工作的重点。罗杰斯认为，以这种理论为基础提供助人服务，可以有效地帮助当事人解决自己的问题。

学习训练的简易性

相对而言，人本治疗理论是一种易学易用的理论，它使非专业人员通过接受简单的培训即可胜任工作。其辅导技术相对简单，提倡使社会工作者运用倾听、释义、共情等非指导性的技巧，侧重于与案主建立互相信任、平等、互相尊重与合作的关系。人本治疗理论具有极强的应用性和推广性，在专业临床心理学领域、社会工作领域乃至日常生活中都具有广泛的适用性和可持续发展性。

人本治疗理论在社会工作中的应用

人本治疗理论强调人是改变一切的核心动力。在社会工作过程中，案主要摒弃对自己的非理性的看法，识别出自身思维中的冲突与混乱，用更积极、客观、健康的方式看待外部世界。治疗的目的是使案主能更欣赏当下的自己，更忠实于自己内心的想法。

在个案工作中，社会工作者的首要任务是创造一个良好的环境，让案主感到被理解和接纳，以便于案主能与社会工作者分享内心的真实感受及价值观、信仰和梦想等，这样可以帮助他们体悟内心世界，发现真正的自我。案主在接受治疗后将能主导自己的生活，不再依赖他人。具体而言，包括以下内容：社会工作者通过积极倾听，理解案主的经历、情感和心理状态，帮助案主重新审视和认识自己的内在世界；与案主密切合作，协助他们识别和制定个人目标，并帮助他们发展达到这些目标所需的技能等；教授案主问题解决技巧和策略，提升案主解决问题的能力。社会工作者通过提供支持、引导和反思等方式，帮助案主建立积极、完整的自我认知，从而促进他们的个人成长和发展。

在小组工作中，允许成员通过小组追求个人发展。小组工作的目标是建立民主互助的体系。为了帮助小组成员实现目标，社会工作者需要创造条件，鼓励成员充分表达自己的目标并努力实现它们。小组工作的形式使拥有共同目标的个体聚集在一起，创造出一个共同解决问题的环境，使小组成员在互助的过程中更深入地认识自我，达成共同目标，最终实现个体的发展。

系统理论

发展沿革

系统指的是一个有机整体，这个整体是由发挥各种功能的、彼此联系的各种要素共同组成的，这些组成部分可以是物体、个体、组织甚至是抽象的概念。系统理论将人与其生活环境也看成一个系统。梅叶将系统论和生态论结合起来，提出了生态系统理论，这一理论对社会工作实践产生了重要影响。

社会工作可以将系统概念和理论当作强大的分析工具，以综合和动态的方式理解和解决复杂的社会问题。在实践中，巴特兰菲的一般系统理论被广泛引用。按照该理论，任何有机体都可以被看作一个由多个子系统构成并形成复杂的网络的系统。这些子系统通过信息交流和相互作用实现协同合作，从而使整个系统更有效地运作。帕森斯的结构－功能分析（AGIL模型）是社会系统理论的重要内容。在这个模型中，A代表适应，即社会系统适应环境的功能；G代表目标达成，即社会系统确定最终目标的功能；I代表整合，即协调社会系统的各个组成部分，使它们达到某种程度的团结并发挥功能；L代表潜在的模式维持，即按照一定的文化规范管理整个系统，以使其正常运行下去。这些系统概念和理论可以为社会工作提供一种理论框架，帮助社会工作者分析和理解社会问题，并设计和实施相应的干预措施。社会工作者可以通过应用系统理论的思维和方法更好地理解和介入复杂的社会系统，促进个体和社区的发展。

核心概念

系统理论强调人与各个系统的相互作用，注重把人和环境看作一个整体，这些个人与环境的互动影响其健康发展。系统理论要求社会工作者不局限于案主问题的表面，寻找究竟是什么因素引发了问题。系统理论认为，社会是由各种相互关联和相互作用的部分组成的，小到个人、家庭 —— 它们是最基本的社会系统，大到邻里和整个社区 —— 提供社交支持、资源共享和社会参与等机会，均为社会系统的组成部分。如果案主出现问题，表明案主系统与其他系统之间的平衡状态受到干扰。这种干扰可能会导致系统变得不稳定、错位或失调，从而引发问题。这个问题的出现可以被视为系统内部或系统间相互作用的一种结果。为了解决问题，社会工作者需要找到干扰源并使系统恢复到平衡状态，以确保系统能稳定地运行下去。此外，问题的产生也提醒我们要关注系统的整体健康，并采取相应的措施预防或消除干扰。该理论要求社会工作者把案主所在系统相关的各部分联系起来，从各个系统间的联系审视案主问题产生的原因，并通过建立和维系不同系统间的合作与互动（包括政府机构、非营利组织等），广泛挖掘可用资源，增强社会工作的效果和影响力。系统理论强调个体和环境之间的互动关系存在问题。因此，社会工作的一项重要任务就是通过协调个人、家庭、社区等各个层次系统内部及各系统之间的关系，帮助案主恢复或改善功能。

系统理论在社会工作中的应用

系统理论要求社会工作者在助人过程中重视把握案主与其环境因素的关系，在提供服务时不能只聚焦于案主，还要考虑案主所在的系统，这样可以更准确地了解案主的问题，更好地实现社会工作助人的目标。社会工作者在为处于某个系统的案主提供服务时，可以协调其中的三个子系统为案主提供帮助。这些系统包括：

1. 正式系统，如社区组织、社团等；

2. 非正式系统，如家人、邻居等；

3. 社会系统，如学校、医院等。

社会工作者需要找出案主与其生活系统的哪些方面出了问题，或者缺乏必要资源导致案主无法使用这些系统。对此，社会工作者可以做以下工作：

1. 对案主进行一对一的个案工作，帮助案主提升能力和技能水平；

2. 通过提供心理支持、教授情绪管理技巧，以及运用鼓励和赞美等方式激发案主的内在潜能和动力等；

3. 帮助案主链接社会资源。

总之，社会工作者可以围绕系统内部及系统间的关系这两方面开展工作。系统的视角也有助于社会工作者在社区工作中思考如何开展社区社会心理服务，可以使社会工作者理解社区的不同要素是如何相互影响的，这种理解可以使社会工作者知道如何与社区建立密切关系。

优势视角理论

发展沿革

优势视角理论的探索始于美国堪萨斯大学的一项研究。该研究旨在探究个体和团体在思维和行为中持有的优势视角对其表现和结果的影响。1989年，伟克教授等学者首次提出了优势视角的概念。根据他们的观点，优势视角包含三个基本理论原则：第一，案主具备决策最佳选择的能力；第二，案主可以选择最合适的方法采取相应的行动；第三，案主个人经历和品格的独特性是个人与社会环境间相互持续影响的结果。

核心概念

优势视角理论认为，每个人天生都具备优势，案主的困境只是由于他们未发现自己身上的优势和潜在资源。优势视角理论要求社会工作者把案主及其环境中的资源和优势作为助人过程中的重点，强调社会工作者在看待个人、家庭或社群时，要透过其面临的糟糕处境、压力和创伤看到其被掩盖的能力、天赋、可能性、视野、希望和价值。当潜能被激发时，每个人都有应对困难的能力和资源。社会工作者要协助案主发现自己的潜能，助其有效利用自身优势和内外部资源，从而提升个人能力、增强社会功能，以解决现有问题。以下是优势视角理论的基本假设：

1. 每个人都拥有能力、才能和天赋；

2. 每个人都拥有成长和改变的内在潜力；

3. 生活中的挫折可能会给人们带来负面影响，但也可能促使人们成长；

4. 在成长和克服困难方面，人们有无限潜能；

5. 问题并不在于人本身，而在于发生在系统内部及系统之间的交互关系；

6. 每个人都是自己的人生专家；

7. 朋友、家人和社区是可供人们利用的巨大资源库；

8.成长就是关注一切可能的未来;

9.人们可以通过行动获得控制感和提升能力;

10.通常人们知道在克服他们所面临的挑战时,什么是有益的,什么是无益的。

优势视角在社会工作中的应用

优势视角理论要求社会工作者了解案主的经历,并帮助案主充分发掘自身、家庭、社区环境资源。社会工作者应坚持以每个个体都是平等的态度,与案主进行良好的沟通并建立良好的关系,让案主保持积极的心态。案主在与社会工作者沟通的过程中,可能会产生悲伤、焦虑,甚至是愤怒的情绪,这有助于社会工作者更准确地了解案主的境况、过往经历及案主为改善自身状况所做出的努力。社会工作者要在这一过程中向案主传达积极的信号,可以让他们讲述自己同逆境抗争的经历,从而帮助案主形成积极健康的心态。在社会工作实践中,社会工作者需要重视案主的成功经历,积极回应并鼓励他们,特别是那些以前未被注意到的经历。社会工作者可以通过这种方式帮助案主更清晰地了解自己的潜能,并激发他们改变的动力。在与案主共同工作一段时间后,社会工作者应该帮助案主巩固和强化已经发掘出来的优势。这意味着社会工作者可以引导案主进一步发展和运用他们的优势,以应对当前的挑战和未来的困境。社会工作者将与案主合作,制订并实施个性化的计划,利用已有的优势资源,促进案主的成长。这样做的目的是使案主的优势在未来的生活中得到进一步强化,这有助于案主的个人成长和增强自主解决问题能力。

第二节 社会工作实务

社会工作崇尚个人价值,以利他主义为核心,有悠久的历史。在特定的历史背景下,社会工作实务的形成与发展也经历了漫长的历程。自从 19 世纪以来,西方资产阶级工业革命催生了一系列慈善组织会社,使社会工作逐渐具备专业化和高度实践性的特征。随着社会的不断发展,个人、家庭和社会都呈现出越来越多的问题,如工作压力、家庭矛盾、社区发展等。当人们不能自主解决这些问题时,依靠专业社会工作者的帮助就成了一种重要的替代方案。

20 世纪 90 年代，社会工作领域出现了三个新的术语即微观实务、中观实务和宏观实务，这主要是根据案主系统的大小来进行区分的。具体而言，社会工作实务的三个层次的具体定义如下所示：（1）微观实务：以一对一的方式为个体提供服务；（2）中观实务：为家庭和其他小组提供服务；（3）宏观实务：着眼于社会结构和社会制度的变化，通过参与社会政策制定、开展社会福利研究、倡导社会公正与平等等方式促进社会的全面发展与进步。一般来说，对应上述三个层次的社会工作实务类型，在社会工作实务方法方面则体现为社会工作三大方法：个案工作、小组工作及社区工作。社会心理服务工作者在开展实践工作的过程中可根据服务对象的性质、特点和实际需要灵活应用上述三种社会工作者实务方法，守护个体、群体和社会的健康、平安和幸福。

⮞ 个案工作方法

个案工作在社会工作领域中扮演着至关重要的角色，是最直接和基础的服务方法之一。社会工作者通过一对一的接触能为案主提供个性化的支持和服务，以满足他们特定的需求并促进其个人的发展。个案工作的核心在于专业知识和技能的应用，社会工作者不仅关注案主当前的问题，而且重视帮助他们增强个人能力和解决问题的能力。个案工作的目标之一是为案主提供情绪支持和帮助他们调整心理状态，同时注重环境改善方面的支持和服务，从而促进其社会参与。

理论简述

发展过程

个案工作可以追溯到 17 世纪的英、美等国家。在那个时期，宗教团体积极参与人们的日常生活，为个体提供精神和心理等方面的支持，强调对穷人和弱势群体的关怀与救济，许多教会组织与传教士积极为贫困人口提供救济与帮助，政府机构也逐渐意识到贫困问题的严重性并制定政策解决这一问题，如采用个案工作的方法，通过与个人交流、收集信息，全面了解贫困人口的需求，为其提供适当的援助。在1601 年，英国政府颁布了《伊丽莎白济贫法》，这标志着英国社会工作的开端，该法案的主要目标是确立每个人在亲属救助方面的责任和义务，并要求为健全的平民提供职业培训和就业机会。此外，该法案还强调对无法工作的平民进行救济，这样的措施使社会工作开始逐渐发展起来。1843 年，美国成立了改善平民状况协会，个案工作者开始获得薪水，这开启了个案工作的职业化进程，他们的工作主要包括收集信息、给予建议、解决问题、疏导情绪、提供救济等。但该协会提供的服务具有较高的重复性且行业间缺乏合作。而 1877 年慈善组织会社的成立解决了这些问题，增强了机构间的协调性。

1917 年，玛丽·里士满基于对社会问题和个体需求的关注，研究并发展了个案工作方法，她首次对个案工作进行了理论概括和总结，形成了一套独立的指导实践的知识体系，这使个案工作真正成为一种独立的、专业化的社会工作方法。《社会诊断》一书的出版则标志着个案工作专业化、学科化的开始。个案工作是社会工作中的一种重要实践方法，这一方法主要面向个体和家庭，以社会工作者和案主面对面交流的方式展开，社会工作者需要运用专业的知识和技能，充分利用内外部资源，协助案主发挥潜力，最终达到解决问题、改善个人生活质量和实现社会福祉的目标。

个案工作方法的主要要素包括服务对象、工作方式、助人过程及科学方法。个案工作关注个体或家庭对其所处社会环境的影响，同时认为社会环境会反过来影响个体或家庭，因而个案工作方法特别强调，通过改善社会环境增强个体或家庭更好地适应社会的能力。个案工作注重培养和发掘案主走出困境的能力，使案主在走出困境的过程中提高自身克服困境的能力，从而使案主的社会功能得以增强。由此可见，个案工作不仅是一个助人的过程，而且是一个发掘案主自身潜力的过程，做到了既"授人以鱼"又"授人以渔"。

现代社会运行节奏的加快，导致现代人的心理问题愈发普遍，心理咨询也因而逐渐为社会大众所熟知。个案工作和心理咨询既有共通点，也存在一些差异。首先，两者都采用个别的方式与案主进行沟通；其次，二者也都遵循尊重、非评判、保密等原则，以保障案主的权益。二者的不同之处在于，在心理咨询中，咨询师往往会针对服务对象个人的心理层面开展工作，强调人对自我内心的探索，个案工作则鼓励案主充分运用其周围的社会资源解决问题。

目前，以社会工作机构为依托，个案工作方法被社会工作者广泛地运用于儿童、青少年、老年人、残疾人等对象人群。服务内容形式也较多样，如为有心理问题的青少年提供咨询与服务、帮助失去工作的人群重建信心，以及为身患绝症的患者提供心理疏导等。在个案工作过程中，社会工作者可以从多个层面全面介入案主的心理和生态系统中。在个体层面，帮助个体解决危机、走出困境，利用情绪疏导、认知调整等方法，帮助案主减轻心理压力，通过挖掘自我解决问题的潜能增强服务对象自我心理调节能力和抗逆力。在家庭层面，提供家庭支持服务，为成员提供教育和培训，帮助服务对象营造健康的家庭环境，建立和加强支持网络。在社会层面，社会工作者采用专业的个案工作方法向社会传达助人与服务的价值和理念，通过帮助不同个体走出困境，营造良好的社会氛围。

个案工作的模式

心理社会治疗模式

心理社会治疗模式是个案社会工作中常见的一种方法，最早出现在玛丽·里士满的《社会诊断》一书中。然而，该书并没有提供完整的理论框架。后来汉密尔顿教授进一步完善了该模式，并为该模式的后续发展奠定了基础。汉密尔顿强调了个体的生理、心理和社会因素对行为的共同影响。心理社会治疗模式关注案主的心理和社会环境，旨在帮助他们解决问题，改善行为和生活质量。该模式提供了一种综合性的问题解决方法，要求社会工作者在特定的社会环境中认识和理解案主，并通过对案主所处环境的理解，进一步把握问题。同时，该模式要求看到每个人的价值和潜能，强调人与环境的互动，重视社会工作者与案主之间的沟通，社会工作者可以通过与案主沟通，基于案主所处的环境更好地制订服务计划。

具体方法包括以下几点。第一，矫正非理性信念。如果案主的思维方式是非理性的，那么社会工作者就需要帮助案主，基于其所处的实际情况做出正确的判断和分析，从而逐渐消除非理性信念的影响。第二，提供情感支持。要推动诸如案主的父母、朋友、亲属和邻居等相关人员的理性介入，这可以间接影响案主的非理性信念。第三，树立学习榜样。社会工作者可以适当地进行自我披露，分享自己的经历和感受，以便案主从中获得启发。第四，打开案主心结。以往生活中的某些创伤或经历也许给案主带来了不良体验。社会工作者需要帮助案主勇于直面现实生活，鼓励案主将精力集中在当下的现实生活上。

心理社会治疗模式的特点如下所示。第一，在了解案主时，注重从人际交往场景中进行深入了解。例如，假设与一个 15 岁的厌学少年开展工作，社会工作者在了解相关情况时应该把他的问题与家庭成员、学校同辈群体对他的态度等这些社会因素联系起来，而不是就事论事。第二，运用综合的评估方法，确定问题的根源，从而为后续的服务介入提供有效的指导。通过综合评估，我们可以明确问题的原因，制订有针对性的干预计划，并为服务对象提供更具个性化和有效的帮助。第三，从心理、社会等多层面介入，提供综合的干预措施。这种方式能使社会工作者从不同层面对案主进行干预，以达到全面、综合地促进他们的心理社会健康和发展。社会工作者可以通过从不同层面介入，全面地关注案主的各方面需求，并提供有针对性的帮助和支持。这样的综合干预方式能更有效地促进案主的心理社会健康和发展。

理性情绪治疗模式

理性情绪疗法由艾利斯创立，也被称为 ABC 理论。艾利斯认为，个体的情绪和行为是由其对事件的认知和态度决定的，他将注意力转向个体对事件的思维过程，强调理性的思维方式能帮助个体正确地认知事物，从而培养健康的情绪；而非理性的思维方式往往会导致人们将事物想象得过于消极，并夸大其灾难性，进而产生不健康的负面情绪。该模式认为社会工作者应该帮助案主识别并调整非理性信念，以促进其情绪健康，形成积极乐观的态度。挑战非理性信念的方法可以帮助案主发展更合理的思维模式和信念，从而转变消极情绪和负面态度。社会工作者可以与案主合作，通过提供支持和指导，帮助其培养积极、真实和具有适应性的信念。这样的改变不仅可以改善案主的情绪，而且可以为他们的生活带来积极的变化。即通过转变案主的思维方式，使其情绪和行为得到调整，从而形成理性健康的生活方式，实际运用过程如下所示。

1. 明确辅导要求。首先，社会工作者需要与案主进行初步接触，了解其当前的情绪困扰和需要解决的问题。社会工作者与案主沟通后能了解该案主的具体情况，从而为后续的干预提供基础。

2. 确定当前问题。在这一步骤中，社会工作者与案主共同分析和探讨引发案主情绪困扰的具体事件或情境。社会工作者能通过深入了解案主的经历和感受，帮助案主明确其情绪困扰的来源和原因。

3. 确定认知信念。接下来，社会工作者与案主一起探索案主在特定情境中产生的想法和信念。这些想法和信念往往是情绪困扰的根源，会使个体产生消极情绪。社会工作者可以通过与案主对话，帮助其识别和表达这些想法和信念。

4. 确定非理性信念。在这一步骤中，社会工作者与案主一起分析和评估案主的想法和信念，确定其中的非理性成分。非理性信念往往是引发负面情绪和痛苦的主要原因，因此识别和理解非理性信念对情绪调节至关重要。

5. 反驳非理性信念，并建立新的理性信念。最后，社会工作者与案主一起重建理性思维和信念。在这个过程中，社会工作者通过提供合理的证据和论据，帮助案主质疑和否定非理性信念，并引导其建立新的理性信念，旨在帮助案主形成系统、积极、健康的思维方式，从而促进其情绪的改善。社会工作者会与案主深入探讨他们的信念系统，并帮助他们辨认其中不合理的或有限制性的信念。在提供替代性的合理观点和证据的过程中，社会工作者的目标是帮助案主重新评估并重建他们的信念系统，使其更符合现实情况和个体的利益。这样的理性思维和信念的重构过程，有助于案主培养系统、积极的思维方式，增强自我价值感和情绪调节能力。

在这个过程中，辩论和理性质问、角色扮演、模仿、技能训练等是主要技巧，有助于案主形成新的合乎客观事实的理念。社会工作者可以通过综合运用这些技巧为案主提供有效的支持和指导，促使其达到情绪健康和心态积极的目标。

任务中心模式

任务中心模式着重关注案主能明确承认、清晰定义并解决的问题。解决这些问题后，案主的生活也会有所改变。任务中心模式通过有针对性地解决问题，帮助案主迅速取得可见的成果和进展，以提升其生活质量。这种模式聚焦于案主的明确目标，并通过制订明确的行动计划和有效的支持策略促进案主的成长和发展。任务中心模式强调案主的主体性和主动性，并假设案主具备解决问题的能力和潜能，即使在当前的情境下案主个人能力有限。社会工作者通过为案主提供专业服务，传授案主一些好的解决问题的经验，提升案主解决问题的能力，能让案主自主面对今后可能发生的新问题。该模式还认为，高效的服务介入必须符合以下要求：一是介入时间有限；二是介入目标清晰；三是介入服务简要；四是介入过程精密；五是介入效果明显。

任务中心模式主要针对人际冲突、社会关系不和谐、角色扮演困难、社会转变问题、情绪困扰和资源不足等问题。在介入过程中，社会工作者的任务是帮助案主明确问题、设定目标，并通过引导和鼓励达到这些目标。该模式强调案主的个人优势和社会网络资源的重要性，并将社会工作者视为案主的合作伙伴，而不仅仅是倾诉对象。在任务中心模式中，社会工作者与案主合作探索他们所面临的问题，并共同制订行动计划。社会工作者倡导案主利用他们的个人资源和社会资源应对当前的困境和挑战。这种合作关系有助于案主培养自信心和主动性，进而解决问题并不断发展。

危机介入模式

美国全国救生联盟于 1906 年成立了第一家旨在帮助面临危机的个体的自杀防治中心，这标志着危机介入模式的出现。1942 年，马萨诸塞州综合医院的埃里克·林德曼及其同事提出了"危机介入"这个术语，并主要将其应用于幸存者和丧亲者心理反应与调试行为的研究中。20 世纪 60 年代以后，危机介入技术开始盛行，急难诊所、自杀防治中心、社区心理卫生中心等机构都强调在危机发生的早期介入，以防止问题变得严重。

危机是指个体遭遇挫折或经历紧张性事件时，无法解决问题从而陷入无力状态，产生紧张或其他不可控制的情绪，并由此引发一系列异常反应及行为。每个人在人生的不同时期都有可能遭遇危机，危机是正常的，而不是病态的，它的出现也是必然且随机的。现代社会中，人们面临着各种各样的心理问题，当这些问题未能得到及时解决时，就可能引发危机，如使人们产生情绪激动、精神恍惚、自残行为、自杀念头等。危机介入模式专注于解决这些危机，旨在通过迅速施加干预，帮助案主走出危机，减轻危机带来的负面影响并为其提供更好的心理健康支持。危机介入模式涵盖四个因素：突发事件或情境对个体有重要影响，包括威胁、损失和挑战等；个体出现焦虑、抑郁等消极情绪反应；处于危机中的个体心理状态脆弱，防御机制变弱，无法有效解决问题；在短时间内，处于危机中的个体要做出决策，并努力重建生活的正常状态。危机介入模式要求社会工作者与案主共同重新厘清问题，进行认知重建；探讨问题的起因，并尽快帮助案主克服危机。如果能及时高效地介入，危机通常可以在 6 至 8 周内得到缓解。

危机介入一般分为直接介入和间接介入两种方法。直接介入指的是关注处于危急状态的个体、家庭或团体，通过采取一系列行动解决问题，以帮助他们恢复到遭遇危机之前的状态，并提升他们的能力。在直接介入中，案主与社会工作者之间的互动是直接且密切的，社会工作者会直接与他们合作，为他们提供必要的支持和帮助。而间接介入主要指的是与案主联系不太密切的组织、社区或更大的社会系统的介入。在间接介入中，社会工作者会与各种社会资源进行合作，寻找并利用外部支持，以影响案主所处的社会环境和系统。

危机介入应遵循以下基本原则：（1）及时处理，危机发生时及时采取措施和行动可以控制危机并减轻其后果，避免不良影响继续扩大；（2）注入希望，社会工作者需要给予案主鼓励，帮助他们重拾希望和信心；（3）提供支持，社会工作者需要充分利用案主拥有的资源（如亲属、朋友、社区等），为案主提供必要的情感支持；（4）重建自尊，危机发生后，案主的自尊水平会明显降低，社会工作者需要了解案主对自我的认知，并协助他们重建自尊；（5）培养自主能力，增强案主的自主能力，才能使案主自主消除危机，使其可以更好地适应未来的生活。

结构家庭治疗模式

萨尔瓦多·米纽秦在20世纪60年代初根据其多年实际工作经验总结出结构家庭治疗模式。结构家庭治疗模式是一种以家庭为单位解决个体问题的方法，它强调家庭动力和家庭组织方式对个体问题的影响，并提供了多种方法来解决这些问题，其中包括家庭重组、角色扮演、家庭规则重建和边界探索等。在结构家庭治疗中，治疗师与家庭成员一起工作，旨在了解和改变家庭内部的互动模式和角色关系。该模式注重家庭的整体性，并认为家庭系统的变化可以促进个体解决问题。该模式的实施过程可以分为进入家庭、评估和介入三个连续的阶段。在进入家庭阶段，社会工作者需要与家庭成员建立良好的关系，深入了解家庭动态，以便进行后续的评估和介入。在评估阶段，社会工作者会使用不同的评估工具和方法，收集有关家庭成员的信息、家庭动力和家庭组织方式的信息，对家庭开展全面综合评估。在介入阶段，社会工作者会根据上一阶段的评估结果制订并实施治疗计划。社会工作者将通过与家庭成员合作，改变家庭成员的沟通方式、角色分配或行为模式等，从而进行更健康和更具功能性的互动。

个案工作的优势

社会工作者的个案工作方法主要侧重于个体或家庭的独特需求，通过与案主进行面对面的讨论，建立专业关系，从而更高效地解决问题。与其他方法相比，个案工作方法的问题范围较窄，所需协调的力量较少，节约了时间和精力，使社会工作者能更专注于案主，提供更优质的服务。在结构家庭治疗模式中，社会工作者聚焦于案主，所以更容易观察到案主的变化和进步，从而总结经验并不断改进工作方式。

方法概述

个案工作的基本技巧

社会工作技巧是社会工作者将知识和伦理原则转化为行动来满足社会需要的重要条件，社会工作者可视具体情况选择运用哪种个案工作的技巧。个案工作的基本技巧包括沟通技巧、会谈技巧、访视技巧。

沟通技巧

沟通是以语言、文字、肢体动作等方式传递信息、交流思想和情感的过程。社会工作者需要熟练掌握沟通技巧，以帮助不同年龄、职业、经历和个性的案主。在沟通过程中，社会工作者首先应树立尊重案主的理念，意识到人格的平等性，尊重、重视和接纳对方。只有当社会工作者充分尊重案主，并将彼此视为平等的两个主体时，才能建立良好的专业关系，提高沟通效率，从而加深对案主的了解。其次，社会工作者应培养同理心和共情能力，主动换位思考，努力理解和感受案主的情感和情绪。当案主感到被理解时，会产生积极的情感体验，进而优化沟通效果。最后，沟通技巧的培养也是非常重要的。良好的沟通需要双方具备运用语言的能力和艺术。双方的清晰表达能力和共情倾听能力是有效沟通的关键。此外，非语言表达也能传递积极的信号。例如，赞许的眼神和积极的肢体动作有助于建立良好的专业关系。社会工作者通过运用合适的沟通技巧和方法能与案主积极且有效地交流，促进问题的解决和案主的发展。

会谈技巧

会谈是一种重要的沟通工具，指社会工作者与案主间的面对面交流，旨在建立有效的工作关系、促进问题的解决，并支持案主的个人成长和发展，贯穿社会工作服务的整个过程。良好的会谈要关注环境、时间等因素。在会谈环境的设置上，对面积、色调、亮度、桌椅的配备、隐蔽性、钟表位置等都有一定要求，使案主在会谈时感到放松、舒适，便于案主打开心扉，从而让会谈达到最佳效果。

会谈开始时，首先要界定社会工作者与案主的关系。社会工作者要同案主建立起恰当的专业关系，不能过分疏离，也不能过于亲密。社会工作者可以使用开放式问题，并及时给予案主积极的反馈。在这个过程中，社会工作者应主动搜集相关信息，并运用"同理"的技巧，设身处地地理解他们的问题。在会谈过程中，社会工作者应当引领谈话聚焦于中心议题并适时使用一些技巧促使案主深入探索自己的问题，例如，通过提问引导案主进行思考，或者给予案主一些反馈和建议。在会谈中，社会工作者还要对内容进行澄清、聚焦和提炼，并在适当的时候进行自我披露。

在个案工作的会谈技巧方面，支持性技巧、引领性技巧和影响性技巧都是非常重要的。支持性技巧旨在帮助社会工作者与案主建立良好的关系，增强案主的自信心；引领性技巧是为了让案主有更明确的方向，激发其潜能；影响性技巧有助于案主改变自我、想法和情感，最终解决问题。这三种技巧各有其价值和意义，在后文中将再次详细展开讨论。

访视技巧

访视是指社会工作者走出机构去探访和案主有关的人员，从中获得更全面的、与案主有关的信息和背景资料。为了做好访视，社会工作者应注意以下几点。第一，明确访视的目的。在访视开始前，社会工作者首先明确访视的目的，可以先拟订一个访视提纲，将访视过程中需要询问案主的问题和预期达到的成效列出来，使访视具有一定的目的性，从而让访视更高效、更具条理性。第二，要做好访视的准备工作，如收集访视对象的资料、预估访视过程中可能发生的问题等。收集访视对象的信息时要尽可能详细，明确其基本需求和问题，以便在访视中能使沟通保持顺畅，也能让社会工作者更精准地开展服务，防止访视过程中有问题出现。第三，注意访视仪表。若访视对象是家庭，那么可以穿得日常一些，如果到访的是工作场所，社会工作者的着装则应该相对正式。

应用步骤

在工作正式开始前，需要拟写计划书，这可以使社会工作者充分了解即将开展任务的性质、目标等并做好充分的准备。计划书同时还起到程序设计的作用，即社会工作者通过计划书能够明确了解工作的各个步骤及其内容。当然计划书也是评估社会工作的重要内容之一。拟写计划书之后，并不意味着不会再做出任何修改和变动，它的内容是比较灵活的，可以随着工作的推进和案主的改变程度加以适当调整。一份合格的计划书或个案工作方案设计一般包括以下部分。

问题的陈述与分析

1. 陈述。罗列出需求和问题，并对问题进行排序，但社会工作者与案主对问题的排序很可能不同，这时社会工作者需要与案主共同工作，关注案主的需求，从而确定好问题的先后顺序。确定将要着手解决的问题应该满足以下三个条件：问题是实际存在的；问题是可以描述的；问题是可以通过具体措施解决的。

2. 分析。运用社会工作的理论和视角分析问题的成因，从多个角度明确产生问题的原因，以便接下来设计介入方案。

方案设计

1. 接案。社会工作者与案主初次见面时，他们需要通过收集资料和了解案主的求助意愿建立有效的工作关系。在此过程中，社会工作者需要以充满同理心、尊重和真诚的态度，遵循接纳、非评判和个别化的原则，与案主建立专业的关系。这意味着社会工作者应该展现出对案主的关注和理解，尊重他们的个人经历和背景，而不应批评或评判。社会工作者应尝试与案主进行积极的沟通，倾听他们的需求和意愿，并确保案主感到被尊重和支持。建立这种专业关系后，社会工作者将能为案主提供更有针对性的帮助和支持，进一步促进问题的解决和个人的发展。同时，要注意会谈场所的选择，即让案主在舒适、轻松的环境和状态下讲述事情的来龙去脉、明确双方角色及期待，为之后的预估工作奠定基础。

2. 预估。以当前收集到的资料为基础，从问题、人、环境三个维度进一步补充和完善资料，与案主一起分析问题的成因，确定案主的需求。根据现有的资料，先初步判定案主的问题类别，然后步步深入，有针对性地寻找问题的根源。社会工作者可以从以下这些问题入手：案主是主动还是被动求助的；案主的主要问题是什么，是怎么产生的，想要实现怎样的目标；案主的能力如何以及身边的资源是否充足？

3. 计划。社会工作者作为专业人员，承担着协助案主设定个案求助目标与计划的重要责任。社会工作者在这个过程中要注意：第一，目标对案主来说要通俗易懂，社会工作者应尽量避免使用专业和晦涩的语句，应当简洁明了地让案主明白自己的努力方向是什么；第二，目标是通过案主自身和社会工作者的努力可以达到的，这样有利于高效率地解决案主的问题。如果目标定得太高，会使案主感到无法达成而选择逃避，起到相反的作用；第三，在制定目标的过程中，双方需要进行面对面的沟通，经过充分讨论达成共识，在此过程中案主要积极参与。

社会工作介入目标分为两个层次。一是总目标，它是解决问题最后期望达到的大致方向，包括帮助案主增强自我认同感、自信心、满足感等。二是具体目标，即实现总目标过程中的一个个可行的明确目标，如协助案主处理个人情绪问题、为案主提供每周培训等。

4. 介入。主要是实施前一阶段制定的计划方案。在这一过程中，社会工作者承担着如教育者、赋能者等多重角色。介入包括社会工作者对个体、群体或社区进行干预和支持的过程，具体包括提供服务、资源引导和网络建立等。一方面，社会工作者协助案主链接其所需的诸如经济援助、教育机会、医疗服务等资源。另一方面，社会工作者会协助案主建立支持网络，包括与其他专业人士、社区组织和志愿者建立联系，以获得更多的支持和帮助。

5. 评估。个案辅导的成效、过程和满意度是评估的三个层面，分别考察辅导的实际成果、社会工作者的工作方式和策略及案主对服务的满意度。在这个过程中社会工作者既可以使用评估量表，也可以直接面对面地对案主进行访谈。评估的主要步骤包括确定评估目标和问题，设计评估方案，收集与分析数据，解读和报告结果，反思与改进等。在评估阶段还需要提前通知案主，个案工作即将结束，以便案主做好相应的思想准备。

6. 结案。结案表示案主的问题得以解决，社会工作者的专业协助告一段落。在这个阶段，在社会工作者的引导下，双方一起回顾和总结整个介入过程，社会工作者需要强调服务对象已经取得的进步，并表达对案主的肯定和积极支持。在结案时，案主可能会出现一系列负面反应（如依恋和抱怨情绪等），社会工作者需要妥善处理这些情绪，鼓励案主积极面对困境，向案主表达在案主需要时可以随时为其提供帮助。

7. 跟进服务。个案结束不意味着服务完全终止，社会工作者每隔一段时间要进行回访，以避免结束个案服务后案主又恢复到原来的状态。

案例解析

李先生今年 46 岁，两年前他在外省工地干活时遭遇意外事故，导致双腿残疾，从此失去了独立行走能力，现在回到老家靠妻子照顾饮食起居。李先生的妻子王女士目前在一家超市当收银员，收入不高，加上工地赔偿的一笔抚恤金，全家人才能勉强度日。尤其是刚刚高考毕业的儿子马上要步入大学，这将会带来一笔更大的开销，王女士对此忧心忡忡，但是也想不到别的办法，因此经常抱怨命苦，甚至指责李先生无能。面对妻子和儿子失望的态度，李先生觉得越来越无奈，并且难以与妻子沟通，觉得人生无望。

接案

社会工作者来到李先生家中，倾听李先生诉说困扰，收集并记录相关信息。社会工作者在通过会谈初步了解了事情的来龙去脉后，向李先生说明了社会工作服务的形式和功能，征询他接受个案服务的意愿，李先生接受后签署协议。

预估

通过进一步全面搜集资料，社会工作者确认李先生目前面临的问题或困境：一是李先生家经济状况困难；二是李先生因为无法为妻子分担经济压力，内心失落自责；三是李先生与妻子王女士之间在沟通上的问题。所以李先生目前的需求主要包括这三个方面：一是获得经济援助，二是缓解心理问题，三是学习正确的沟通方法、解决沟通问题。

计划

社会工作者与李先生共同制订了计划，主要通过之前在预估步骤中搜集的资料和形成的评估进一步具体化，并且先后设定了总体目标和具体目标。

第一个总体目标是帮助其解决经济上的困难，包括申请经济援助或从其他渠道获得经济支持。然后通过细化总目标，制定具体目标。首先可以为李先生申请低保，应鼓励李先生自己去申请；其次协助李先生再就业，帮助他挖掘潜能，争取就业资源，找到一份适合他的工作；最后为李先生的儿子也找一份暑假工作，共同努力改善家庭经济状况。

第二个总体目标是改善或解决李先生的心理问题和困扰，可以通过运用理性情绪疗法实现这一目标。具体目标：首先，分辨和找出李先生的非理性信念；其次，运用理性情绪疗法的具体技巧，帮助李先生识别这些非理性信念，社会工作者可以通过批驳、理性训练等方式进行调整和改变；最后，引导李先生说出困境和痛楚，疏导其情绪，逐步帮助其建立信心。

第三个总体目标是解决李先生夫妻二人沟通上的问题，通过改变和调整沟通方法缓和家庭成员之间的关系。具体来说，首先，分析王女士的行为模式，帮助李先生理解她；其次，模拟李先生的行为方式，从而使他发现自己的问题；再次，为他提供新的沟通方法，并进行示范和演练，社会工作者对李先生的有效行为予以巩固和强化；最后，安排夫妻二人进行面对面沟通。

介入

第一阶段是明确目标及计划，与案主建立良好的相互信任的关系。

第二阶段是为案主提供政策信息，探索走出经济困境的途径，如申请临时救助、助学贷款、助学金等。同时分析其他可行的途径，如找一份力所能及的工作、向亲朋好友借款、儿子勤工俭学、争取奖学金等。

第三阶段是改变非理性信念，调适与疏导不良情绪。

第四阶段是以模拟重现、角色扮演、正面肯定等方式引导服务对象学习新的沟通方式。

第五阶段是对案主的妻子、儿子等相关人员开展访谈，了解他们发生的改变，并加以巩固。

评估与结案

社会工作者对个案辅导的成效进行评估，通过直接对案主开展访谈，了解此次服务取得的成果和存在的不足。提前告知案主辅导过程即将结案，社会工作者在这个过程中可以有意识地延长面谈的间隔时间，以便让案主逐渐适应。在面谈中，与案主一起回顾整个辅导过程，给予案主肯定与鼓励。和案主一起探讨在未来遇到困难时的处理方法，例如，他表示会向亲戚寻求帮助，并表示在必要时会再次寻求社会工作者的帮助。

跟进服务

一是继续偶尔保持通话，如每月通话一次；二是向社区民政社会工作者了解案主是否有再次求助；三是确保案主情况稳定，必要时进行回访。

➲ 小组工作方法

小组工作是以小组中的成员为案主，利用小组的环境和条件，在小组和社会工作者的协助下，帮助成员实现自我发展的社会工作方法。小组工作旨在通过使成员互动，充分发掘成员的潜能，帮助他们改变行为、提升能力、转变态度。社会工作者可视实际工作需要学习开展小组工作的方法，协助解决个人、集体、社区和社会问题，进而实现社区、社会的和谐发展。

理论简述

发展过程

波士顿内科医生普拉特在 1905 年采用小组工作的方式进行治疗和辅导活动，他为 20 多名肺结核患者开办了一个小组，为患者提供了一个平台，让他们共享经验，获得情感支持，这是小组工作最早的尝试。耶西·戴维斯在当校长时设置了学校小组并以此进行教育及指导职业观。科第·玛希在医院开展了心理教育小组工作，他认为小组的互动能起到治疗的效果。上述实践一般被看作小组工作的萌芽。

到了 20 世纪 20 年代，小组工作进入了缓慢发展的阶段，在医院中得到了广泛应用，同时家庭小组开始兴起。研究人员开始对小组展开研究，奥波特结合定量和定性两种方法，深入分析了小组成员之间的互动和沟通过程，为未来小组工作的发展奠定了基础。20 世纪 30 年代，学者们开展了一系列规范的理论研究，这推动了小组工作的迅速发展；同时，人们意识到小组工作的重要作用。许多与小组工作相关的著作相继问世，其中勒温的小组动力学和场域理论逐渐显现出了卓越的影响力。到了 20 世纪 60 年代，小组工作相较之前已经得到了巨大的发展，出现了一些新的小组工作方法：卡尔·罗杰斯以个别辅导理论为基础，将其应用于小组环境中，强调在小组环境中给予个体关注和尊重对个体发展的重要性；贾尼斯提出的小组思维概念强调小组内部形成的思维方式会对小组成员产生一定的控制和限制作用。20世纪80年代以后，小组工作理论得到快速发展，研究成果大量涌现，小组工作的形式也变得更多样化。

概念定义

小组工作是社会工作的三大方法之一，学界对小组工作的定义有很多种。吉塞拉·科那普卡认为小组工作是一个旨在通过鼓励小组成员参与，最大限度地发展个人能力的方法，个人通过参与小组的活动能不断学习和成长。威廉·法利与拉里·史密斯认为，小组工作指的是一种以小组的形式进行集体合作的方式，即通过发展个体的技能、促进个体成长，从而实现个体和集体的目标。里德提出，小组工作在具备专业技能的社会工作者的主持下，已经成为一种固定的实务形式。它的目的在于帮助和改善小组成员的身心状况，消除个人的痛苦。之所以可以实现这些目标，是因为小组工作能通过集思广益提高小组成员解决问题的能力，锻炼小组成员的社交和合作能力，恢复和保持小组成员的社会功能，而且通过团队的协同努力，小组能尽早发现和解决潜在问题，避免问题恶化。

小组类型

小组工作存在诸多类型，最常见的几种类型如下所示。

教育小组。教育小组被广泛运用于学校、社区等场所，其目的是通过帮助小组成员学习新知识，改变他们对原有问题的不合理观念和不恰当的解决方式，进而实现小组的发展。教育小组为小组成员提供了一个学习和成长的平台，通过教育和培训的形式，帮助他们习得新的知识和技能，从而更深刻地理解问题，最终找到解决问题的方法。

成长小组。通过鼓励和帮助小组成员自我探索，最大限度地利用资源，充分挖掘自身潜能并让他们得到成长和提升能力，最终使问题得到解决。常见的成长小组有如青少年野外拓展小组等。

支持小组。成员之间互相分享信息，提供建议和心理支持，这些力量不仅有助于解决问题，而且有助于小组成员自身得到发展。常见的支持小组有如癌症患者小组、单亲家庭子女小组等。

治疗小组。其成员大多是社会适应困难的个体，他们可能存在社交焦虑、人际关系不良，也包括因为亲密关系的破裂、家庭问题或社会孤立而出现心理困扰甚至行为问题的人群，小组工作能帮助小组成员认知个体问题及其背后的社会原因，并借助小组特有的功能达到治疗效果。常见的治疗小组有如吸毒人员治疗小组等。

小组工作模式

社会目标模式

社会目标模式是最早形成的小组工作模式，注重社会责任、社会参与和社会整合，强调增强个体的能力和意识，培养其社会责任感和社会行动能力，进而影响和改变社会。该模式认为小组是具有共同目标的一个共同体。小组活动可以增强小组成员的民主意识和社会责任心，增强他们的自尊心以及他们自我发展的能力。

在社会目标模式中，社会工作者扮演着至关重要的角色。社会工作者是具有影响力的个体，作为倡导者和赋能者，能影响他人并使他人积极行动起来。他们积极鼓励小组成员增强自身的社会责任感，培养持久的社会责任意识，以实际行动实现社会目标，并致力于共同构筑一个更和谐、公正、美好的社会。这一模式常用于在事务较多的社区中，从而探索社区发展，鼓励居民积极参与社会行动。在我国，社会目标模式对各种弱势群体有很强的适用性，它的目标是唤起个体和组织的社会良知、社会责任感，为社会转变提供动力。社会目标模式强调将个人问题与社会环境紧密联系起来，个人的目标与行为往往受社会结构的影响。在该模式中，小组工作是一种重要的方法，主要用于发展社区组织并增强社区居民的社会意识。社会工作者利用该模式旨在实现社区赋权的目的。社区赋权是指社区居民在社区事务中发挥影响力和决策权的能力。社会工作者通过组织社区居民参与决策和规划过程，提升社区居民的参与感和责任感，增强他们在社区事务中的作用和影响力。

治疗模式

治疗模式旨在借助小组合作解决个人问题，同时为个人提供预防和康复服务。它专注于矫正个体心理与行为问题，通过小组治疗帮助个体应对心理、社会和文化适应不良的挑战。然而，治疗小组中的成员往往存在严重的情绪和精神异常等问题，因此他们通常需要社会工作者对其进行矫治干预，而不只是做预防性的工作。

治疗模式的理论基础来自于精神医学和心理学，包括行为修正理论、学习理论等，这些理论为治疗提供了理论支持和指导。在该模式中，小组工作者的角色非常重要，他们是接受过专业培训的专家，他们的主要工作内容是对小组成员的心理和行为进行矫治，通过运用专业的治疗技术和方法，为成员提供心理支持，促进成员之间的良好互动。他们需要对小组工作过程中出现的个体心理问题进行解释，并且必须有能力评估个体的需求，并制订治疗计划。鼓励和支持该模式的介入是为了成员的康复，其最终目标是改善成员的状况。这种模式对那些存在严重情绪问题、精神问题、行为问题的人来说尤其适用，他们常常在社会交往、情感表达、行为规范等方面存在困难。治疗模式通过社会性、情感性和行为性的干预，能为他们提供全面的治疗。由于这类服务对象具有特殊性，因此入组评估在治疗模式开展过程中是不可或缺的关键一步。收集信息并充分考虑每名小组成员的个人潜在问题并与小组成员建立明确的契约，可以为治疗过程打下坚实的基础，以确保治疗的顺利进行和取得积极的效果。治疗模式构建了一个丰富的治疗体系，使各种治疗理论和技巧都能充分发挥优势。

互动模式

互动模式，又称为"交互模式"。在互动理论中，系统理论的思想被用于分析和理解人际互动，具体来说，要研究子系统（小组成员）与整体系统（包括小组环境和社会环境）间的相互关系与互动过程。在该模式下，小组成员有共同的目标并能形成相互依赖的关系，需要共同参与决策过程。该模式通过系统开放和相互影响的方式，旨在提供心理支持和促进小组成员的个人成长，增强他们的互动与交往能力。该模式认为，个体只有通过全面融入健康的集体生活，才能实现健康全面的发展。个体和其他小组成员相互影响，小组成员的身心健康和精神状态都是在与其他小组成员相互作用的过程中逐渐形成的，因此该模式非常重视相互合作对小组成员的重要性。"面对面交流"是该模式的基石。

社会工作者在这一模式中履行的是协调者的职能，他既被小组成员影响，又影响小组成员。社会工作者的任务并不是设计方案或控制小组，而是鼓励小组成员间的互动和交流，引导他们思考问题，并为小组寻找外部资源，以帮助他们自主确定发展目标，小组的形成和维持取决于成员间的互动。社会工作者在这一模式中特别需要具备责任心及自我披露的能力和热情。互动模式对那些在人际关系、社会适应等方面存在困惑和问题的个体来说特别适用。互动模式可以通过建立情感联结、提供探索和学习机会，以及促进积极的人际互动，帮助个体改善他们的互动和沟通能力。

小组工作的优势

小组工作的常见功能

（1）协同合作：小组成员通常会共同努力，共同承担任务和责任，以实现共同的目标。小组能通过有效协同合作，发挥每名小组成员的优势，提高工作效率和质量。（2）有效沟通：小组成员间的积极沟通可以促进思想和观点的交流，便于共享信息和意见、解决问题和取得共识。有效的沟通可以避免引发误解和冲突，优化团队合作的协调性和整体效果。（3）运用创新思维解决问题：小组工作通常涉及各种问题和挑战。小组成员可以通过集思广益、共同思考和创新思维，寻找创新的解决方案。小组成员间的互动与合作可以带来不同的观点和想法，从而促进创新和改进，为组织提供更好的解决问题的方法。（4）学习与发展：小组工作为小组成员提供了学习和自我发展的机会。通过参与小组工作，小组成员可以共同学习和分享知识、经验和技能。小组成员可以通过相互合作和相互支持，培养个人能力和职业素养，提高专业水平和综合能力。除了以上常见的几点外，小组还具备使小组成员放松、建立友谊、社交等一系列功能。小组可以通过充分发挥这些功能，更高效地工作，从而实现小组成员和小组的目标。

小组工作能实现以下目标

（1）实现大家共同设定的目标。这是小组形成的前提，也是小组存在的基础。（2）帮助每名小组成员认识和了解自己、接纳自己、澄清个人的价值观。（3）优化小组成员的社交技能，包括与他人建立互相信任和尊重的关系，从而实现有效的人际交往。（4）帮助小组成员增强独立性，以及自己解决问题、社会交往、社会参与、解决矛盾等方面的能力。

方法概述

小组工作的技巧

- **一般性技巧**。在整个小组工作过程中，都需要运用一般性技巧，这些技巧也是社会工作者必须具备的。一般性技巧具体涵盖以下几个方面：一是建立关系的技巧；二是观察的技巧；三是组织和介入的技巧；四是领导小组的技巧；五是参与小组活动的技巧；六是运用社会资源的技巧；七是评估小组过程的技巧。

- **沟通的技巧**。小组互动是通过沟通实现的。沟通能使小组成员们相互了解、相互信任，在此基础上共同努力，通力合作，最终实现目标。小组工作者要掌握的技巧主要包括以下几点：一是注意小组的氛围；二是注意与小组成员沟通的方式；三是给小组成员提供合作性的目标；四是重视小组成员之间的互动模式。

- 社会工作者在引导小组成员互相交流时，可以给出一个话题让每个人轮流发言，并鼓励他们积极表达自己的观点，也可以采用其他方式。在小组成员、社会工作者和外部环境三者中，社会工作者在其中扮演着桥梁的角色，负责促进小组成员之间的相互沟通。社会工作者在与小组成员进行沟通时，需要营造一种轻松的氛围，积极回应并对信息进行讨论和总结。同时，在促进小组成员之间的沟通时，社会工作者需要教授他们一些沟通技巧，并且起到示范和引导的作用。在小组工作过程中，社会工作者自己也要专注于倾听，包括倾听事实信息、情感信息和行动信息。此外，社会工作者还需要留意与小组成员的眼神、身体语言和表情等方面的非语言信息。

- **程序设计的技巧**。程序设计是一项非常重要的技巧。良好的设计不仅能满足小组成员的需求和兴趣，而且能简化工作过程、增强工作的层次感。由此，小组成员可以更好地分工和合作，进而提高工作效率，确保成功地完成任务。小组工作的程序设计可以按照如下步骤展开：（1）明确小组成员的需求，根据小组成员的需求有针对性地制订小组的计划；（2）了解小组成员，了解每一位小组成员的基本信息，以便社会工作者在开展小组工作时快速与小组成员建立起专业关系；（3）确定目标，包括总体目标和具体目标，目标需要层次分明、条理清晰；（4）制定工作大纲，快速了解工作流程与目的，使社会工作者快速上手；（5）设计小组活动，要关注活动策划、目标制定、宣传策略等，也要兼顾趣味性和与主题的相关性，确保每一个活动都能让小组成员有所收获；（6）反思及跟进服务，在每一次小组活动结束后，要为小组成员分发纸、笔和反馈表，根据小组成员的反馈再对接下来的小组活动进行改进。

实际应用步骤

小组工作的方案设计步骤一般如下。

问题的陈述与分析

1. **陈述**。列出小组的需求和问题，并进行排序。

2. **分析**。以社会工作的视角和有关理论分析问题和成因。

方案设计

1. **小组名称**。简明扼要，且能凸显小组特点。

2. **小组性质**。根据开展小组的目的决定。

3. **小组成员**。厘清小组成员的特征、年龄、教育背景。

4. **小组目标**。（1）总体目标：社会工作者和小组成员想共同实现的目标。（2）具体目标：为了实现总体目标而需要一步步去完成的目标。社会工作者与小组成员应明确每个具体目标，并能够评估各个具体目标的实现情况。社会工作者要注重与小组成员的沟通，明确其需求，依据需求共同确定具体目标，同时还应密切关注目标实现情况，及时进行调整。

5. **招募方式**。招募方式包括报刊新闻、黑板宣传栏、海报传单、在网络和多媒体平台发布信息、自愿报名等。

6. **小组执行计划**。制订的计划要符合逻辑：遵循由简单到复杂，由浅入深，由行为、情感到认知的原则。需要详尽列出每一次活动的具体操作流程及注意事项。需要对活动节数（名称）、目标、内容三个方面进行列表说明（可根据实际情况调整）。第一节：自我介绍；第二节：建立信任；第三节：学习分享；第四节：增进支持；第五节：告别。

7. **方案执行**。整合资源；提供具体服务；监督执行力度（在每节小组活动前后做好准备与总结工作，及时反思纠正小组中不合时宜的部分）；处理困难，当危机出现时要及时处理。

8. **方案评估**。（1）过程评估：包括两方面内容，一是观察小组成员的参与度和投入情况，以便发现小组成员的个人发展和成长情况；二是根据督导和社会工作者的评价对小组的工作效果进行评估。（2）结果评估：是小组工作中至关重要的一环，在结束后收集小组成员对小组工作成果方面的评价，以检查小组预期目标的完成情况，并为其在未来所需做出的改进提供指导。在评估结果时，可以采用问卷调查法，如通过问卷调查了解工作是否有效，成员是否满意，可以有哪些改进等。

案例解析

医务社会工作者在查房走访时了解到，目前有很多癌症患者由于行动不便只能待在病房中，他们在疾病认知、情绪和行为反应等方面存在一些共性问题，而且癌症患者的抗逆力水平低下，这些问题影响了治疗效果和就医体验。与此同时，癌症患者面临着各种压力，如对疾病和死亡的恐惧、经济压力、无助、怨天尤人、抑郁等。

癌症患者的需求一般表现在情绪、生活方式、社交活动、认知和社会资源等方面。在帮助癌症患者时，一般可以运用的理论有社会支持理论和人际需求理论。社会支持理论对癌症患者来说是非常重要的，不但可以给予他们心理上的安慰，减轻他们在长期治疗过程中产生的焦虑、担忧，而且可以帮助他们进行一些必要的社会交往，这对癌症患者来说有积极的作用。而在人际交往需求方面，对癌症患者来说，他们在日常生活中基本上只有打针、吃药，而缺乏游戏、教育等活动，在病房也由于身体的原因无法和同辈群体进行沟通和交流，所以满足患者的人际交往需求十分重要。

医务社会工作者经过多方面的观察和资料的收集与分析，认为应该为这些癌症患者开设支持行动小组，并设定一些目标，包括协助小组成员改变不良认知，树立理性认知和信念，增强小组成员在治疗疾病过程中的信心和勇气，提升小组成员对陌生环境的适应能力，增强对自身生活状态和疾病治疗心态的控制力，提升小组成员在住院期间的生活质量和治疗质量，建立社会支持网络等。

以下是医务社会工作者进行活动设计的部分资料。

第一节（相互认识）。社会工作者对小组的背景、目的和小组成员的大致情况进行简要介绍，并说明小组的期望，与所有小组成员签订小组契约，同时与他们一起讨论制定小组的规划和需要遵守的规则等。社会工作者也可以通过组织破冰游戏等活动，让小组成员进行自我介绍和相互了解，以消除彼此间的距离感。这样做不仅可以建立更融洽的团队氛围，而且可以优化小组成员与社会工作者之间的专业关系。

第二节（情绪管理）。首先，小组成员分享自己产生情绪反应的原因及表现，说出烦恼、缓解压力、舒缓情绪。其次，社会工作者邀请心理咨询师为小组讲授一些情绪管理的方法，帮助他们进行心理调适。最后，通过组织一些小游戏，如"萝卜蹲""击鼓传花""你画我猜"等，拉近小组成员之间的关系。

第三节（树立正确认知）。首先，小组成员分享自己对癌症及治疗的看法，协助组员正确认识和接纳现状。其次，播放癌症治疗原理的小短片，使小组成员更好地认识和了解癌症及癌症康复知识。再次，运用理性情绪疗法，修正非理性信念，并引导他们进行自我倾诉，帮助小组成员改变。最后，社会工作者协助小组成员建立更自信的理性信念。

第四节（行为学习）。首先，社会工作者协助小组成员学会运用情绪和身体放松的技巧并引导小组成员及时运用放松技术。其次，帮助小组成员学习运动和营养饮食等相关知识。最后，邀请一些在抗癌方面比较知名的社会人士进行正面的宣传引导，为癌症患者树立榜样，提高小组成员的自我管理能力和疾病适应能力。

第五节（你我同行）。首先，小组成员分享自己接受治疗的心路历程，社会工作者邀请小组成员进行才艺展示，使小组成员认识自身的能力、优势和资源，发现自身价值。其次，社会工作者通过介绍小组成员身边从微观到宏观的正式与非正式资源，介绍他们各自的优势与作用，帮助他们建立支持系统。最后，继续强化小组成员的支持网络，并建立病友支持网络。

第六节（迎接未来）。在小组活动将要结束的时刻，社会工作者通过在活动过程中收集的图片、视频等资料信息，为小组成员展示精彩瞬间，并帮助他们继续建立未来的长期目标。同时社会工作者也要处理好小组成员可能会因离别产生的一些负面情绪，并做好事后调整工作。

活动结束后，医务社会工作者进行了评估，具体如下。

支持小组帮助小组成员增强信心与勇气，传授了相关健康知识，扩大了小组成员在医院中的社会支持网络。经过了解，本次小组过程中，小组成员在生理、心理和社会交往等方面都发生了积极的变化。在生理方面，小组成员从最初喜欢躺在病床上到后来愿意坐在床上甚至在病房内走动，和其他人进行交流。在心理方面，小组成员经过参与这次小组活动调整了情绪，能够看到自己的优势，正确处理治疗过程中的压力，对未来的想法也变得更乐观和积极。在社会交往方面，小组帮助小组成员认识了更多患者，包括同龄者和长者，扩大了小组成员在病房的社会支持网络。

➲ 社区工作方法

自 1962 年开始，社区工作成为社会工作的基本方法之一。社区工作方法主要依托于社区，以社区居民为主要服务对象。该方法组织社区居民广泛参与，识别社区问题和需求，并充分利用社区资源，预防和解决社区问题，以增强社区凝聚力，发掘社区领导人才，提高社区整体素质和福利水平，推动社区的稳定和繁荣，实现积极的变革和改进。这种工作方法更宏观，涉及范围更广，更注重社会环境和制度的变化，是推动社会现代化的重要途径，也符合我国社会心理服务体系建设的基本宗旨。社区（农村）系统是社会心理服务体系建设的重要阵地，社会心理服务工作者需要精准掌握社区工作方法以提高基层社会治理能力和水平。

理论简述

概念内涵

1881 年，德国社会学家滕尼斯开始使用"社区"这个名词。后来社区的定义和解释在学界不断引起争论，美国芝加哥大学的帕克教授指出，社区具有以下基本特点：（1）社区居民是按地理位置组织在一起的；（2）社区居民与他们生活的地区有着紧密的联系，同一个社区的居民有着共同的利益和需求，社区居民对社区的认同感和参与度对社区发展十分重要；（3）社区的成员之间有共同的利益和目标，彼此依赖，通过合作与互动建立了紧密的社交网络。费孝通教授指出，社区研究或社区分析是现代社会学的一个重要趋势，强调将研究对象聚焦在具体的社区上，而不是笼统地研究整个社会结构。因为社区作为一个特定的社会群体，不仅是社会结构的一个基本单位，而且是社会制度与个体生活之间的桥梁。总体而言，社区就是一群人及其生活的区域，在这个区域他们开展一系列社会活动，并且人与人之间联系紧密、互动频繁、拥有共同的文化体系。

社区工作分析问题的视角具有结构取向的特点，认为问题的产生不完全取决于个体自身，也与其所处的社会环境相关联。社区工作具有鲜明的政治性和批判性思维，其关注点主要放在维护那些在社会变迁中常被忽视的弱势群体的权益上。此外，社区工作还努力从根源上分析问题，并引发对当前社会制度、结构和政策的反思。社区工作追求的是真正解决社会问题的策略和政策的制定，以及对现状的改善和优化。

使用原则

社会工作者在使用社区工作方法时要遵循以下这些原则，这些原则为社会工作者提供了指导和借鉴，能帮助他们更有效地开展社区工作。

- **以人为本原则**。社区工作应该始终以居民的需求、权益和福祉为中心。这意味着在制订社区工作计划和政策时，应该考虑居民的意见，确保他们的声音被听到。

- **居民参与原则**。在社区工作中应该积极鼓励和促进居民的参与，他们才是社区的核心。这包括为居民提供信息和参与机会，建立有效的沟通渠道，促进居民之间的互动与合作。

- **社区自决原则**。不要将自己的意见强加于社区居民身上，要与居民商讨问题的解决方案，使居民对社区面临的问题产生全面、清晰的认识，从而做出合理的决定。

- **协调发展原则**。强调关注社区内的弱势群体，同时要发动社区居民争取一切可争取的资源，使社区的整体发展与国家、社会的整体发展相协调。

- **因地制宜原则**。每个社区都有其独特的特点和需要应对的挑战，应该根据特定社区的需求和实际情况，制定相应的工作策略和措施。社会工作者在开展社区工作时需要有针对性地进行规划和付诸行动。

社区工作模式

在社区组织中，罗斯曼提出了三种工作模式及其相应的理论和方法。这些模式涉及的都是社区工作中的关键方面，能帮助社区组织实现其目标并与居民建立有效联系。

地区发展模式

地区发展模式（亦称"社区发展"），既可以用来指地理社区的整体发展，即基于地域性社会生活实体的经济、社会、文化等方面的发展，也可以指一种介入方法，即要求动员居民参与，充分整合调动内外资源，推动经济发展，改善基础设施建设，提升居民的生活质量。地区发展模式的实施可以增强社区凝聚力和居民的归属感。这种模式的基本假设是，社区是一片缺乏活力的地区，社区居民对社区事务呈现出冷漠的态度，彼此之间关系淡薄，并且对社区事务缺乏参与感，也缺乏解决社区问题的能力。因此，社区工作的目标是针对这种情况开展活动，解决这些问题。该模式认为，从提高个体的能力、培养居民的社区归属感和认同感的角度出发推动社区发展远比简单地进行社区环境建设更有利。

社会工作者在地区发展模式下主要扮演了三种角色。第一，赋能者。通过动员组织社区居民，激发社区的自我发展潜力。他们鼓励社区参与决策制定过程，培养社区团体和倡导组织，促进社区的自治和自我管理能力。第二，教育者。社会工作者通过组织培训课程、工作坊和宣传活动，提供关于社区发展、社会问题和资源获取的教育和培训，丰富社区居民的知识和技能。第三，中介者。通过促进社区组织、小组和个人间的联系和沟通，可以增进他们彼此间的了解，减少误解，并推动沟通和合作。这些努力将使社区得到进一步的改善和发展。

社会工作者为了达成"提高居民的民主参与意识，推动社区成员的合作，通过协商的方法更好地运用地区资源，解决社区问题，并增强社区凝聚力和归属感"的目标，需要从以下几个方面开展工作。一是通过社区活动促使居民间建立更紧密的联系和更好地进行交流。在社区活动中，可以给那些比较积极的居民提供参与活动策划或成为管理者的机会，或者给他们布置一些具体任务，以便进一步激发他们的主动性。二是鼓励居民参与多元化的活动，例如，通过开设兴趣小组吸引有相似兴趣但平时联系不多的邻里，增进大家的交流。三是在新居民区开展活动，通过绘制社区地图、派发传单，开设小组课程培养居民骨干。四是开展互助服务。五是组织居民共同处理社区面对的部分共同问题，如改善环境和设施问题。

社会策划模式

社会策划模式（亦称"社会计划模式"），基于对社区问题的全面了解，依托专家意见和知识，致力于计划社区问题的解决过程和方法。该模式认为，每个社区都存在一系列核心问题，如住房、健康、就业和康乐设施等方面的问题，社区工作的目标就是解决社区内的主要问题。解决问题的方法是经过理性分析和精心策划，包括系统收集相关资料，对可行的解决方案进行系统分析，确定实施方案的先后顺序，最后确定最有成效的方案并予以实施。社会工作者需要负责执行或推动相关方案，并与相关社团和机构保持良好关系，以促进方案的推行。

在这种模式下，社会工作者一般扮演着项目规划者和方案实施者这两种角色：第一，项目规划者，包括与相关利益者讨论并明确项目的目标、定义项目的范围和边界、管理和分配各种资源、识别项目风险等；第二，方案实施者，即社会工作者在执行方案过程中收集意见，将信息反馈给决策者，并与有关机构、团体保持良好关系，促进方案的有效实施。

与其他社区工作模式相比，社会策划模式运用较科学的策划技术和方法，能保证工作质量，从而更有效率、更快地满足居民需求。

社区行动模式

社区行动模式假设社区存在一批处于不利地位的群体，社会工作者要为他们争取资源并确保他们能被公正对待。这种模式的目的是改善弱势群体的生活状况，使其获得帮扶资源，促进社会平等，在必要时推动政策改革。社会工作者在此过程中要帮助社区居民增强自我意识和社会意识，并使社区居民认识到团结的重要性，让他们在法律和制度许可的范围内解决问题。

社会工作者旨在帮助居民增强自我意识和组织能力，使他们能有效应对社区中的挑战和问题。社会工作者也要注重从居民的具体问题入手，在合法合规前提下适当寻求大众传媒等第三方力量的支持。

社区工作的优势

社区工作的目标

社区工作的目标是解决一些具体的社会问题（例如，修建道路、安置无家可归者、解决社区环境污染等），结果是切合实际且具体的。其过程目标是提升社区居民的综合能力，如了解权利和义务、提高能力和增强信心、发现和培养骨干人才及改善邻里关系等。社区工作的具体目标涵盖以下四个方面。

第一，推动社区居民的参与。社会工作者进入社区后，应积极倡导居民间互助与合作的精神，鼓励他们以合理的方式自主解决社区问题。同时，要培养居民的民主意识，促使他们积极参与社区事务，并提高他们对社会事务的关注度。在这个过程中，需要不断挖掘居民的潜力，帮助他们提升解决问题的能力。此外，还要协助居民看到彼此间存在的共同需求，以便更好地争取和享受相应的合法权益。

第二，培养社区中相互关爱的美德。社区工作能促进居民之间相互关爱，培养他们关心他人的品质。社区居民间的交流和互助可以减弱社会变革带来的疏离感，最终实现社区居民间的相互关怀。社区工作还能帮助居民建立社会支持网络，提升他们适应环境和改善生活的能力，促进社区居民的心理健康和社会性发展。

第三，利用社区资源。社区资源包括人力资源，即社区中所有个人的技能、知识、经验和能力等；物力资源，主要是可以用于社区服务的场地设备，如社区广场、学校操场等；财力资源，即社区工作所需经费，一般由政府、社会或基金会等捐助。

第四，促进社会发展。首先，促进社会经济发展，社区工作可以提升社区居民的个人能力，从而提高社区的经济发展水平和经济收入水平；其次，促进社会人际关系发展，引导社区建立良好的内部关系有利于社会的和谐发展；最后，促进社会政治发展，培养居民的民主意识。

社区工作的功能

第一，提供社会服务。为了实现这一目标，社会工作者需要建立社区社会心理服务机构、开展社区服务项目，并管理好这些服务资源。他们的任务包括提供专业的社会工作服务，协助社区建立必要的社会服务组织、服务项目和服务机制。此外，他们还会利用社区资源培养一批专业的心理社区工作人才，以满足不同群体的需求。同时，社会工作者还会针对特殊群体（如失业人群、留守流动儿童、失独家庭、残疾人群等）开展心理援助工作，并提供心理疏导和帮助，以帮助他们应对困境和压力。

第二，提升社会福利。社区工作致力于满足居民的福利需求，并开发和利用社区福利资源，以解决社区的问题，进而改善社区居民的生活质量，并推动社区的持续进步。例如，可以通过为社区居民提供心理辅导、再就业辅导及构建基层社会心理服务网络来解决社区居民的问题，提高社区的福利水平。

第三，维持社会稳定。社会工作者帮助社区建立一套社会福利服务的运作机制，充分利用社区资源，协调社区内部的关系，缓解和解决社区内的矛盾和冲突。社会工作者还可以通过创新社会服务工作模式、完善社会心理服务体系和制度、改善社区居民的生活环境等，增强居民的归属感，从而实现整个社区乃至整个社会的和谐稳定。

方法概述

社区工作技巧

分析技巧

为了确保工作取得一定成效，社会工作者需要深入了解社区。这项基础性工作包括收集社区相关资料、了解社区及居民的需求和社区可利用的资源。社会工作者只有在了解了具体情况的基础上，才能制订工作计划并予以实施。具体来说，这些技巧包括以下几点：（1）地调研以了解社区的地理环境、人口构成、社区居民的需要和问题；（2）统计数据分析；（3）参与或观察和参与式研究；（4）社交网络分析；（5）SWOT分析；（6）访谈。这些方法同时提供了了解社区、分析社区的视角。

提前了解社区的基本情况，不仅有助于社会工作者制订社区活动的计划，而且能使社会工作者了解社区的资源配置、主要面向的人群和问题及需求，从而在后期更好地引导居民参与社区活动。此外，对社区问题和需求的认知是社区工作的起点和归结点。因此，深入了解社区的基本情况和居民的需求对成功开展社区工作至关重要。在实践中，以社区居民关心的事情为契机引发居民的兴趣和关注，是推动社区工作顺利开展的关键。

建立社区工作关系的技巧

建立良好的社会工作关系对社区工作发挥着重要作用。社会工作者为了实现特定目标或完成特定任务，需要有计划和有准备地进入社区，这应该从与居民的接触和与政府部门的接触两方面着手。下面是一些常见的社区工作建立关系的技巧。

- **倾听技巧**。倾听是建立良好关系的基础。社会工作者需要始终以真诚、积极的态度，倾听并理解社区成员的需求、问题和意见。倾听不仅包括听他们所说的内容，而且包括通过肢体语言等非语言方式表达出你对他们的关心，并积极回应他们所说的话。

- **沟通技巧**。有效的沟通是建立关系的关键，社会工作者需要通过有效的沟通向社区成员传达信息。同时，他们也需要学会运用适当的语言和方法与拥有不同背景和文化的社区成员进行交流，以避免产生误解和冲突。

- **社交技巧**。社会工作者可以通过积极参与社区活动和社交场合与社区成员建立亲近和相互信任的关系。社会工作者需要以友善、真诚、包容的态度，主动与社区成员进行交流和互动，并寻找共同的兴趣和话题。

- **反馈技巧**。及时和有效地给予反馈是建立关系的重点之一。社会工作者应该对服务对象的积极表现作出正向的反馈，鼓励他们在之后的活动中继续积极参与，并为他们提出一些建议。社会工作者可以通过运用恰当的反馈方式，帮助社区成员改善问题和提升能力，从而增强彼此间的信任和合作。

- **解决冲突技巧**。在社区工作中，由于服务对象的观点和利益存在差异，常常会出现冲突。社会工作者需要学会处理和解决这些冲突，保持公正和中立的立场，并寻求双方都能接受的解决方案。他们需要运用有效的沟通和协商技巧，帮助冲突双方找到共同的利益点，并促进社区建立和谐的关系。

社区居民一般不会主动向社区提出诉求，但是也许会感到焦虑，这就需要社会工作者主动探索。有时社会工作者直接入户，可能会引发住户的强烈反感，社会工作者可以主动进入基层（例如，可以开展"慰问演出"等社区活动）以创造居民与社会工作者接触的机会。社会工作者可以通过与社区居民的接触，了解谁遇到了困难，这时社会工作者可以主动表明身份，表达想提供帮助的意愿。有时，社会工作者也可以通过熟人（包括居民的亲属、朋友、邻居等）引路上门。社会工作者要诚恳地将社会工作的服务目标陈述清楚，从而获得社区居民的理解和支持。如果他们暂时不需要帮助，社会工作者可以留下联系方式，为社区居民的事后求助提供方便。此外，社会工作者也可以通过宣传咨询活动或召开居民大会等方式更好地与居民建立专业关系。

动员与组织技巧

动员与组织是社会工作中至关重要的技巧，它涉及协调和引导个体、团队或社区成员参与特定任务或活动的能力。以下是一些关键的动员与组织技巧：（1）明确和清晰地传达工作的目标和意义，社会工作者应确保参与者都理解并认同他们所参与的任务或活动的重要性；（2）引导和激励，通过建立积极的工作氛围和给予鼓励，社会工作者可以激发参与者的积极性和动力；（3）解决冲突与困难，社会工作者可以采用积极的沟通和协商方法，找到解决问题的最佳途径，社会工作者通过运用这些技巧可以更好地开展他们的工作，取得更好的结果。

行政管理技巧

社区工作属于宏观层面的实务工作，因此，与个案工作和小组工作相比，社区工作在行政管理技巧的运用方面有更广泛的要求和更高的期望。行政管理技巧对社区工作中的人员来说，显得尤为重要和不可或缺。具体而言，该方面的要求主要有以下几点：（1）处理文件资料的技巧；（2）处理财务的技巧；（3）制订计划与开展评估工作的技巧。

应用步骤

问题的陈述与分析

1. 陈述。 针对案例反映某类人群的问题，从家庭状况、环境系统、心理问题三个方面进行陈述。

2. 分析。 分析上述问题的成因，从心理、家庭、环境等方面寻求支持与帮助，列出他们的需求。上下对应，问题与需求相呼应。

方案设计

1. 方案目标。 根据问题与需求设定目标，列出相关目标。

2. 方案实施策略。 针对具体问题设计实施策略，具体如下所示。（1）开展小组，为社区成员提供宣泄问题与困难的平台，教授他们解决和缓解问题的相关技巧。（2）针对社区中的个体，开展个体心理辅导，帮助他们正确认识现状，缓解生活压力，树立生活信心。（3）争取获得相关系统（学校、工作单位等）的支持，社会工作者可以与他们取得联系，争取获得相关系统对社区中这些需要帮助人员的支持。（4）组织志愿者活动，招募的志愿者可以为社区居民提供所需要的帮助。（5）充分争取获得社区支持，利用街道、居委会的资源，为相关人员提供生活及物质上的帮助，保障他们的基本生活。（6）对个别出现行为偏差的人员，及时进行引导与教育，必要时可以单独为其开展个案工作。

3. 方案执行。 社会工作者在方案执行的过程中，应建立有效的沟通渠道，注重与参与者之间的沟通，及时了解参与者的需求和意见并积极鼓励他们按时参与社区和各项活动。社会工作者需要有效整合和链接社区可用的资源，并与各方进行充分的协商与准备。同时，社会工作者还需关注并监督项目执行的进度，并在危机出现时及时予以处理。

　　4. 方案评估。 在执行社区工作方案的过程中及之后，社会工作者需要进行一系列评估。这些评估的具体内容包括方案执行情况、参与者及其家庭成员的满意度等方面，其中最重要的是评估社区活动的成效和过程。社会工作者可以通过评估社区工作的成效，了解该方案对解决社区问题和满足居民需求的效果。同时，社会工作者可以通过对社区工作的过程进行评估发现其中存在的问题和改进的空间，提高工作的质量和效率。这样的评估过程对不断改进社区工作方案至关重要。

案例解析

　　幸福小区缺乏有效的治安管理，诸如车辆乱停、环境无人整治等多种问题时常发生。因此小区决定采取全面封闭式物业管理，并聘请保安看守小区出口。但是保安的工资也要有人发放，所以每家每户需每月缴纳一定的治安管理费。居民刚开始还比较愿意，但是时间久了觉得保安无所作为，每月就等着拿钱，便开始产生不满的情绪，并要求物业再想其他办法解决问题。后来小区也采用了一些其他方法解决保安工资的问题，但问题还是层出不穷，后来社会工作者开始介入幸福小区的问题。

　　社会工作者刚来到社区就开始了调查，通过积极走访，与社区相关职能部门、居委会、物业及居民开展了多方沟通，了解到目前的主要矛盾在于居民不想承担管理费用，但对物业采取的停车收费举措又十分反对，认为该举措导致社区环境变得更糟糕，物业对居民不满意但又不作为的做法表示难以理解。

　　经调查之后，社会工作者在了解大致的问题脉络，并着手对这个问题进行初步评估后，发现了以下这些问题。一是小区的基础公共设施不完善，存在车辆拥挤、小区内道路堵塞和车位紧张的问题；防盗上，监控设施不完备，无法有效监控和防止盗窃案件的发生，存在安全问题；防火上，存在消防通道被堵塞、消防供水系统不完备和缺乏灭火器材等问题。二是社区治安缺乏相应的规章制度和监督措施。很多规则是由物业部门单独制定的，没有业主委员会的参与。物业部门对外来车辆出入登记和收费情况没有明确合理的规定，由物业部门自行收取费用，加上小区街道停车位没有得到合理安排，业主和物业部门之间很容易产生矛盾。三是社区周围的环境有待改善。道路狭窄，人流量大，摆摊设点，环境拥挤，相关部门整治力度不够。四是社区对治安管理的宣传力度不够，缺乏相关活动和教育培训，居民对社区治安管理的重要性和方法不够了解。此外居民自身的安全防范意识不够强，缺乏主动采取安全措施的意识和行动。

随后社会工作者开始与社区的一些负责人和"大妈们"商量制定目标，总目标是解决目前问题，改善社区治安。具体目标有四个：（1）搭建一个多方能够和谐、有效沟通的平台，通过沟通协商问题的解决方法；（2）在治安问题上与多方达成共识，制定具体的介入方法；（3）促进社区居民的共同参与，并通过传授居民一些必要知识，提升居民的自治能力；（4）尽快制定监督办法与相应的配套措施。

社会工作者打算从多个方面入手，加强各方协商沟通。社会工作者应严格遵守"价值中立"原则，承担一个可信任的第三方角色，创造缓和、平等的对话气氛。此外，积极鼓励居民参与，使居民相信自己是解决问题的主体，他们能够明确自己的需求，有能力也有权利改善自己的生活质量。因此，可以由居民自己选出代表，成立自治小组，参与问题的解决过程，同时为业委会的成立打下基础。社会工作者在此过程中需要通过各方协调与沟通，整合内外资源，推动社区工作。此外，社会工作者负责培养居民的参与感、认同感和互助精神及社区责任感、凝聚力。

社会工作者具体采取了以下这些方法。（1）社会工作者通过不断走访，与社区各方建立起友好、互相信任的关系。举行交流会，确保居民、物业、居委会及相关部门参与会议，澄清需求与期望，达成沟通与合作意向。（2）在解决问题的过程中，由于意见不一致，不少居民想要退出，此时社会工作者需要充当协调者，梳理各方的想法，解决矛盾。因此，社会工作者需要反复动员、上下沟通、维持合作关系。（3）通过组织社区居民论坛、党员代表小组、夜间街坊茶话会等一系列专题活动，广泛收集居民意见，进行物业整改方案的民意调查，组织了物业整改协商会，以便各方代表进行有针对性的反复磋商，对社区物业整改方案进行多次讨论和修改。（4）形成关于社区基本物业整改的试验方案、实施方案。（5）对社区进行回访，评估初步成效，了解居民的满意度，听取整改建议。

最后，社会工作者对整个小区的服务进行评估。通过介入这一小区公共问题，促进各方自上而下、自下而上的反复沟通，打开了各方良好合作互动的局面，有利于问题的解决。同时，社会工作者通过鼓励居民参与，满足居民知情权、发言权，激发了社区内的民主自治意识，营造了社区内互助合作的氛围。

第三节　常用社会工作方法与技术

⊃ 社会工作通用过程模式

本节内容主要介绍社会工作通用过程模式及其在社会心理服务体系建设中的应用。社会工作通用过程模式也可以称为"社会工作实务通用过程模式""一般介入模式""通才介入模式"等，它是一种重要的社会工作实践模式，是通过逐步执行经过精心设计的步骤解决问题的过程。在实务过程中，社会工作者需要面对和帮助不同类型的服务对象（如儿童、青少年、妇女等），应对和处理不同层面（如个人、家庭、社区等）的问题。社会工作通用过程模式是社会工作者在实践中逐步形成的，它总结了分析和解决各种实际问题时所采用的基本程序、方法和技巧。在此期间，社会工作者通过整合微观、中观和宏观的社会工作方法开展适用于多种层次和情境的综合性服务。社会工作通用过程模式体现了社会工作的"过程观"，具有综合性、普遍性、结构性、系统性等特点。社会工作通用过程模式可以广泛应用于社会心理服务体系的建设中，可以更有效地识别基层工作中遇到的问题、评估服务对象的需求，进而提出综合解决方案。

在下文"理论简述"和"方法概述"部分，将为大家具体介绍社会工作通用过程模式的特点和核心阶段等内容。在"案例解析"部分，将以社区重性精神障碍患者的服务方案为例，讨论社会工作通用过程模式在社会心理服务工作中的应用。结合案例解析的部分，我们还将讨论社会工作通用过程模式在实践应用过程中可能会遇到的问题和挑战，并尝试提出对应的解决措施和建议。

理论简述

对社会工作"过程性"的理解在早期社会工作学科的先行者的思想中就有所体现。二十世纪初，玛丽·埃伦·里士满在《社会诊断》一书中将社会工作的助人活动视为一个过程，并探讨了社会现象的本质及社会诊断在助人过程中的重要性。在不同的发展阶段，各种理论对社会工作的发展产生了不同的影响。二十世纪六七十年代是社会工作理论和方法相互整合的时期，欧美民权运动的兴起引发了强烈的社会变革，社会工作者逐渐认识到，单一的方法已无法助其应对复杂的社会情境。因此，运用整合微观、中观和宏观的社会工作方法成为社会工作者更好地提供服务的必要条件。社会工作通用过程模式应运而生——它以社会工作专业价值观为指导，依托一定的理论，识别个体、家庭、群体、组织、社区的需求，分阶段运用科学的助人方法，逐渐形成一整套综合有效的助人过程。社会工作实务主要可分为微观（个体）、中观（家庭和小组）、宏观（组织和社区），不管是在养老院、青少年活动中心、社区矫治和家庭咨询等机构工作，还是涉及其他微观、中观和宏观层面的介入，都需要社会工作者与案主共同努力解决问题。在这个过程中，社会工作者一般会运用通用的社会工作实务过程帮助案主解决问题，包括接案、预估、计划、介入、评估和结案等阶段，每个阶段都有不同的工作任务、方法与技巧。

在运用社会工作通用过程模式前，社会工作者需要首先思考以下问题：服务对象与环境之间的关系是怎样的？如何看待和分析服务对象所处的生活世界？如何评估服务对象及其环境，以便找到解决问题的方案？在思考这些问题时，专业系统的理论视角是必不可少的。

社会工作通用过程模式的理论框架

社会工作通用过程模式所涵盖的服务对象范围广泛，个体和群体间存在着密切的相互作用，人与人之间、群体与群体之间也存在多重关系，"人与环境"的相互作用和彼此依赖的视角构成了社会工作通用过程模式的重要概念和实务框架。

社会生态系统理论

该理论主张社会工作实务涉及以下这些系统：（1）宏观系统，包括组织、机构、社区和文化这四个重要的系统；（2）中观系统，指介于宏观和微观之间的系统，包括家庭、朋辈、邻里等群体；（3）微观系统，主要指社会结构中的个体、群体或小规模组织，包括个体的生理、心理和社会等子系统，它们是构成整个社会系统的基本单元。

生命周期理论

该理论认为，人一生的发展要经过许多不同的普遍阶段，每个阶段都有不同的重要事件。生命周期理论关注个体和家庭的发展阶段，将其视为社会系统的一部分，并强调个体在不同阶段所具备的差异性。

社会工作通用过程模式的特点

综合性与普适性

社会工作理论综合性、实践经验共通性和价值观层面统一性表明，社会工作的步骤、过程和方法具有普适性，能帮助不同服务对象解决各类问题。具体来说，在理论层面综合了多元化的观点与应用，在实践层面对各种实务活动具有广泛推行性的提炼和总结，在价值观层面整合了社会工作的核心价值观与伦理守则。

系统性与结构性

社会工作通用过程模式将社会工作的服务系统分为四个，这些系统和要素紧密联系在一起，共同构成一个更大的社会工作服务系统。社会工作通用过程模式通过明确这四个基本系统的角色和关系，构建了一个系统化、层次分明的结构，使社会工作过程更有组织性和系统性。同时，这种结构性的体现也为社会工作者提供了指导和参考，能帮助他们更有效地开展活动。

过程性与阶段性

社会工作通用过程模式体现了社会工作的动态观、过程观，关注个体和社会系统的变化和成长，并强调改变的动态过程。助人活动本身是一个过程，建立关系需要一个过程，提供服务并产生效果也需要一个过程。社会工作者只有注重过程、保持耐心，才能与服务对象建立良好的助人关系，在助人效果上实现从量变到质变的飞跃，促成行为的改变和问题的解决。

通用过程模式的基本系统

通用过程模式将社会工作的服务系统视为改变媒介系统、服务对象系统、目标系统和行动系统的组合。社会工作的实务过程需要运用多种知识，调用多方资源，通过互动确认涉及的人和系统及其关系，并共同努力实现改变。

改变媒介系统

改变媒介系统是指用于促进个人、家庭或社区产生变革、变化的发展主体，如政府、机构、社区组织和社会工作者等，他们是开展服务、促使服务对象发生改变的操作者和实践者。合理利用改变媒介系统可以为服务对象提供有效的支持和帮助，落实计划。

服务对象系统

服务对象系统一般是指社会工作者面对和服务的个体、家庭、群体、组织或社区，他们通常是因为困境、问题或需求而寻求社会工作者支持和帮助的人群和单位。社会工作者通过与该系统合作，并为其提供服务，帮助他们增强自主性、幸福感，改善生活质量。

目标系统

目标系统是指社会工作者与服务对象共同努力实现变革和发展的目标。这些目标旨在解决服务对象面临的问题、提高他们的生活质量、促进社会公正和福祉。

行动系统

行动系统是指社会工作者与其他工作人员共同根据工作目标和干预计划采取的具体行动和策略。它是将服务对象的需求与社会工作的理论、原则和方法相结合的具体实践过程。

方法概述

社会工作通用过程的基本步骤

社会工作通用过程一般包括接案、预估（干预前评估）、计划、介入、评估（干预后评估）和结案六个阶段，每个阶段都涉及特定的工作任务、内容、方法与技巧。社会工作通用过程有时也被划分为接案、评估、计划与制定契约、介入及检讨与终结这五个阶段，或者接案、预估、计划、介入、评估、结案与跟进这七个阶段。社会工作者在开展实务工作过程中可能会遇到不同的危机和问题，有时候不能按照平常的介入过程进行，要根据服务对象的具体情况展开。

接案

社会工作者开展助人活动的首要前提是接案。在这个过程中，社会工作者的主要任务是与案主建立联系。在接案阶段，社会工作者需要确定案主的类型，包括自愿求助、主动接触及相关机构转介等方式结识的案主。在个案社会工作中，社会工作者需要了解服务对象的基本状况，确定是否需要开展服务、危机干预，建立专业关系及沟通模式，初步界定服务对象的问题或订立初步的工作契约。在小组社会工作中，社会工作者需要筛选小组成员、明确小组的目标与小组成员的期待、订立初步的团体契约。

预估

预估，即干预前开展的评估，是收集、分析和综合服务对象相关信息的过程，也是了解服务对象的需求、问题形成原因及可利用资源的过程。该阶段的主要任务是收集资料和认定问题，需要分析服务对象问题的成因和影响因素等。基本步骤包括收集、分析资料，以及解释、认定问题和撰写初步预估报告。预估的主要方法包括社会历史报告法、家庭结构图描述法（家庭树、家谱图）、社会生态系统图法、社会网络分析法。

计划

计划是指社会工作者在预估之后与服务对象一起制订具体的干预计划，以达成既定目标的过程。该阶段的主要任务是与案主共同制定工作目标，分为总目标和具体目标，其次是分阶段、按步骤设定接下来具体要执行的干预计划与实施方案，并确定要使用的实务模式和方法、技巧等。同时，计划需要遵循案主参与原则、计划详细具体原则，可度量和可总结的原则，以及与总目标一致原则等。

介入

介入是社会工作者实施计划、促成案主行动和改变并给予其支持的关键阶段，需要根据预估、计划等阶段得出的结果开展。介入按照途径和目的可以分为直接介入、间接介入和综合介入。直接介入以个体、家庭、群体、组织和社区为对象，直接对案主采取行动，帮助其解决问题、摆脱困境，属于微观社会工作。间接介入以案主周边的社会系统为对象，不针对案主自身开展服务，而是通过介入案主以外的其他系统解决案主自身问题，属于中观或宏观社会工作。综合介入即采取直接介入和间接介入相结合的形式开展服务，两种方式通过互补为服务对象提供更全面、系统的干预。

评估

评估阶段在介入完成之后，是对服务效果、目标实现程度等的评价和总结。社会工作者在评估中需要注重自我评估，不断反思服务介入过程中可能存在的问题。评估的方法应与社会工作的价值观相吻合，将案主的心声体现在评估报告中。社会工作者在撰写评估报告时应结合实际，并对特定部分予以保密。

结案

结案一般发生在服务和评估完成之后，是社会工作者和案主结束专业关系与服务的过程。一般在以下情况出现时才会采取结案，即目标实现、案主不愿继续接受服务（主观原因）、目标无法实现（客观原因）、社会工作者因特殊状况退出服务活动或身份发生变化等。

社会工作通用过程的运用

社会工作通用过程是服务程序的基本框架和模式。由于不同案主的实际服务需求具有较大差异性等特点，因此社会工作者在运用社会工作通用过程中需要注意以下这些方面。

助人过程的灵活性

助人过程各阶段的先后次序具有一定的灵活性，而不是一成不变的。以危机介入模式为例，当社会工作者发现儿童被虐待时，应该第一时间保护儿童的生命安全，即直接采取介入这一步骤。有时候社会工作者也需要对案主进行多次跟踪回访，甚至社会工作者在使用一系列专业方法介入后，仍需与案主重复进行某一阶段的工作。

螺旋式的工作过程

通用过程虽然存在先后的次序，但它是呈螺旋式上升的过程。在实际工作中，案主有可能遇到了新的问题，这就需要社会工作者对原来的服务内容和方式加以修正。因此，社会工作者在每次完成服务之后需要进行跟踪回访，以确认上一阶段的服务是否取得了预期效果，是否需要结案或重新修订服务计划。

参考的作用

社会工作的通用过程类似于一张"实务地图"，为社会工作者提供了工作方向，但社会工作者需要自行把握具体的规则、方法和要求。因此，社会工作者通常需掌握丰富的专业知识和技巧，并积累大量的实践经验，以便随时进行自我修正，调整工作过程。

案例解析

案例简介

目前我国对精神障碍患者的康复过程非常重视，许多重度精神障碍患者都在社区接受康复治疗。在社区中的同伴支持项目引进了相关理念，旨在让恢复效果好的患者帮助恢复效果不尽人意的患者，在社区中形成患者之间互助的良好氛围。同伴支持项目在精神障碍康复中非常重要，并且与社会心理服务体系的建设密切相关。在我国，许多省市已经开始推广同伴支持项目，其中社会工作通用过程模式可以发挥重要作用。

社会工作通用过程模式的简单应用

在接案环节，社会工作者需要初步了解患者的情况，并通过多次拜访、交谈等形式与患者建立关系。社会工作者需要明确自己的义务和责任，并与同伴及其家属建立良好的专业关系。

在预估环节，社会工作者应该从多方面收集信息，并通过量表前测、问卷、访谈等形式，描述患者的问题与需求，预估患者处境、社会系统情况和资源状况及主要问题。预估是为下一步制订更周全的计划并予以实施做准备，这有助于增强服务的有效性。

在计划环节，社会工作者也应和精防医生密切配合，建立危机干预机制。为患者建立和挖掘社会和社区内的资源网络，以此来构建行动计划。

在介入环节，社会工作者应重视所有患者，要注意发挥辅导员的角色，避免自己主导。社会工作者要帮助患者领取监护补贴，提供社区精神康复政策咨询，并在社区宣传中减少对患者的负面影响。同时要为辅导员和同伴赋能，让他们在社区普及心理健康知识，提高民众的健康素养。

在评估部分，社会工作者应关注辅导员和同伴的成长，通过量表前后测、问卷、访谈等部分对服务成效、目标实现程度进行评估。

在结案环节，评估整个工作过程，在确保服务对象能巩固社会工作者助人过程中的经验并加以运用后，再结束专业关系和撰写结案记录。

预期应用效果评估

精神障碍作为一种疾病严重影响了患者的身心健康，同伴支持是一种创新的服务模式，它指由康复得较好的精神障碍患者带领处于相似境遇的患者，共同努力战胜疾病，建立健康的行为模式，从而提高生活质量和独立生活的能力，最终回归社会。目前这种康复模式已经取得很多成效，为社区康复带来了一个崭新模式。通过以上一系列的实务通用过程，社区重性精神障碍患者群体能形成互帮互助的良好氛围，社会工作者在其中的角色和作用逐渐被精神障碍患者的同伴替代，整个程序体现了社会工作通用过程模式的系统结构性和过程的完整科学性。

现有实践的局限性与展望

现有实践的局限性及应对策略

在基层实际的服务情境中，将社会工作通用过程模式运用到实践过程还存在一些困境，包括模式应用的弹性不足、可供利用的政策资源不完善、通才型社会工作者较少等。

1. **社会工作通用过程模式在实际的服务情境中容易被僵化地使用。**社会工作通用过程模式的阶段划分存在一定的逻辑性，但是实际服务阶段的递进是有弹性的，要求社会工作者具备随机应变的能力。在一些实际服务情境中，社会工作者可能来不及接案和预估就要立即开展危机干预，案主的问题也可能会发生变化，故社会工作者就不能完全按照之前的计划行事。

2. **社会工作通用过程模式的应用需要政策和资源的协调配合。**在实践中，社会工作者可能成为政策和资源的链接者和代理人，却难以将案主与其真正需要的资源链接起来，为案主带来优质的服务内容。

3. **社会工作通用过程模式对社会工作者在实际服务情境中的运用提出了较高要求。**从接案到结案的每个阶段都对案主的改变起着十分重要的作用，需要社会工作者使用不同的、有针对性的方法和技巧，这要求社会工作者不断地更新所学知识。当前我国考取社会工作师资格证书的人数在不断增加，但是实际从事社会工作的社会工作者的培养路径还不够成熟，许多地区的培训存在学而不用的现象。

社会工作通用过程模式在社会心理服务体系中的应用展望

社会工作通用模式在社会心理服务工作中的应用广泛，可以为患者提供综合性支持，注重个体化关怀、促进社会融合，进而提高社会心理服务的质量。从传统单一的心理健康服务体系到新时期综合的社会心理服务体系，理论和实践层面均实现了若干转变。这些转变在同伴支持项目等为社会心理服务体系后续的建设提供了重要的实践经验。

- **治疗到预防**。同伴支持项目中的患者从医院回到社区后，需要在社区生活中获得帮助。社会工作通用过程模式非常重视整个社会支持系统在预防环节的作用，社会支持可以缓冲社会矛盾的发生。

- **自助到互助**。同伴支持的核心理念在于互助精神，但是互助氛围的形成需要信任和对团体的认同。社会工作通用过程模式重视过程性和助人关系的建立。社会工作者需要促进良好的助人关系的建立，加强患者的自主性，在社区中形成积极的助人网络。

- **被动到主动**。同伴支持提供了一个平台，以便患者可以分享政策信息，从以往患者去医院发展到社区主动给患者提供平台进行互助康复与训练。社会工作通用过程模式可以让社会工作者与患者一同工作，在结合政策资源的基础上，兼顾微观工作和宏观工作。

- **个体到整体**。在同伴支持项目中，患者不再是孤单的，而能融入社群中。社会工作通用过程模式恰好联结了微观工作和宏观工作，让患者既可以在个案服务中得到心理咨询服务，也可以在群体中实现康复，促进了整个群体的心态健康。

- **咨询到服务**。在同伴支持项目中，患者可以接受多元化的服务。他们可以接受各种社交技巧和就业方面的技能训练。社会工作通用过程模式提供了服务内容的多元化，这也要求社会工作者和其他单位的工作人员密切配合。

在社会心理服务体系建设中，我们也可以在具体实践过程中运用社会工作的通用过程模式，这一方面可以促进服务流程的规范化，从问题识别、评估、干预、监督到评估等各个环节进行有序和系统的工作，另一方面可以促进社会组织和社区资源的整合，建立起协同合作的机制。例如，通过加强"五社联动"工作机制，促进各个参与系统间的合作与协调，避免重复投入和形成信息孤岛的现象，提高资源的利用率。

⊃ 会谈评估技术

本部分内容主要介绍社会工作会谈评估技术及其在社会心理服务体系建设中的应用。在社会工作实务中，会谈是一个重要环节与步骤，是社会工作者与服务对象为实现目标开展的结构性互动。我们可以根据会谈目标的不同把社会工作会谈分为建立关系的会谈、评估性会谈、治疗和干预性会谈及一般性咨询会谈等类型。本节将重点介绍评估性会谈的相关技术，评估性会谈属于认知行为疗法中的会谈技术，会谈的主要任务是收集资料，对问题做出明确判断，并确定初步的计划和目标。评估性会谈包括收集资料及界定问题（干预前评估）的会谈和总结性质（干预后评估）的会谈。

在 19 世纪 60 年代，英国的慈善组织会社通过派遣"友善访问员"对申请救济者开展关于其需求方面的调研。在与服务对象进行深入交谈的过程中，"友善访问员"形成了一套行之有效的调查方法，并开始推广实践经验。1893 年，英格兰的济贫院和慈善组织协会通过创建两年制的"慈善学校"，为社会工作会谈及调查方法奠定了基础。里士满在《社会诊断》一书中提出了社会工作评估结构的最初框架，并十分重视对服务对象及与环境相关的事实和证据的收集，这被认为是社会工作专业化的开端。随着个案、小组、社区三大方法的形成和确立，社会工作会谈的评估技术也在不断发展和成熟。早期的社会工作者在会谈及调查中普遍使用带有医学意味的诊断模式，在后续发展过程中，一些学者及实务工作者批评"诊断"一词的使用将服务对象问题化和病态化，故用"评估"代替了"诊断"。在开展评估性会谈时，持不同理论视角的社会工作者在收集信息时的侧重点也可能会存在差异。

社会工作者在进行会谈时常用的实务技能主要是沟通技巧，沟通质量直接决定了评估性会谈的质量。沟通技巧包括语言技巧，以及诸如动作、手势等非语言技巧。此外，社会工作的会谈评估技术可以广泛应用于社会心理服务体系的建设中，可以使社会工作者更有效地识别其在基层工作中遇到的问题、评估服务对象的需求，进而提出综合性的解决方案。

在下文中，我们将为大家具体介绍社会工作会谈的沟通技巧和评估工具，并通过引入案例，讨论社会工作会谈评估技术在社会心理服务体系中的应用。我们还将结合案例解析的部分讨论社会工作者在实践应用过程中运用社会工作会谈评估技术时可能会遇到的问题和挑战，并提出对应的解决措施和建议。

方法概述

会谈评估的主要目标是收集有关服务对象的信息，预估是指社会工作者在收集服务对象相关信息的基础上识别问题和制订干预计划，干预后的评估是指社会工作者在提供服务后总结和反思服务成效。社会工作的会谈评估技术既是收集资料的过程，也是了解服务对象的能力和外部支持系统的过程。

评估性会谈的目标

1. 了解服务对象的需求和问题。

2. 对问题做出评估，并进行认知概念化。

3. 与服务对象建立关系。

4. 让服务对象了解认知治疗的结构和进程。

5. 确定需要解决的问题和咨询目标。

6. 作出助人决策（服务对象是否适合接受认知干预、是否需要接受辅助干预，以及每周接受干预的频率）。

评估性会谈的任务

1. 建立咨询关系：社会工作者应以人本主义为行事原则，耐心倾听服务对象的想法与需求，并及时处理案主的消极情绪。

2. 会谈结构化：会谈开始前，社会工作者对整个会谈的内容、场景等做相关准备和说明，明晰本次会谈的目的和安排，按照预期的会谈步骤有秩序地进行。

3. 搜集资料，做出评估：社会工作者需要根据服务对象对问题和需求的阐述，了解问题的起因、现状、症结和利害程度等相关内容，并据此对问题做出判断。

4. 个案概念化：应用认知行为模型理解服务对象的问题，并应用合适的技术协助服务对象解决其心理问题。

5. 明确助人目标：社会工作者在搜集服务对象的相关资料、完成初步预估和个案概念化后，与服务对象讨论后续开展社会工作的方向和目标。

会谈评估技术中的沟通技巧

在社会工作会谈中，社会工作者可以使用不同的沟通技巧促进会谈的顺利进行，从而更好、更有效率地收集信息，以及与服务对象一起识别问题和寻找问题的解决办法。会谈中常见的具体沟通技巧如下所示。

支持性技巧

社会工作者通过运用语言及非语言技巧，使服务对象感到被接纳、尊重和理解，并促使其建立信心、实现自我成长，具体技巧包含专注、倾听、共情和回应。

专注是指社会工作者将注意力集中在服务对象身上，全神贯注地倾听和理解服务对象的需求、问题和经历，主要通过身体语言表达（如眼神接触、身体前倾、点头、面部表情、手势等）。

倾听是指以一种积极、专注和体贴的方式关注服务对象的内心表达，从而真正了解服务对象的需求、感受和经历，并提供相应的支持和干预。通过专注使服务对象知道自己在专心聆听，并以恰当的回应表示自己的理解。

共情是指社会工作者通过与服务对象建立情感共鸣和理解，体验并反映对其感受的共鸣和关怀。共情有助于建立一种温暖、支持和理解的氛围，以及促使双方能有效沟通和建立和谐的关系。

回应是指对服务对象的表达、需求或问题给予反馈的行为，包括语言、非语言的回应，旨在形成有效的沟通和建立和谐的关系，以满足服务对象的需求并助其实现自我成长。

引领性技巧

引领性技巧是指社会工作者运用特定的技巧和策略，主动引导服务对象的思维和行动，旨在激发服务对象的内在潜能，增强其自主性和解决问题的能力，以帮助他们实现个人目标、面对挑战并做出积极的改变。这些技巧具体包括询问和探究、澄清、聚焦、摘要等。

询问和探究。询问是指社会工作者通过提问的形式探索与服务对象的问题相关的议题。询问的形式可以分为开放式提问、封闭式提问，以及直接提问与间接提问。探究是指针对服务对象所述内容，进一步对其进行询问的过程。

澄清是指在会谈过程中，社会工作者针对一些不清楚的信息进行一定说明，使服务对象深入了解自我，从而化解期待落差，可以使用开放式提问、邀请服务对象举例说明。

聚焦指将对话的关注点集中在服务对象的核心需求、问题或目标上，找到对话的中心，避免出现话题游离和谈论范围扩大的情况。可在恰当时机运用澄清问题、开放式提问等方式顺其自然地进行聚焦。

摘要是指对目前讨论的重点内容进行归纳和总结，这样可以帮助社会工作者将复杂的信息整理成简洁、清晰的摘要，以便于回顾、理解和进一步处理。社会工作者应与服务对象确认摘要的具体内容，并及时修改和补充。

影响性技巧

影响性技巧主要是指那些用于影响、改变和有利于服务对象的方法技巧，可以用来帮助社会工作者建立与服务对象的积极关系，激发他们的内在动力，并促使他们采取积极的行动，如下所示。

提供信息是指社会工作者向服务对象直接或间接地提供的有助于其改变的知识、资源和信息，这能增强服务对象主动解决问题的意识。

自我披露是指社会工作者有选择性地将自己与服务对象相似的经验、观点和感受透露给服务对象，以助其更快领悟和习得应对和解决问题的方法，从而有所改变。自我披露的目的是满足服务对象的需求，披露的内容需要与当下的情境相关，同时社会工作者也要避免过度披露导致影响服务对象的自我选择。

建议是指社会工作者为服务对象指出解决问题的方法、路径，或者为其明确接下来的打算，旨在帮助服务对象尽早实现预期目标。

忠告是指社会工作者针对服务对象的部分行为、语言进行劝告，向服务对象提供明确的、行动导向的建议，包括危害性行为的警示，体现出一种强制性，旨在帮助客户面对问题、做出决策并采取适当的行动。

对质是指社会工作者与服务对象的互动交流发生偏离，不能促进其发生正向改变，于是直接对其提出疑问或打断谈话的行为，并不针对对方的人格等，体现的是"对事不对人"。

评估性会谈的实施过程

根据会谈时间的推进，我们可以把评估性会谈的进程分为四个发展阶段，分别是准备阶段、开始阶段、中间阶段及结束阶段。

- **准备阶段**。社会工作者需要做好一系列准备工作，例如，布置舒适、安全、可靠的会谈环境，准备好会谈时所需要的文件和设备，按预期的时间赴约，等等。所有的准备工作都可以在细节层面体现出社会工作者对服务对象的尊重，社会工作者的可靠形象也有利于会谈的进行。

- **开始阶段**。社会工作者应该在接案前期建立关系的基础上，充分利用社会工作的沟通技巧，创造良好的互动氛围，努力让服务对象信任自己。在初期阶段，社会工作者不宜询问过于私密和复杂的问题，可以适当准备一些日常话题，让服务对象有缓冲和准备的时间。在服务对象进入状态后，社会工作者要与服务对象厘清本次会谈的主要目标，并就收集信息的使用和保密等问题进行申明。

- **中间阶段**。社会工作者要与服务对象一起努力收集干预前评估或总结评估需要收集的信息。社会工作者可以使用引领性的沟通技巧，并借用一定的辅助工具。评估性会谈的主要目的是收集信息，但是，如果服务对象在陈述的过程中产生情绪困扰，社会工作者应及时做出回应，与服务对象一起辨识产生困扰的原因，将出现的新情况和新信息纳入未来的干预计划中。

- **结束阶段**。社会工作者可以和服务对象一起，总结收集的信息，形成初步的评估报告。与此同时，社会工作者要及时向服务对象澄清不清晰的信息点，以避免造成误解。最后，社会工作者需要掌握好评估性会谈的次数和时间，如果需要多次会谈，社会工作者可以和服务对象讨论下次会谈的大致内容。

案例解析

案例简介

本节的案例是社区精神障碍康复患者的社会心理服务案例。我们将以社区中的精神障碍康复患者李华为例，说明在评估性会谈中通过咨询会谈搜集资料的过程。

会谈评估技术的具体应用

精神障碍康复患者李华听取医生建议，来到了社区服务中心的办公室，社会工作者张力此前已经知晓他的基本信息（李华，67 岁，男，已婚，育有一子，无工作）。张力其后便开始通过会谈收集一些相关信息。李华先表明了自己的主要问题，就是自己正在变得越来越慌张。随后，张力问他在什么情况下会慌张。李华说白天晚上都会感到慌张，每次慌张的时候还会感到眩晕，现在都不敢出门了，因为害怕自己的身体突然出问题，甚至有可能发疯。

李华主要说明了他恐慌的表现，以及具体在哪些情况下会出现恐慌。社会工作者接下来需要确认的是李华恐慌的严重程度及其对社会功能的影响，具体包括每次恐慌的持续时间，以及对自己的生活造成了什么影响等。

社会工作者了解到，李华每次恐慌的持续时间虽然不久，但是次数很多。目前来看，李华开始变得不爱出门了，而且睡眠方面也受到一些影响。

接下来社会工作者打算了解引发李华恐慌的社会因素及发病原因等。

李华说自己是从半年前开始注意到自己的恐慌症状，并且越来越严重了。社会工作者通过询问得知，半年前李华并没有发生什么变故，而是在去年 9 月孙子去上大学之后，他就觉得自己每天无所事事，心里空空的。

随后社会工作者打算了解李华孙子上高三和大学期间的情况，因为可能是孙子上大学离家让李华觉得自己的生活失去了目标，从而引起了他无事可做的恐慌感。

事实证明确实如社会工作者所猜测的那样，在孙子读高中到上大学期间，李华经历了很大变化。在孙子读高三期间，李华本想找份工作，避免之后天天在家待着，但是顾及老伴的想法和对自己的病情，心中犹豫不决。等孙子上大学后，老伴也不经常待在家里了，因此李华变得恐慌起来。

除了以上这些信息之外，社会工作者还需要收集其他方面的一些信息，包括李华的社会关系、能力等方面，在横向层次上尽量做到全面了解。

社会工作者随后首先开始了解服务对象的夫妻关系，李华虽然表示目前并没有什么问题，但社会工作者不应只浮于表面，应将收集的信息具体化并予以进一步评估，也可以通过让服务对象以举例的方式反映二人的夫妻关系。例如，吵过架吗？是如何解决分歧的？其次，社会工作者开始了解李华和孙子之间的关系，同时张力也顺便询问了李华在社区的社交情况。再次，张力想了解李华的能力方面的情况，他也考虑到李华现在没有工作，不存在工作能力上的问题，因而只能谈及李华平常在生活方面的情况，如做家务、照顾老伴等。最后，张力也询问了目前李华的身体健康情况恢复得如何、有哪些其他的状况，等等。

经过以上会谈，社会工作者对李华的当下情况进行了相对全面的横向了解，接下来，社会工作者还需要全面了解李华的过去和未来。

有关过去的信息包括李华的家庭背景，从小生活的环境、家庭教养方式、其他家庭成员的大致情况，以及李华与其配偶的经历，等等。未来可以谈及李华对康复之后的打算，是否存在其他需求和问题，等等。社会工作者在了解清楚以上这些方面后，对李华的资料搜集工作就基本完成了。

应用效果评估

对社区重性精神障碍患者的会谈评估，主要从过程回顾和会谈成果两方面展开。在会谈结束后，社会工作者要与服务对象对整个服务过程进行系统性回顾，并对取得进步和成功的原因进行分析和总结。首先，社会工作者要与服务对象回顾在介入前后发生的改变，以及改变是如何发生的。其次，要总结经验与心得。社会工作者应通过询问服务对象的感受与想法从中发现和强调发生改变的关键之处。最后，从成长的角度看待案主问题解决的过程，而不仅仅关注如何解决问题，社会工作者应该关心的是服务对象的自我成长，具体指获得解决问题的能力，并能在未来继续自主灵活运用这些能力。

涉及的职业伦理和原则问题

社会工作者一般扮演着支持者、倡导者、管理者、治疗者等多重角色。社会工作者可以通过运用谈话疗法帮助服务对象解决情绪困扰，同时应注意使用一定的沟通技巧。而社会工作者使用的会谈评估技术重视对服务对象的心理、社会交往等多维度需求的评估，以及对其社会支持网络和可利用资源的评估。

在使用会谈评估技术时，社会工作者首先应确保服务对象在整个过程中积极参与。在评估过程中，社会工作者与服务对象在目标或期望达成的效果上可能存在偏差，因此社会工作者需要与服务对象一起对信息进行分析。首先，社会工作者需要保证服务对象投入评估过程。其次，社会工作者需要把握自己的价值立场，但同时要时刻尊重服务对象的价值立场。服务对象和社会工作者对同一问题的不同看法、对不同问题重要性的排序都反映了他们自身的价值立场。社会工作者应在尊重服务对象的意见的基础上进行评估，并确保不损害服务对象的利益。最后，社会工作评估是一个动态过程。社会工作者应保持开放和谨慎的态度，在服务过程中持续收集和补充新信息，灵活地调整和修改评估报告和干预计划。

现有实践的局限性与未来展望

社会工作者接触的往往是弱势群体，因此他们自主寻求心理服务的可能性较低。即使在心理咨询与评估服务领域，社会工作者也不可能是"全能者"，在一些复杂的特殊情况下，社会工作者需要对服务对象进行转介。因此在社会工作融入社会心理服务体系背景下，可以通过建立健全服务机制，搭建社会心理服务网络，打造社会心理服务专业团队，同时需要完善社会服务之间的转介机制、联动机制与信息共享机制，将不同领域内的问题留给专业的人才，从而加快社会工作与社会心理服务体系之间的融合发展。社会工作的会谈评估技术对社会心理服务工作的有效开展也起着重要的作用，有助于社会工作者准确把握服务对象的需求，制订个性化的服务计划，建立相互信任和合作的关系，并评估干预效果和目标实现情况，从而提供更有效和贴心的支持。

同时，社会工作的会谈评估技术在实践中也存在一些局限性。一是社会工作者进行会谈评估时，可能受到个人主观意识和其他方面的影响，导致对服务对象情况的理解和解释有偏差，从而影响评估的客观性和准确性。二是会谈评估需要基于服务对象提供的信息展开，而这些信息的真实性、准确性还有待进一步证实。三是会谈评估通常需要花费较长时间，而社会工作者的时间和资源往往有限。因此社会工作者在开展会谈时需要重视这些局限性。但总体而言，未来社会工作的发展与社会心理服务体系建设将会得到重视，因此在进行会谈评估或资料分析时也可以通过请一些专业心理咨询师的介入达成共同目标。

➲ 认知行为矫正技术

本节将会向大家介绍认知行为矫正技术[①]。认知行为矫正技术最早由唐纳德·梅肯鲍姆提出，是认知重建的一种方法。它的核心在于帮助服务对象意识到其内心的对话，并改变自我认知的方式和内容，以达到治疗的目的。认知行为矫正技术在各种障碍（如抑郁障碍、焦虑障碍、人格障碍、失眠障碍等）及身心问题和成瘾问题上有成熟的治疗方案和明确的疗效，因此被广泛应用。认知行为矫正技术能通过改变服务对象的错误认知、非理性信念等，从而矫正其行为。认知行为矫正技术是一种实用且有效的技术，可以减轻非理性信念对服务对象的负面影响，提高社会心理服务工作者的效率。

---

① 从严格意义上来讲，认知行为矫正技术与认知行为疗法有一定区别，但本书将二者"一视同仁"，更注重它们在理论构成和技术运用方面的共通点。

理论简述

认知行为矫正技术的一个基本观点是，行为改变的先决条件是服务对象必须了解或意识到自己的思维方式、情感状态和行为表现，以及这些行为对他人产生的影响，即服务对象只有知道这些，才能改变其不当行为。否则，服务对象将永远都不知道自己为什么要改变，以及要改变什么。

发展过程

梅肯鲍姆博士在整合认知行为疗法方面做出了重要贡献，他提出了认知行为矫正技术、自我指导训练技术和压力接种训练技术，这些技术促进了认知行为疗法的发展。认知行为疗法最早兴起于 20 世纪 60 年代初，20 世纪 70 年代开始出现关于"认知行为矫正"的重要著作。在此期间人们对认知及将认知理论应用于改变行为产生了浓厚的兴趣。有学者曾指出，尽管 20 世纪 60 年代的心理学界经历了一场认知革命，然而相同的理论观点却在一段时间后才开始对临床心理学产生影响。作为临床心理学认知革命的一部分，不同的理论家和实践者开创了大量与认知及行为改变有关的模型，以及一整套真正的临床技术。

认知行为矫正技术和认知行为疗法的前提假设和干预方法几乎完全相同，二者的分水岭在于对干预效果的看法。认知行为矫正技术将外显的行为改变作为其最终的效果，而一些当代的认知行为治疗仅关注认知本身，相信随后就会产生相应的行为改变。"认知行为疗法"比认知行为矫正技术的认可度更高。

基本原理

个人行为受他人陈述的影响。梅钦鲍姆认为个体的自我陈述也能对其行为产生重要影响。因此，认知行为矫正技术注重改变个体的自我语言表达方式。认知行为矫正技术认为，个体注意到自己的想法、感受、行动及其对他人的影响是改变其行为的先决条件之一。要真正改变行为，个体需要打破思维定势，这样才能在不同的情境中客观评价自己的行为。

内部对话的功能

影响外在行为

我们使用的人际语言和内在语言在形式上非常相似，它们都在中介性行为中起到一定程度的指导作用，而自我指导和人际指导的内部过程在形式上也有许多相似之处。内在语言的一个作用是影响个体对压力的反应。个体对压力的反应很大程度上受到其对压力源的评价、对自身感受的归因及对自己的应对能力的评估等因素的影响。而个体在特定压力情境下对其应对能力的内部语言会影响其行为。同时，个体在该情境下的焦虑水平也和与情境相关的自我评价有关。如果个体只关注自身及其功能上的不足和自我不满等观念，那么其焦虑水平就会较高，反之则较低，这意味着个体的内部语言间接地影响着其行为。

同时，认知也可以影响生理反应和情绪状态。由于心境和自我语言存在某种联系，因此思维可以影响和引导行为。我们的许多行为都是自动化的或由习惯驱使的，在行动之前我们没有经过太多思考，因为习惯通常是快速且有效地使我们做出行动的。然而，如果我们想改变行为，就必须在行动前有意识地进行准备和思考。内部语言的产生使不适应的行为成为主动行为，并为形成新的适应性行为奠定基础。

改变认知结构

认知结构是个体在认知过程中形成的一种组织模式或框架，对个体的信息处理、思维方式和行为表现等方面都有重要影响。认知结构也与个体的认知能力和学习方式密切相关，反映了个体对世界的认知模式、认知偏好和思维习惯等方面的个体差异。个体在学习新技能时要调整和改变旧有认知结构，这样才能控制和影响自己的思维策略，并选择适合的思维方式。认知结构的改变主要有吸收、替代和综合三种形式。内部语言的本质是由认知结构决定的，内部对话有助于改变和调整认知结构，这种相互作用形成了一个可以改善和调整认知结构的良性循环。

方法概述

认知行为矫正的程序

学习自我观察

改变服务对象认知的第一步就是要让服务对象学习增强对自己的想法、感觉、行为、生理反应以及与别人互动方式等方面的敏感性，善于倾听自己的心声。这种训练能使服务对象明白自己的内心想法总是非常负面的，而正是这种负面的想法和感觉引发了负面情绪。

学习新的内心对话

在第一阶段的学习过程中，服务对象会逐渐注意到他们的情绪困扰和内心当中的消极想法。如果他们希望做出改变，就会形成一种新的行为链，这个行为链与他们之前的不适应行为相矛盾。由此他们就会学习进行新的内心对话，改变自己的行为，以此重建认知。

学习新的技巧

在这一阶段，要教授服务对象更有效的因应技巧。即用因应式的陈述方式取代原有的自我毁灭式的内心对话，修正认知集合或思维的认知结构，以收获更有效地应对压力情境的对话策略。服务对象需要在实际情景中勤加练习才能掌握这项技巧，即用新的、积极正向的内心对话取代原来自卑的内心对话，并且要坚持练习，多加以运用。在此，梅肯鲍姆一般用五个步骤教导服务对象学习新的因应技巧，具体步骤如下所示。

1. 通过角色扮演和模拟使服务对象置身于焦虑的情境中。

2. 要求服务对象自己评价此时的焦虑水平。

3. 指导服务对象觉察压力情境中引起焦虑的认知，以及这种认知与焦虑的关系。

4. 通过重新评价自我告知的历程，帮助服务对象检查、反思这些想法，并尝试换一个新的想法，学习新的内心对话方式。

5. 要求服务对象再评价换个想法之后的焦虑水平。通过再评价让服务对象明白一个道理，即自己的负面想法给自己带来了烦恼，改变想法和思维方式就可以让自己解脱。

认知行为矫正的主要技术

系统脱敏法

系统脱敏法主要技术包括肌肉放松、调整呼吸、刺激触觉和暴露疗法等，旨在帮助个体减轻或管理其对触发焦虑、恐惧或创伤反应的系统敏感性。其中也存在认知因素的作用，即通过让服务对象进行内部的自我对话，帮助他们调整心理状态并适应放松的心态；还可以让服务对象想象使其焦虑的情景并引导其主动应对，同时通过调整呼吸和自我引导，使其产生正确的想法并作出积极行为。

社会学习 – 观察学习榜样

榜样是有积极品质、行为或特征的人，可以是现实中存在的人物，也可以是虚构的角色。基于社会学习理论引导鼓励服务对象，通过帮助服务对象观察和模仿榜样，学习新的行为模式，将其转换成内部的感受、认知及自我语言，然后通过学习、感受和自我指导认知使行为发生正向改变。

压力 – 免疫训练

压力 – 免疫训练就是教会服务对象应付不同等级的压力情境，增强其抗压力，具体主要分为三个阶段。一是教育阶段，教授服务对象根据不同的压力情境实际情况全面客观系统、有效地看待问题，然后逐渐接受压力带来的反应，并形成改变这种情况的自我语言。二是重复阶段，为服务对象提供应对压力、恐惧等不良反应的直接行动和认知应对方法。三是应用阶段，由社会工作者呈现一系列问题源，先是社会工作者进行示范，然后服务对象根据所学进行实践。

认知重建技术

主要通过识别、挑战和重新评估由消极、扭曲、焦虑或恐惧情绪触发的认知模式、思维方式和自我对话，帮助个体改变消极或扭曲的思维，重新构建积极和现实的自我认知，从而减轻对问题的敏感性。一般包括认知观察和识别、挑战负面思维、替换思维、实施行动与反馈复习等阶段，主要手段包括反思、逻辑思考和替代性解释等。

案例解析

案例简介

刘伟，男。初二时，家里因做生意举家从内地移居到香港，他也不得不进入一所新的中学。来到新学校后，经常会有一群人喊刘伟的名字，并给他起一些有歧视意味的绰号。刘伟也不示弱，他通常会和同学打架来渲泄不满。教导主任三番五次看到刘伟在打架，建议他接受咨询。

社会工作者通过与多人的交谈，找出了刘伟打架的诱因，还有一些刘伟自己也没有注意到的问题。刘伟一旦开始产生愤怒的想法，身体就开始变得不由自主起来，整个人也会变得狂躁，还会气愤地自言自语，例如，"他不能再这样嚣张了""我不能让他好过""我要让他变得跟我一样"等等。经过交谈，刘伟说是那些同学先开始羞辱他的，这不能完全怪他。他每次一听到充满挑衅的话就会很气愤，然后就想用"拳头说话"，才会和同学打架。有时候，那些同学可能只是调皮想开玩笑，但是一看他要出手便赶紧躲开。

因为刘伟打架的时候，社会工作者不在现场，所以对刘伟的打架行为不宜使用强化的方法，并且社会工作者也无权制止其他学生的那些具有歧视性的行为。于是，社会工作者决定采用认知行为矫正法帮助刘伟改变诱使他打架的自动思维。

首先，社会工作者帮助刘伟识别在愤怒时产生的自我对话及外在表现，让他认识到正是这些自发语言和自动思维引发了他的神经兴奋，从而使他想用"拳头说话"。刘伟知道了这些问题后，当即就同意与社会工作者合作，改变自己的自动思维。

其次，社会工作者教授了刘伟一些不会引起愤怒和打架的对抗性自我语言，例如"君子动口不动手""他不值得我出手"或"动手打架对我没有任何帮助"等等，并让刘伟通过自我演练、角色扮演等方式练习在类似的情境下使用这些语言。当成功地避免了问题的发生或者自己走开的时候，社会工作者说刘伟要在内心表扬自己或奖励自己吃点好吃的。同时，社会工作者也会根据刘伟练习的成果给予刘伟阶段性的肯定，从大声喊出来到在心里默念，他们共同在咨询的过程中不断进行磨合、修正。

再次，当刘伟熟练掌握对抗性自我语言技巧后，社会工作者告诉他还要学习一些让身心放松的技巧才能真正避免变得愤怒。在接受咨询后，刘伟开始对掌控愤怒情绪，变得自信，并且慢慢地改善了与其他同学的关系。

最后，社会工作者让刘伟签下了一份只有他们二人知道的"协议"。该"协议"明确表明刘伟不打架就会获得奖励，打架就会受到更严重的惩罚。刘伟很愿意配合社会工作者，他觉得这些方法都是为了促使他改变自己，他也很感谢社会工作者提供的帮助，结案过程中他能够心平气和地与他人说话，那些曾经说过他的同学大都变成了他的好朋友。

技术应用分析

在前面所描述的案例中，社会工作者通过运用认知行为矫正法，帮助刘伟改变愤怒的自我对话，从而避免了打架行为的发生。首先，社会工作者通过会谈进行功能性评估，找出刘伟打架的原因与后果。其次，教会刘伟用对抗性的自我对话代替过去的自我对话，并运用行为技术训练法教授刘伟进行自信训练的方法。再次，教授他放松的技术方法以缓和他在使用对抗性自我对话时的情绪。最后，社会工作者运用行为契约法进一步帮刘伟规避打架行为，并制定了奖惩规则。这一系列技术方法，包括认知重建、情绪放松、行为技术训练等能帮助服务对象达到认知行为矫正的目标，最终促使服务对象改变行为。

现有实践的局限性与未来展望

先天的局限性

客观性的简化

认知行为矫正法关注人的认知和思考方式，主要通过帮助服务对象改变自身的认知模式和思维模式来解决问题，从而达到改变行为的目的。该方法虽然在很多情况下能奏效，但在某些情况下会过于简化现实生活中复杂的事实。此外，认知行为矫正法忽略了生物和遗传因素的影响。

服务者的影响

认知行为矫正法的最大特点是客观性，不会因一些主观的判断和决策影响干预结果。但是，提供服务的社会工作者的个人经验和理念同样会影响干预效果。

时间成本

一是周期较长。通常需要几个月或几年的时间，需要服务对象长期坚持按照干预计划的要求进行训练。二是需要周期性的辅导。在工作过程中，社会工作者需要时常与服务对象进行沟通，提供辅导，同时需要定期检查。三是费用较高。认知行为矫正的过程需要花费较多时间和精力且需要社会工作者具备较高的专业水平。

不同文化间的差异性

一是文化差异会影响服务效果，二是文化差异会影响社会工作者与服务对象之间的交流，即二者可能会因为有不同文化背景而难以进行有效的交流，从而影响对服务对象的评估和服务效果。三是不同文化对心理问题的识别和处理方式存在差异。有不同文化背景的人对情绪、压力等方面的感受和应对策略也存在很大差异，这些差异同样会影响服务效果。

应用展望

在社会心理服务体系建设中，考虑到应用成本、施行难度等问题，可以将认知行为矫正法作为基层社会心理服务工作者的主要应用方法，贯穿于个案、小组和社区方法中。对个体而言，认知行为矫正法有助于提升群众的心理健康水平，促进人与人之间的关系和谐。一方面，它能帮助服务对象宣泄不良情绪，使服务对象正面、客观地认识自己和周围的环境。另一方面，认知行为矫正法可以帮助服务对象分析产生心理压力的压力源及核心压力事件，引导他们正向地看待身边发生的一切事物，并通过改变自我认知来尝试和探究新的减压技巧。

⊃ 服务对象的权益维护

本节会向大家介绍服务对象的权益维护。在这里我们暂且以狭义角度，简化对服务对象的界定，将他们视为特殊群体、弱势群体、失能者或需要帮助的人，基于此视角，我们将保护弱势群体理论作为本节基础理论进一步阐述。

社会工作者通常在解决服务对象在日常生活中遇到的困难时使用该理论。在社会心理服务体系建设过程中，社会工作者面对服务对象的求助或在服务过程中，通过关注和保障服务对象的权益为其赋能，帮助其学会维护自己的正当权益，促进其人格、心理的健康发展。

理论简述

服务对象与弱势群体

服务对象一般是指接受社会心理服务的个体或群体（也称受助者、服务对象、案主或工作对象等），他们在面对困难时，可能无法自主地解决问题，需要接受社会工作者的帮助。在各国社会工作的发展初期，需要帮助的对象通常是社会上最边缘化、最需要帮助的群体，包括无家可归者、儿童、妇女、残疾人和老年人等以及由于各种原因陷入困境的人群，他们在发展中国家仍然是主要的服务对象。在社会工作发展起步阶段，社会工作者主要使用个案工作法提供服务，因此把服务对象统称为"案主"。随着社会经济的快速发展和大众需求的不断变化，家庭、社会组织、社区等也成为社会工作的服务对象，社会工作的性质也由补救性、治疗性向预防性和发展性的方向转变。其后，社会工作的基本对象逐渐从被危机困扰的人群扩展到普通大众，即所有人都可能成为社会工作的服务对象。

从狭义的视角出发，服务对象在某种程度上可以被视为相对弱势的群体，是遇到困难需要他人帮助的人。国内在对弱势群体这一定义虽未形成统一共识，但是典型特征为缺少资源、被剥夺部分能力和身陷某种困境，这些都说明他们在社会地位方面有一定的劣势。

弱势群体权益保护的历史脉络

我国自古以来曾采取了一系列的社会保障措施，例如氏族社会的"家庭责任"、封建时期的赡养制度等。家庭的权益保护实践源于氏族社会时期，氏族保障以生产资料公有制和对消费资料的共同占有为基础。每位社会成员都享有从氏族那里获得平等的生活物资保障的待遇。在西方，《伊丽莎白济贫法》建立了对弱势群体保护制度化、规范化、法制化的运作机制，这是对弱势群体的法律保护的雏形。此外，在18—19 世纪，欧洲发动的第一次工业革命对弱势群体的权益保护也产生了重要影响。从全球来看，在 1952 年至 2000 年，国际劳工组织出台了一系列保护弱势群体的国际公约，这在医疗、就业、家庭、养老和生育等方面都进一步促进了弱势群体权益保护的发展。

相关理论

保护弱势群体理论

保护弱势群体理论是基于对社会活动主体（包括自然人、法人和其他组织）在实际社会生活中的不平等的认识，为维护社会利益，促进社会的和谐及可持续发展，而对弱势群体予以特殊保护的思想和主张。该理论认为，应该采取积极的措施来平衡权力和资源，以确保弱势群体能享有公平的机会和福利，如《中华人民共和国劳动法》《中华人民共和国未成年人保护法》等法规的颁布。在社会工作中，服务对象作为一定意义上的弱势群体，需要由社会工作者协助维护他们的权益。

人本主义理论

人本主义理论强调的是人类的尊严、价值和权利。人本主义追求的是将人类的尊严、价值和权利放在最高的位置，强调人的自由、平等和发展。人本主义理论的核心是以人为中心，关注个体的需求、尊严和自我实现。它注重个体的能力和潜力，提倡社会关爱、尊重和接纳个体，鼓励个体追求自我发展和幸福。该理论对心理学界和教育界等领域产生了积极的影响。

社会资源理论

社会资源理论是一种社会学和经济学领域的理论，主要关注个体或群体在社会中获取和利用资源的过程。它强调社会资源对个体和群体的重要性，以及资源的分配和利用对社会结构和不平等的影响。社会资源理论强调社会关系的重要性，个体通过社会关系网络获取和利用资源，这些社会关系网络包括家庭、朋友、同事等。社会支持和社会关系能帮助个体获取资源。一些学者认为，个体掌握的社会资源越多，其拥有的权力、财富也会越多，地位也越高，从而更有利于实现目标。社会心理服务工作者要帮助服务对象在合理合法范围内获取更多的社会资源，促使其获得来自多方的帮助。

弱势群体权益保护的一般原则

平等原则

该原则认为，社会应当以平等的方式对待弱势群体，确保他们的权益得到充分保护。这意味着不论一个人的社会地位、财富或其他身份特征如何，都应当享有平等的权利和机会，即对所有类似的群体成员提供普遍和规范的保护，因此这种保护应具备制度性的特征。

区别保护原则

特殊保护原则强调给予弱势群体重点保护。区别保护原则提醒我们注意，虽然同为弱势群体，但是每类弱势群体所遭受的不公正待遇是不一样的。况且每名弱势群体成员都具备不同的特征，因为不同的原因而处于弱势地位。因此，特殊的保护措施只能针对这些特定的群体。

以人为本原则

该原则是保护弱势群体的主要原则。"以人为本"强调弱势群体的主体性、目的性地位，提倡法律制度应平等、人道、公正地对待弱势群体。主要表现在以下四个方面：一是以人为本强调每个人都拥有尊严，二是必须将以人为本原则融入保护弱势群体的制度中，三是将以人为本原则融入保护弱势群体的相关政策中，四是将以人为本融入司法保护弱势群体的理念中。

及时性原则

在保护弱势群体方面不仅要全面而且要及时，还要注重效率。只有及时保护弱势群体，救助其于危难之际，才能为弱势群体提供帮助，并使弱势群体更早地摆脱困境。

合理性原则

合理性在这里主要是指适度性，基于社会正义、补偿不平等、防止歧视与排斥及维护和谐稳定的考量，旨在确保所有群体都能享有公平、平等的权利和机会。在保护弱势群体方面，具体需要为他们提供支持和辅助，但对弱势群体的保护仍然要坚持适度性原则。

服务对象利益优先原则

服务对象利益优先原则指以服务对象为核心，从他们的特点和利益出发来提供服务，旨在最大限度地保障服务对象的利益。当面临关于服务对象利益与社会工作者自身、机构或其他利益间的冲突时，社会工作者应当遵从以服务对象利益优先的原则，在帮助服务对象实现自主权的过程中，最大限度地保护他们的利益。

注重发展原则

对弱势群体权益的保护不能只局限于实施救济和提供保障措施，还要关注其日后的自我成长和自我发展，可以通过提供教育、就业、社会保障和社会参与等方面的机会，帮助其摆脱困境，最终实现社会的整体发展。

方法概述

社会倡导与行动

社会倡导与行动是社会工作实务中的重要内容，旨在促进社会公正和维护服务对象的权益、推动社会进步发展。它涉及社会工作者运用自身专业知识和技能，与利益相关方合作，在法律伦理允许的范围内倡导和推动政策革新，以消除社会问题和不平等现象。社会倡导与行动可以采取多种形式，包括政策倡导、舆论宣传等。社会倡导与行动的目标是推动社会公正和维护服务对象的权益，通过完善社会制度、政策和社会观念来解决社会问题。

倡导分为个案倡导和群体倡导。个案倡导是指社会工作者为个体服务对象争取权益、提供支持和引导服务，帮助他们解决问题、改善生活并促进他们的个人发展。社会工作者致力于通过与相关机构、组织和个人的沟通和协商解决个体服务对象所面临的问题，帮助他们争取合法权益。群体倡导则是对某个特定群体进行倡导，旨在推动相关政策和法规的完善，以维护这一群体的权益和福祉。社会工作者通过调研、数据分析、舆论宣传等方式，提出问题和解决方案，并与利益相关者、政府机构和社会组织等进行合作，共同推动社会进步，为群体争取更好的生活条件和权益保障。个案倡导和群体倡导都是社会工作实践中的重要手段，主要有以下这些倡导技巧。

与机构面对面协商

社会工作者与相关机构或组织进行直接交流和沟通，以达成共识、解决问题或合作。在面对面协商的过程中，社会工作者通常会代表个体或群体提出要求或建议，并与机构代表进行沟通，以寻求符合双方利益的解决方案。社会工作者需要处理好与机构代表的关系，通过合理的沟通和协商，最终实现目标。

向监督机构投诉

社会工作者在通过正常途径向机构领导反映问题时，如果发现问题未能得到妥善解决或者处理结果不公平，可以考虑向监督机构投诉，旨在增强机构的合法性，提高机构的透明度。

联合其他机构

社会工作者在倡导中可以与其他组织和利益相关者建立合作关系或联盟，共同实现倡导目标，通过与其他机构合作形成更大的影响力和行动力。

采取法律行动

当服务对象的权益受到损害时，社会工作者可以建议服务对象通过寻求法律的帮助保护其合法权利。

联络各界人士

社会工作者与社会各界人士建立联系并邀请他们成为自己机构的发言人，不仅可以加强社会工作者的话语权和影响力，而且可以扩大倡导目标的传播范围，促进社会的发展。此外，社会工作者还应积极利用网络媒体平台进行宣传，以扩大倡导的影响力。

维护权益的法律途径

诉讼途径是指当受害人或案件相关当事人按照法律规定，向人民法院提起诉讼、上诉或申诉，并由法院按照法定程序处理案件，以保护相关当事人的合法权益。诉讼途径包括刑事诉讼、民事诉讼和行政诉讼。在提起诉讼之前，受害人应确保有充足的证据支持自己的权益主张并遵守当地法律程序。

非诉讼途径是指受害人或其他相关当事人请求国家行政机关或其他有关部门处理、解决问题，以保护自身的合法权益。非诉讼途径很多，主要有协商和谈判、调节和仲裁、投诉和举报、复核与申诉等。

寻求法律帮助是指社会分工、文化程度和专业水平的不同导致人们在法律意识上存在差异，有些人缺乏运用必要的法律知识和法律手段保护自己合法权益的能力。因此为了更好地保护自己的合法权益，公民可以委托律师事务所或法律服务所为其提供法律服务。

案例解析

张某，男，55 岁，离异，育有一子。以下是社会工作者整理的一些详细资料。

张某在工作时从高处摔落导致腰椎骨折，需要接受手术治疗。然而，公司以张某刚入职为由，不认定其为工伤，态度冷漠，想推诿责任，拒绝为其支付医疗费用。尽管张某并不太确定这是否算工伤，但仍不断与公司交涉，公司也只为张某支付了住院押金。

张某一家经济拮据，早年因为生意失败负债累累，也一直没有固定的工作和收入后来和老伴离了婚。他的儿子小张本在外打工，一听说张某与公司之间的问题，十分迫切地辞去了工作想帮老张维权。小张的未婚妻因生病住院，张某也需要医疗费接受手术治疗。

经过会谈，社会工作者了解到张某对公司的态度感到不满和失望，费用问题一直让他提心吊胆。由于家中有两人都因生病住院，因此儿子小张既要想办法解决费用问题，又要照顾二人，还要跟进张某的维权事宜，感到压力巨大、十分焦虑。

实际应用过程

社会工作者首先进行了评估，发现张某一家在经济、了解政策和心理疏导方面存在需求，其后社会工作者与张某一起制定了目标，从总目标到具体目标，从工伤知识的了解和维权的具体方式到帮助张某一家解决问题、改善心态，层层递进、环环相扣。目标制定完成并签订协议后，社会工作者开始分阶段开展工作。

第一阶段主要是通过会谈收集有关张某维权事件的更全面的信息，并确认工伤认定渠道和维权的具体办法。社会工作者运用同理心、支持等技巧给予张某和小张正能量，并在此过程中与二人建立了良好的专业关系。第二阶段主要是制订具体的维权计划，根据每个步骤逐一进行讨论，并教授小张在维权中可能会用到的沟通技巧，以案例引入的方式开展演练。第三阶段主要由小张具体实施维权计划，社会工作者则需要不断跟进。第四阶段主要是社会工作者给予在维权过程中遇到问题和挫折的小张支持，鼓励张某与小张共同想办法解决当下的问题并为其链接资源，鼓励他们早日实现目标。最终小张筹得了足够的资金用于支付张某与小张未婚妻的手术治疗费用。社会工作者还需要在张某的康复过程中不断跟进。第五阶段主要是社会工作者与张某一家共同回顾整个事件。在此过程中，张某一家不仅解决了实际问题，而且学到了工伤与维权知识、沟通技巧，掌握了维权的方法和资源链接的途径，改善了负面情绪和心态，促进了张某一家的团结。

个案目标达成情况的评估

在目标达成方面，首先，张某成功维权并获得了足以支付医疗费用的赔偿金，得以康复。其次，张某一家了解了工伤的认定方法、维权的方法和途径，并且学到了很多其他技巧。最后，张某、小张二人的情绪也得到了改善，在未来若再遇到此类事件将能充满信心地予以解决，家庭关系也变得和谐美满。

涉及的职业伦理和原则问题

个人利益与社会责任

社会工作者在提供社会心理服务的过程中，需要注意个人利益与社会责任可能产生冲突的问题。在维护服务对象权益时要注意二者的平衡。

保密

社会工作者应有效保护服务对象的隐私，特别是在为服务对象维护权益时，要注意询问服务对象相关问题，并得到许可后再开展工作。

当下实践的局限性与未来展望

在社会心理服务工作中，服务对象是需要帮助的人。保护他们的权益是当今社会需重视的重大课题。社会发展是指社会作为整体的进步和文明的发展，涉及经济、政治、文化和环境等多个领域。马克思和恩格斯充分认识到了这一点，强调了社会各个领域的相互关系，以及它们对整体社会发展的影响。社会的发展集中体现在人的发展，以人为本的发展就是使弱势群体的各种权益得到保障。而社会心理服务体系建设正是以关注人民心理健康水平，巩固人与人之间的关系，培育积极向上、良好平和的社会心态为目标。当社会工作者在开展社会心理服务过程中能最大限度地保障服务对象权益不受侵害时，他们的心理满足感和幸福感也会大大增强。

⊃ 资源链接技术

社会心理服务工作者在开展工作时常会用到资源链接技术，即发掘资源、运用资源、整合资源。资源链接技术通常运用于社区社会工作中，是指社会工作者运用社会工作领域的专业知识，通过运用各种方法使处在困境中的服务对象收获更多的资源、信息，从而有效改善和解决问题，旨在使社会工作者能帮助服务对象更好地获取和利用各种资源，以满足服务对象的需求并为其提供支持。

该技术最早是由社区社会工作发展而来的，在 19 世纪前后得到了快速的发展。在社区社会工作中，大家认识到资源需求的多样性、资源供给的有限性及资源链接的协作性等特点。在社区社会工作中，资源链接技术通常被应用于解决介入和干预的问题，以更好地满足社区的需求。

在社会心理服务体系建设中，广泛运用资源链接技术能使政府、专业机构、社会团体和专业服务团队等各方面资源系统共同参与社区的社会心理服务活动，助力服务目标的实现。

资源

资源链接，顾名思义，链接的是资源，我们先了解什么是资源。从经济学角度来看，资源是"生产过程中所需要的投入"。资源可以被当作具备经济价值和使用价值的各种物质和非物质实体，即可以开发和利用的客观存在，供人类利用和满足需求，具体分为自然资源、人力资源、资本资源和信息资源等不同类型。奥伯肖尔认为，资源可以分为物质性和非物质性两类，资源在不断被创造、转移、整合、重新分配和交换。对社会工作者而言，最直观的资源包括政策、资金、项目、人才、技术、物资、场地等。

资源链接

"链接"原属于计算机领域的术语，现引申指"连接"，链接同连接。连接是指将事物连接在一起。资源链接即把各种社会资源通过一定的关系分组整合，把各个具有社会连带性的行动者直接或间接地关联在一起，个人与组织间形成的一系列网状的关系链接。关于资源链接的主要关键词包括整体、衔接、共享、协同、交互、渗透、有价值、有效率等。

理论简述

资源链接技术作为社区社会工作的应用方法，从社区工作的发展过程中演变而来。尽管社区工作直到 20 世纪 60 年代才正式成为社会工作的三大方法之一，但其雏形在 19 世纪前后就已经开始形成。

英国社区（教区）志愿者自颁布《新济贫法》开始，便成为济贫活动的主要参与者，强调家庭自助和社区互助。慈善组织的成立对社区工作的专业化和职业化发展发挥着至关重要的作用，其中的专职调查员在了解救助对象的社会经济状况和家庭背景后会根据调查结果决定采取不同的救助方式，通过合理分配社区资源来激发社区居民的自助精神。

社区是各种社会群体的汇聚地，拥有丰富的社区资源。社会工作者在社区工作中应对社区的这些资源进行记录、分类、整合，并帮助弱势群体或服务对象进行资源链接。动员社会资源为弱势群体提供援助非常必要。资源链接的援助可以从多个方面进行，包括物质帮助、政策法律的保护、发展社会支持网络，以及开发个人内在资源。社会工作者不仅要发掘各种资源，而且要将这些资源进行整合，并利用这些资源与服务对象进行链接，以便更有效地完成任务。

资源基础理论

资源基础理论是一种经济学理论，旨在解释和分析资源的产生、配置和利用。

该理论认为，资源是指用于生产和满足人类需求的物质或非物质实体。最初被运用于企业管理中，其核心主张是如果一个公司想拥有持续竞争优势，就必须获得和控制一定的资源，并配备组织来吸收和利用它们。社会工作者主要通过掌握和运用人力、物力等资源满足服务对象的需求，并尽可能帮他们解决问题。社会工作者通过资源链接可以有效地利用和整合这些资源来满足社区社会工作的服务需求。资源基础理论为社会工作者的资源链接提供了内在契合点，为社会工作者资源链接与服务供需错位之间搭建了理论桥梁。

资源链接技术的特点

资源需求的多样性

不同个体或群体对资源种类、数量和质量的需求存在差异，因为不同人群有不同的需求和目标。在社区工作中，服务对象的家庭背景、经济水平、社会关系及世界观、价值观等都不尽相同，因此他们的需求自然会呈现出多样性的特点。

资源供给的有限性

资源的数量和可用性是有限的，无论是自然资源、人力资源还是财务资源，都存在一定的有限性。在一个社区中，居民和服务对象的人数会不断增加，他们的需求也会变多，但是资源回收需要时间且可供链接的资源是有限的。

资源链接的协作性

服务对象的问题受多方面因素的影响。社会工作者需要协调多方资源，为服务对象提供多种服务，从而帮助他们解决困难。

资源链接的误区

过度依赖资源。故步自封，过度依赖已有资源，不追求自我成长，不追求长期发展。

认为资源是稀缺的。将资源当成一种稀缺的东西，不断追求和占有更多的资源，以为占有资源就能获得更多的利益。

把资源封闭起来。认为资源就是壁垒，将资源封闭起来为己所用，未能认识到只有资源共享才能使链接产生价值。

方法概述

运用资源链接技术的步骤

调查与识别资源

首先，识别多方的资源，包括寻求家人、朋友、邻里的帮助，搜索互联网或向相关机构、政府寻求帮助。其次，分析、比较并梳理出具备实用性的资源，依照紧迫性、质量、与适用性的标准排出优先次序，并做必要的备选补充。一般资源包括社会工作者机构和利益相关方的现有资源，政府等单位的正式资源，社会组织、公益机构等社会资源，以及媒体、亲朋好友等其他资源。

资源整理

首先，具体化资源清单，对资源进行深入分析，详细列明资源的类别、性质和状态等。其次，对资源的来源、环境和作用进行分析，列出具体的资源清单，并深入分析资源的使用方式、途径和时机等。

准备工作

社会工作者在运用资源链接技术的过程中，要做到以下几点。首先，需要再次检查以上这些资源是否可用，并主动了解资源的性质、内容和要求等。其次，确定好搭档成员，一般是小组共同开展，按照工作职责进行分工。再次，制订具体实施计划，包括确定路线、地址、时间、场所等。最后，出发前准备好可能会使用的资料，并注意形象问题。要注意在上班时间约谈、坚守伦理底线，洽谈失败也要表示感谢。

链接资源

当取得资源提供方许可后展开后续合作。社会工作者协调资源的分配和利用，与资源提供者、服务对象和其他利益相关者进行沟通，制订资源分配计划，并确保能合理、公平地将资源分配到服务对象需要的地方，为服务对象提供切实帮助。

资源维护

为服务对象完成资源链接后，要促使服务对象维护自身与资源方的关系，对其表达谢意和尊重，适时为资源方送上祝福和关怀，并分享服务对象的改变和成果，并对相关资料进行信息化管理。社会工作机构对这些取得合作的资源建立资源库并分类汇总，为以后的实务工作提供服务基础。

资源链接的方法

通常的资源链接方法分为资源动员和资源整合两种，对当前存在供给不足的服务内容进行资源动员，以此来解决资源不足导致的服务供给不足的问题。用资源整合的方式，提高社区居民之间的了解程度和认知水平，解决服务对象面临的主要问题。

资源动员

主要通过运用宣传、沟通、倡导等方法激活服务对象及其周边的潜在资源，旨在最大限度地整合和利用各种资源满足服务对象的需求。通常情况下，社会工作者会通过运用实地访问、线上沟通宣传相结合的方式激活潜在资源，为服务对象提供可持续的人力、财力、物力、组织资源。

资源整合

主要是指社会工作者通过运用合作、协商等各种方式收集资源，并将它们整合到一起的方式。资源整合是优化资源分配的过程，在这个过程中，社区内部的个体或群体为了实现既定目标将社区内部的资源整合起来，同时创造机会争取有利于社区发展的外部资源，以便更好地解决社区问题。

资源链接的关键

一是资源链接的实质是资源的交换。需求方通过资源的交换能获得其所需的支持和服务，而资源方也能发挥其作用，为社区做出贡献。二是尽量整合优质资源，否则会在整合过程中耗费更多的时间、精力和成本。三是吸纳资源，例如，在活动中穿插一些有利于他人的环节，可以吸引更多资源。四是信任与共赢，在合作中产生信任，取长补短、优势互补，才能创造价值、实现共赢。

资源链接的意义

社区中的资源链接

社区工作通过整合社区资源，共同解决社区内的问题，从而为社区成员提供支持和服务，并致力于推动社区成员的参与和发展。在进入社区后，社会工作者会对相关资源（包括正式资源和非正式资源等）进行调研。本社区、周边社区的资源，以及社会工作者之间交换的其他资源信息，在服务开展时都可加以整合与链接，并逐步形成资源生态，最终促进资源的高效利用，促进社区的可持续发展，提高社区居民的参与度从而增强其归属感。

小组工作中的资源链接

小组工作中的资源链接强调将不同成员的知识、技能、经验和资源进行链接和整合，从而更好地促进成员的合作和实现共同目标。资源链接在小组工作中具有提高工作效率、促进创新和多样性、增强团队合作能力、提供更全面的解决方案及促进个人发展等多种积极作用。小组可以通过充分利用和整合各名成员的资源更好地实现共同目标并取得良好的成果。

个案工作中的资源链接

在个案工作中，资源链接是指将相关的资源与服务链接起来，并为社会工作者和服务对象提供支持和帮助，从而发挥综合支持、系统化服务、提供专业知识与技能、增强服务的灵活性与多样性，以及促进跨部门合作与整合等多种积极作用。

案例解析

阿明曾因吸毒被抓，后来情况虽有些改善，但他还是无法戒毒。于是社会工作者开始介入。阿明目前已离异。因为长期吸毒，阿明的身体状况较差，没有工作和收入。阿明在日常生活中情绪焦躁、自卑，抗压能力差，对未来生活没有信心。

实际应用过程

从第一次与阿明会谈时的垂头丧气、左顾右盼，到数次与社会工作者接触之后的倾吐心声，社会工作者越来越了解他的情况。社会工作者认为阿明的问题受多方面的影响，只有通过有效的资源链接，才能帮助他改变认知、走出困境。社会工作者与他一起制订了干预计划。一是心理方面，通过对其讲述积极正向的案件进行疏导。社会工作者通过对前期资料进行梳理了解了阿明的社会关系，其中他的同学李某也接受过社区矫正，目前已完全改过自新，做起了个体经营。二是经济方面，社会工作者对接社会救助资源，与民政局、社保局沟通，并且联系了一些公益机构以寻求资助。三是身体健康方面，社会工作者为他请了一名心内科主任医生作为他的家庭医生，在饮食、锻炼等方面为他提出建议，促进其身体康复。四是就业方面，社会工作者得知阿明所在小区正在招募保安，便与小区积极联系，之后小区便安排阿明上岗。在接受了两年的社会心理服务后，阿明在各方面都发生了变化，不仅改变了之前的想法和错误的认知，而且对生活充满了期待。

可以看出，社会工作者要明确案主的需求后，才能开展资源的有效链接。同时，社会工作者要掌握资源链接的技巧，善于发掘并整合与案主相关的正式和非正式资源，为他们提供更行之有效的链接服务。

预期应用效果评估

评估方式主要采用过程评估与效果评估相结合的方法。过程评估用于评估介入过程中服务对象的表现和转变，而效果评估则是对整个社会工作活动的目标实现程度、活动成果，以及资源的链接和运用情况等方面的评估。

过程评估

过程评估一般评估自介入起至今整个服务过程的有效性和效率等，主要通过目标设定、指标评估和实施改进等步骤了解资源链接技术的可行性、适用性、风险与回报，并为最终的决策提供依据。例如，假设阿明在采纳医生提供的锻炼和饮食方面的建议一段时间后若发觉自己的血压、血脂等有所改善，则可以认为目前的资源链接是有效的。

效果评估

效果评估主要评估社会工作干预的结果和影响的过程，一般用于干预结束后对干预工作的评估，旨在了解社会工作者对服务对象产生的影响，它能为后续的社会服务工作提供证据支持，并为实践者和组织提供改进和学习的机会。例如，在资源链接结束后，阿明在心理、经济、身体健康和就业方面的情况都有所改善，后续社会工作者将会不断改进和完善方法，为更多人提供社会心理服务。

当下实践的局限性与未来展望

在资源链接过程中，也会呈现出一些挑战。一是社区工作人员对社会工作的宗旨、服务内容、方式和方法等了解程度不够。目前来看，社会对社会工作的专业性认同程度不高，社会工作者在服务中较难引导服务对象积极参与服务活动。二是社会工作者的专业能力还需提升，而若想进行社区社会工作的介入和资源链接需要社会工作者具备一定的知识和能力。三是社会工作缺乏足够的资源支持，基层社会工作者往往势单力薄，需要上级单位给予一定的扶持和帮助。

社会心理服务工作的开展与资源链接技术的结合，需要组建心理学、社会工作与其他专业的社区心理服务团队才能发挥更全面的作用。社会心理服务体系的构建是国家社会治理体系的组成部分，需要调动全社会的资源，需要整合不同学科的专业人才形成合力才能完成。仅仅依靠社会工作者很难实现社会心理服务的目标。社会工作者需要根据服务对象的不同心理诉求，与相关人员共同商讨后组织开展服务活动，需要进行广泛的链接资源。社会工作者在社会心理服务体系建设中，要找好自身的角色定位，扮演链接者的角色，成为资源供给方与服务对象之间的枢纽，为大众的心理健康和幸福生活提供更全面、更完善的服务保障。

⊃ 服务工作者的自我照料

本节主要将向大家介绍服务工作者的自我照料。"自我照料"这一概念最早出现在美国护理理论家奥瑞姆的《护理：实践的概念》一书中。自我照料也称为"自我照顾""自我关怀""自理"等。在我国，自我照料是一个较少被谈及的话题，通常运用于灾害救援、高校心理咨询等领域。该专业技术主要应用于社会心理服务工作中，具有干预和赋能的功能特征，既有利于促进社会心理服务工作者的职业健康和福祉，也有利于推动社会心理服务的发展。

理论简述

自我照料

自我照料是决定心理健康的关键因素。许多证据表明，一个人越是经常自我照料、自我关怀，其幸福水平就越高，而抑郁、焦虑等消极情绪就越少。简单地说，自我照料就是学会自己照料自己的身心健康。富有同情心地对待自己的伤心、痛苦等情绪，也是自我照料。

自我照料是指个体自主关怀自身身体、情感和精神健康的行为和过程，包括日常生活、社会交往和适应环境变化等方面。综合国内外学者对自我照料定义的研究来看，自我照料的定义为个体对包括自身身体、心理、精神、情感、专业五个领域进行有目的的实践，以促进自身整体健康和增强自身福祉的赋能手段。自我照料可以帮助服务工作者更好、更快地恢复自己的"心理能量"。

自我照料能力

自我照料能力是指个体自我照顾和满足基本生活需求的能力。个体的基本生活需求包括个人的卫生、饮食、穿着、睡眠、健康管理等方面的技能和习惯。一般来说，自我照料能力受到年龄、文化背景、能力、生活经历等各种因素的影响，服务对象在不同阶段的自我照料能力有所不同。具体来说，自我照料能力包括生活方面，如独自应对生活、压力，解决吃喝住行的问题，处理和维护社会关系等；工作方面，如解决困难、完成工作任务等；学习方面，如有创造力地理解和思考问题，掌握处理社会事务的技巧和能力等。

自我照料的理念模式

奥瑞姆的自我护理模式主要由以下三个相互联系的结构组成。

自理结构

自理能力是指个体独立地生活所需的基本能力，自理能力是人类生活中最基本的能力之一，对个体的生活质量和自主性至关重要。具备良好的自理能力可以增强个体的自尊心、独立性和社会适应能力，同时减轻家庭和社会的负担。人的自理需求包括一般的自理需求（即人维持自身生命的需要），发展的自理需求（即在不同时期如儿童期、成年期、老年期等的需要），维护健康的自理需求（即身患疾病时寻求外界的帮助，并接受发生的变化，继续生活的需要）。

自理缺陷结构

根据奥瑞姆的理论，如果一个人在满足自己的自理需求上存在问题或困难，就可以说他／她存在自理缺陷。其中包括三个要素，一是自理能力，二是自理需求，三是自理缺陷。服务工作者可以通过评估和干预个体的自理缺陷结构，制订个性化的护理计划，帮助个体增强自理能力，提升生活质量。

护理系统结构

护理系统结构旨在满足个体的自理需求，并根据个体的具体情况设计了三种护理补偿系统：全补偿系统，适用于完全没有自理能力的人；部分补偿系统，适用于存在部分缺陷的人，需要一定的帮助；支持教育系统，适用于需要教育支持和帮助的人。

社会工作者需要自我照料

自我照料对服务工作者来说十分重要，他们常常需要面对高强度的工作压力、情绪负荷和长时间的工作，在照顾他人的同时往往容易忽视自己的需求。出现以下情况时，服务工作者需要先进行自我照料，才能更好地服务他人：一是在面对危机时出现消沉、自我怀疑的情绪时；二是因能力不足产生挫败感和无力感时；三是长时间从事单一、负面的工作出现职业倦怠、专业耗竭时；四是面对危机事件时因连续加班精疲力竭时。

方法概述

服务工作者自我照料的方法

认知层面

一是要准确评估自身的专业能力，确保具备良好的人格和心态，妥善处理未解决的情绪问题。二是找到从事服务工作的意义，将帮助他人视为积极的自我关怀，调整心态，保持积极乐观，认识到工作的积极价值。三是通过转移注意力，多做一些自己感兴趣或日常无暇做的事情。四是正确理解责任，接受自身的局限性和不完美。五是学会反思，思考自己从事服务工作的原因，避免被负面情绪影响。六是树立信心，相信事情会朝着积极的方向发展。

心理层面

一是了解社会工作给自己带来的积极价值，不夸大负面信息，不被负面情绪影响。二是学会用积极的心态待人待事，在情绪低落时正面地看待事物。三是不断鼓励自己、增强信心，相信自己可以通过战胜这次挑战获得锻炼和成长。

行动层面

一是确保生活规律，确保拥有充足的睡眠和恰当的饮食习惯。社会工作者只有确保内心处于和谐的状态，才能更好地为他人服务。二是平衡工作和生活，合理安排工作时间，确保有足够的休息和娱乐时间。三是养成健康的生活习惯，包括定期锻炼和保持良好的饮食习惯，只有缓解情绪、自我照料、保护自己，才能更好地帮助别人。四是如果感到焦虑、抑郁或无法应对压力，应及时寻求专业社会工作者的支持，以及与心理咨询师或心理医生进行沟通。

关系层面

一是与家人、朋友等身边的人保持良好的人际关系。二是保持团队作战，且团队一定要有督导。在遇到困难时，团队工作给成员带来的联结感和归属感比平时显得更重要，而且能为成员带来足够的安全感。团队成员可以在团队中表达情绪感受，分享工作经验，从而获得情感共鸣和支持，有所成长。

自我照料的应用技术

持续的自我照料

一是服务工作者要经常自我觉察，具体包括在情绪、认知、身体、资源、优势、劣势等方面，这是自我照料的前提。二是通过正确认识自己，保持平和的心态，在提供服务时既不自大也不自卑。学会运用艾利斯的理性情绪疗法纠正错误的认知，即认识到情绪问题来自不合理的信念。人们可以通过改变信念和采取实际行动，改善自己的情绪状态，从而提升自己的生活质量。简单来讲，困扰我们的并不是事情本身，而是看待这件事情的态度。

求助社会支持系统

社会支持系统指的是个人在社交网络中获得的各种形式的支持，包括情感支持、信息支持、实际支持和评价支持等。

社会支持系统指一个人能依赖的各种资源和关系网络，由个人周围的人际关系和社会支持网络组成，包括家人、朋友、同事、邻居、陌生人、社区、社会组织、机构等，对个人的健康和幸福发挥着重要的作用。每种支持系统发挥着不同的功能，包括对情感、资源、成长等方面产生影响。例如，社会心理服务体系中的"同心圆"模型，以个人为核心单位，建构从自我、家庭（核心支持），到亲朋邻里、机构组织、社区（村）及单位和领导（中观支持），再到政府和法治、社会与文化以及生态环境（宏观支持）的支持系统。社会服务工作者可以通过建立并求助社会支持系统，在实践过程中不断学习和探索并提升自我照料能力。

进行放松练习

放松是一种实践技巧，主要能缓解焦虑情绪、压力，对社会工作者的自我照料至关重要。它不仅有助于缓解压力和焦虑、改善睡眠质量、促进心理健康，而且能增强专注力和创造力，提升幸福感和生活满意度。将放松练习纳入日常生活中，对个体长期保持身心健康和工作效能至关重要。在生活中我们会面对各种压力，因此我们需要及时放松才能保持身心健康，这有助于我们继续为他人提供服务。如果我们忽略了放松的阶段，工作压力带来的负面影响会累积在我们的身心之中，进而影响为他人服务的工作。具体的放松练习技巧包括结构式呼吸法、逐步肌肉放松法、自体放松法、冥想和捶胸顿足等。

结构式呼吸法

结构式呼吸是一种能有效地深度放松身心的呼吸方法。它的步骤如下：首先，在一个安静的地方坐下或躺下，确保身体处于放松状态；其次，专注于呼吸，缓慢地深呼吸；最后，通过鼻子缓慢地深吸气，让空气充满胸腔和腹部，停顿一下，然后缓慢地呼气，将空气完全排出体外，再次停顿一下。反复完成上述步骤，专注于呼吸的过程，保持呼吸的节奏。当我们将注意力集中在呼吸上时，身体也会自然地放松下来。

逐步肌肉放松法

逐步肌肉放松法是一种常用的放松练习，主要通过使个体有意识地系统放松身体各个部位的肌肉，缓解紧张感和压力。首先，在适合进行练习的地方躺下，开始深呼吸，通过鼻子缓缓吸气，让空气充满胸腔和腹部，通过嘴巴缓缓呼气，进行多次深呼吸，让自己放松下来。其次，将注意力集中在脚部，脚趾向内紧握，然后放松；缓慢收紧小腿的肌肉，然后放松；逐渐收紧大腿的肌肉，然后放松；再依次从臀部、腹部、胸部、手臂、颈部和肩膀到面部循环完成这个步骤。最后，将注意力集中在全身，感受身体各个部位的感觉。每次一般持续一刻钟左右，在工作间隙或睡前进行。逐步肌肉放松法可以帮助你放松身心，缓解压力，让内心保持平静。

自体放松法

自体放松法的重点在想象和自我暗示，维持内在的身体和心理的平衡。通过训练我们的身体对语言的反应，逐步恢复平衡的、正常的状态，是缓解慢性应激的好方法。自体放松需要具备强烈的动机和意愿，愿意遵循指令，在这一过程中身体需要保持正确的、放松的姿势，并将注意力集中在身体和内心。

冥想

冥想是一种通过专注让内心保持平静的练习方法，可以放松身心、减轻压力和焦虑。首先，闭上眼睛后深呼吸，将意识集中在呼吸上，感受每次的呼吸。其次，观察每次呼吸的过程，注意吸气和呼气的感觉，体会空气进入和离开身体的感受。当注意力开始飘忽不定时，轻轻地将注意力重新聚焦在呼吸上。再次，将注意力集中在身体各部位上，感受每个部位的感觉。可以从脚部开始，逐渐向上转移，注意体会每个部位的放松感或紧绷感。当出现思绪时，尽量不做评判，也不陷入其中，而是观察它们的存在，并让它们自然而然地消失。最后，坚持做冥想练习一段时间，并掌握保持专注的技巧，保持内在的平静，促进身心健康。

捶胸顿足

捶胸顿足，就是用手适度锤打胸腔，用力地跺脚，一般是个体在焦急、烦躁、郁闷和苦恼等情绪下作出的行为，其作用是宣泄负面情绪（应特别注意力度要适宜，在自身可接受范围内进行）。人的身体器官的反应与人的情绪有关，负面情绪少的人容易长寿。捶胸顿足本是一种健身方法，也是一种情绪调节法，这种方法可以使身心都得到调节。一是捶胸，既可以释放情绪，也可以让胸部器官上的微循环系统保持畅通。如果器官上的微循环能保持畅通，就可能缓解一些症状。二是顿足，就是跺脚。跺脚可以使体内流动的血液下沉，血液中的"物质"也会随之下沉，这种下沉物是身体排出的废物，最后这种排出物会在脚底形成死皮，保护脚底，从而起到清理血液的作用。顿足发出的振动冲击力，会影响全身，用力跺脚三五分钟，就会全身出汗。顿足会直接影响肾脏、膀胱、大肠、小肠和胃。胃的受力最轻，受到的影响也最小，作用最明显的是两条腿，经常跺脚能使两腿保持血液畅通。顿足还有一个作用就是释放负面情绪，调节脏腑和情绪，这样就会使人保持心情舒畅。捶胸顿足是一种很好的调理身心的方法，对身心处于亚健康状态的人来说，捶胸顿足法可使他们的心情和精神都变好。

案例解析

案例基本情况

在一次较严重的地震后，社会工作者小徐接受采访时，结识了一名服务助手小王，他的任务是每天跟随队伍拍摄记录社会工作者开展心理服务的过程。有一次聊天的时候小王说当大地震发生时他很快就被安排赶往灾区并负责拍摄记录。小王告诉小徐有些镜头太悲惨不适宜广为流传或在电视上播出，自己每次想到那些画面还是会很难受。随后，他给小徐展示了其中的部分镜头并作了一些描述，小徐看了之后沉默了。社会工作者小徐开始回想那些他在心理救援时旁边的一些官兵在废墟中急救时的场景，又联想到了一些血肉模糊、妻离子散的场景。社会工作者小徐一想到那些画面就很难从中走出来，变得没有胃口吃饭，睡眠质量也变差了，而小王也回去休息了一段时间，小徐无法与其他人描述这件事情。后来小徐的脾气开始变得暴躁起来，有几次还对自己的服务对象发起火来。社会工作者小徐清楚自己现在已经很难为灾民提供心理援助了，因为自己目前无法保持正常的身心状态，于是他请求机构的同事来灾区帮助他。

实际应用过程

社会工作者小徐的督导张老师赶来后，立即对小徐进行了心理疏导并将小徐调离了灾区。之后，张老师找到了摄影师小王，和他进行了简单的会谈，并邀请他慰藉和鼓舞社会工作者小徐。张老师通过激活小徐的社会支持系统帮助小徐疏解压力，并安排了其他成员共同参加小组活动。张老师也督促小徐通过完成一些放松训练让身心保持舒适，建议他在好转之后再接手一些简单的服务工作。此外，小徐进行了关于危机事件、负面场景的自我模拟训练，在状况有一定改善之后才申请重新前往灾区开展心理援助。同时，张老师也多安排了一些同事在大多数时间陪伴他。小徐心里清楚，要想帮助他人的前提是先照顾好自己，他也时刻嘱咐其他同事，注意休息，学会保护自己。

涉及的职业伦理和原则问题

当前人们对社会工作专业服务中的"利益指向"有一些争议。即社会工作者是否应当始终以服务对象的利益为本，是否应当适时考虑一下自己的利益？应该如何讨论服务对象与社会工作者的利益？社会工作发展至今，有关利益的讨论未曾停止，到底该如何处理以上问题成为社会工作者自我照顾发展的关键所在。

现有实践的局限性与展望

目前我国的社会工作者自我照料领域仍需要进一步的探索实践和发展。例如，在社会工作领域，我国的自我照料概念并未完全确立，相关内容还未系统整合，相关教育和培训依然缺失且受重视程度不高。主要原因还是我国社会工作的专业发展程度不够，相关政策制度保障不完善。自我照料技术有利于保障社会心理服务工作者的自身利益和福祉。社会心理服务工作者的自我照料技术应得到充分发展和应用，这样才能最大程度地维护和保障社会工作者的自身利益，从而促进社会工作高质量、可持续发展。

第五章

社会心理服务工作原则与伦理规范

5

　　本节将介绍社会心理服务的工作原则与伦理规范。请想象这些场景："当服务对象表达自己有自杀想法，或者表现出有攻击和伤害他人的倾向时，要不要执行保密突破""学校的心理老师既要承担心理健康教育教学工作，又要开展个体心理辅导和咨询，这种情况是否涉及多重关系的原则""若服务对象主动和社会心理服务工作者谈论一些内幕信息并使其从中获取服务费以外的利益，这种情况是否违反伦理规范"。我们在提供社会工作的过程中可能会遇到上述决策困境，此时我们需要借助相应的伦理守则和规范帮助我们更好地保障服务对象的权益，保证我们的服务质量。社会心理服务工作首先应在合法合理合规的前提下，在遵守伦理规范的基础上进行，我们要明确在工作中的行事准则与边界，才能更好地运用相应技术和方法为服务，维护他们的福祉。

理论简述

伦理

伦理的概念

　　"伦理"一词最早的意思是人伦道德之理，指人与人相处的各种道德规范。在汉语中，伦理是指人与人之间的关系，以及处理这些关系时应遵循的规则。将"伦理"拆分来看，"伦"在古代有字辈的意思，其实也可以理解成人类社会中的条线或关系系统，同时"伦"也有条理和顺序的意思，如《逸周书》："悌乃知序，序乃伦"，而如果把"人伦"结合在一起，指的是人与人之间的正常道德关系（特指长幼尊卑）；而"理"顾名思义就是道理、准则、规则，所以伦理就是我们每个人在日常生活中与人交往时必须遵循的各种道德准则，它对我们的行为有约束和规范作用。

　　从哲学层面来看，伦理议题其实是在探讨"什么才是正确、适当的行为""如何基于这些行为提出相应的规则和规范"等问题。而从学术角度出发，有学者认为，伦理是个体或团体衡量正当行为的准则，即让个体、团体、组织乃至整个社会体系规范化运转的道德准则。具体而言，伦理归根结底是一种道德标准，它帮助我们界定是非对错，给行为划分边界。除此之外，伦理也帮助我们在日常生活和工作中规范自己的行为。因此在学习伦理的实际过程中，我们不能只停留在书本中所罗列的条条框框，更应该把伦理意识融入我们的服务工作中，思考在不同情境下如何应用学习到的伦理知识，以及在面对伦理困境时如何进行抉择，把它真正运用到实践行动中。

伦理的分类

个体伦理指的是个体内心的价值观和道德观，这些观念会影响人们在日常生活中的行为，以及进行决策时所做出的判断。个体伦理强调的是个体的道德要求和行为准则，如要诚实守信、遵纪守法、真诚友善等，它起到规范行为的作用。

普通伦理是一种从宏观抽象中提炼出来的道理和规则，它为我们所有人提供道德的标准和指引。普通伦理可以理解为人类共通的道德纲领，它不建立在具体的事件上，而是通过一些抽象的方式表现出来，如我们要尊重他人，但什么是尊重，什么样的行为才能算尊重这些都难以衡量。

应用伦理则更具体，相对于普通伦理，应用伦理将伦理理念应用到实际的情境和案例中，针对的是特定的个体或团体。如果把普通伦理比作法理，那么公平正义就是它要追求的目标，而在法理之下那些具体的法律条款就相当于应用伦理，它的目标就是解决不同情境下的具体问题。应用伦理根据应用的不同具体事件和对象，又可分为专业伦理、组织伦理、环境伦理等，在本节中我们主要介绍的是专业伦理的有关内容。专业伦理涉及与专业和职业相关的一些问题，它也针对特定的群体或个体，是其在从事专业或职业活动中需要遵守的一些原则和规范。

社会心理服务工作实际上也是一种具备专业性质的助人服务。社会心理服务工作者在开展服务工作时也应该遵从伦理先行原则，学习相关的伦理守则，具备伦理意识，明确在服务过程中有哪些行为是不能做的、哪些边界是不能逾越的，时刻保持对伦理的敏感度，规范化地开展社会心理服务工作。这就像我们在日常生活中开车一样，不仅需要掌握合格的驾驶技术，而且要学习大量交通规则相关知识，时刻保持安全意识，这样才能保障我们的旅途安全。从事专业工作也是一样的，只有在边界和规则的框架之内，学习和掌握更具体的一些专业的技术和方法，才能为我们的服务对象提供更高质量的服务。如果从一开始就已经脱离了框架，那么后续的服务质量也就无从谈起了。

专业伦理

专业伦理的意义和作用

专业伦理在不同领域有不同的定义。例如，在心理咨询中，专业伦理是指咨询师以个体的哲学理论与价值观为基础，依据服务机构的规定、当事人的福祉及社会规范，在专业助人服务中以系统性的方式做出合理、公正的道德选择。相对于普通伦理，专业伦理更具专业性和职业性，体现了作为一门专业和职业的使命与理想。

在探索专业伦理的作用时，要从它的重要性和必要性这两方面来理解。

1. **重要性**。首先它是从事相应职业工作者的专业宝典，保护着服务者的相应权益，也是一个行业自律自管、规范化运行的标志。

2. **必要性**。由于助人专业的特殊性，我们必须与服务对象建立起专业的关系，在这个过程中常常会遇到一些伦理困境。而专业伦理就为我们很好地提供了一种面对这些问题和状况时的指引和参考，它也是我们必须学习的一门必修课。

所以综上所述，对我们社会心理服务工作者自身而言，学习掌握工作伦理规范有助于提高我们的专业素养，保障我们的助人服务水平，也是维护我们自身权益的很好的一个"保护罩"。另外，它能促使我们更好地提供服务，为我们的服务对象提供更多的福祉，也能为我们专业行业的发展，为整个全民的心理健康和社会的和谐稳定贡献我们的一点力量。

专业伦理守则的内容与实践

专业伦理守则是指一个专业组织及其成员对专业行为进行处理时要遵循的原则和价值观，它通常由专业所属的部门或行业协会制定，内容包含导言、伦理总则、伦理条款及一些重要的名词解释等。专业伦理守则要求专业组织的成员遵从伦理守则，尤其是当个人价值取向和道德准则相悖时，专业从业者应该优先服从守则的规定。

同时专业伦理守则还涉及包括服务者自身、服务对象、同事、机构等在内的多方参与者的责任。例如，对服务对象来说，助人服务的最低原则就是避免伤害服务对象，而在此基础上更进一步就是希望服务对象能从中受益。对于同侪同伴而言，首先应该要表达尊重，与其建立并保持一种和谐稳定的合作关系。面对一些可能存在的利益冲突和意见分歧，要及时妥善处理。另外作为同辈或朋辈，彼此也应该承担起互相监督、互相帮助、互相指导的责任，给予对方足够的支持，如果在某些情况下无法正常开展工作，也可以相应地进行转介。在机构层面，服务者要根据机构的相关规定和要求，做好记录和存档的工作。与此同时对于机构而言，也需要提供一些有质量的督导服务，保证服务工作者专业能力的提升及整体服务的质量，同时机构在管理上应该更高效，使服务者的权益、发展机会及薪资待遇等各方面得到保障，另外机构也有责任为服务者链接更好的培训资源、实习资源等。在专业层面，我们有义务也有责任维护专业的声望，为此我们必须跟进行业发展、提升执业水平、促进团队建设等，同时积极参与科研实践工作，维护专业信誉。最后从社会角度出发，我们所做的一切都是在为社会服务，在为老百姓服务。助人服务实际上就是要满足民众的所需所求，提升他们的健康水平和福祉。当民众遭遇一些危机或突发事件时，我们应运用专业力量和方法技术有效地帮助解决问题，最终达到全民身心健康，社会和谐、稳定、友善的目标。

如前文所述，伦理为我们服务工作提供了一个衡量对错、分清是非、看清事物的标尺，而这一过程是通过不断的教育培训来完善、优化和塑造的。学习、了解伦理规范不仅可以提高服务者辨识、判断及应对伦理问题的能力，而且有利于培育整个行业的良好风气，助推行业的可持续发展。

心理与社会工作专业伦理守则

社会心理服务工作与心理学和社会工作这两门学科紧密相关，因此学习并借鉴它们能加深我们对社会心理服务工作伦理规范的理解和认识。在这里简要梳理了心理咨询和社会工作专业伦理的发展历程。

心理咨询

- 心理咨询师国家职业标准——于 2001 年最早由劳动和社会保障部颁布，2003 年正式实施，在 2017 年取消了相关资格考核。

- 中国心理学会临床与咨询心理学专业机构和专业人员注册系统——于 2007 年正式成立，同年建立起专门的伦理组。

- 中国心理学会临床与咨询心理学工作伦理守则（第一版）——2007 年正式发布，是我国心理健康服务领域首个真正意义上的伦理守则。

- 中华人民共和国精神卫生法——于 2013 年颁布实施，针对学校心理教育和心理咨询人员的从业规范进行了相关规定。

- 中国心理学会临床与咨询心理学工作伦理守则（第二版）——2018 年发布，标志着我国心理咨询与治疗行业走向了更加规范化和体系化的道路，迈入了新的发展阶段。

社会工作

社会工作伦理是社会工作者秉持的专业价值和实践经验的总结，包括社会工作者对服务对象、同事、机构、专业及社会等多方面的责任，例如对服务对象而言，包含了维护服务对象利益原则，尊重服务对象自决原则，保证服务对象知情同意原则；对服务者而言，我们自身要具备专业的胜任力，避免一些不必要的多重关系和利益冲突，尊重服务对象的隐私等内容。

- 全国社会工作者协会社会工作者守则——1997 年中国社会工作者协会制定的第一部专业守则。
- 社会工作者职业道德指引——2012 年民政部发布同期"北上广"等地社会工作者协会颁布地方性伦理守则。
- 中国社会工作教育协会社会工作伦理专业委员会于 2021 年 12 月 25 日正式成立。

心理工作与社会工作的对比如表 5-1 所示。

表 5-1　心理工作与社会工作的对比

	心理工作	社会工作
本质	专业助人服务工作：以服务对象 / 求助者为中心 尊重个人的价值、尊严和主观能动性，相信服务对象在社会情境中有改变和成长的能力（或潜能），致力于保障服务对象的利益，维护社会的公平及正义	
目标	让服务对象受益，不得损害服务对象的权益	
基础	良好的专业合作关系（同盟 / 伙伴）	
服务对象	一般以个体为主 团体辅导可为限定人数的团体成员提供服务	个体 + 群体
服务内容	心理健康服务包括心理科普宣教、心理疏导、心理咨询、心理治疗及危机干预等	心理 / 社会多维需求 + 社会支持网络 / 可利用资源评估，帮助链接获取可及的社会资源
服务实践	在政策法规和职业伦理的指导下，不断提升自身专业胜任力，服务于民众生产生活的实际需求，努力提升民众的健康福祉，推动行业规范化发展，肩负起对社会的责任	
伦理	专业关系是伦理实践的基础，尊重服务对象，保障服务对象自决、知情同意、保密和隐私等权利 + 专业胜任力 / 责任 + 警惕利益冲突 / 多重关系 + 专业工作（评估教学、培训督导、研究发表等）	

社会心理服务工作伦理和原则

社会心理服务工作的本质是专业的助人服务，具体如下所示。

- **专业**。以心理工作的技术方法为支撑，采用社会工作的主动服务模式链接社会资源，在社会治理的底线意识和系统思维及国家大政方针指导下，与中国具体国情及中华优秀传统文化相结合，提供更科学化、系统化，兼顾深度、广度和效度的高质量专业服务。

- **助人**。社会心理服务体系建设本质上是新时代全心全意为人民服务的具体体现，其立身之本和所追求的目标是建立以人民为中心的全方位、全周期、多元化社会支持系统，帮助群众收获健康、平安和幸福。值得注意的是，社会心理服务的助人对象覆盖全人群，助人工作的出发点是保护服务对象（求助者）的权益，解决其困扰和问题，使其从中受益并获得更长远和积极的发展。

- **服务**。社会心理服务体系建设注重服务实践、解决实际问题从而取得实效，因此服务是关键。社会心理服务工作者作为专业服务人员应重视不断提高自身专业胜任力，与服务对象建立良性的互动合作关系，努力根据服务对象的需求提供更多元化、更高质量的社会心理服务。

因此，社会心理服务工作的开展建立在服务者和服务对象良好的专业关系之上，而要保证服务的专业性就需要专业伦理提供相应的指导与规范，帮助社会心理服务工作者为服务对象提供更优质的专业服务，提升他们的福祉。可以说，专业关系是社会心理服务的基础，而专业伦理则是服务的必要保障。

在社会心理服务工作中，助人关系的存在也意味着在这一过程中必然会遭遇一些伦理困境，例如，由于价值观、服务理念和方式上存在冲突而导致的隐私保密与公开、自决与限制、专业关系中的双重关系等一系列伦理冲突。在这种情况下，伦理规范就为服务工作者在进行抉择和判断时提供重要的参考。而在实际过程中，我们首先需要遵守的核心原则就是保护人民的生命安全，在此前提和基础之上再综合考虑不同主体的诉求和需求，权衡多方的利益，与服务对象平等对话和协商，然后再决定采取下一步的行动。必要时，积极寻求同辈和督导的帮助也有助于我们更好地应对伦理困境。

2021 年，中国心理学会临床心理学注册工作委员会发表了《社会心理服务工作伦理规范》，在其中阐述了社会心理服务专业人员须遵守的十条伦理规范，如下所示。

- **科学规范**。要尊重科学，遵守国家法律及相关政策法规；不用缺乏科学依据的方式提供服务。

- **助人关系**。要以提升服务对象的福祉为目的建立助人关系；不要利用服务对象为自己或他人谋取利益。

- **知情同意**：要尊重服务对象的知情权，如实告知各种服务信息；不要未经服务对象同意进行录音、录像。

- **保护隐私**：要尊重服务对象的隐私权，为服务对象保密；不要未经知情同意泄露个人隐私。

- **边界清晰**：要在能力范围内以负责任的态度开展工作，必要时及时进行转介；不要超出服务范围提供心理咨询或治疗等服务。

- **提升能力**：要保障服务质量，注重持续学习，及时接受督导，丰富实践经验；不要因循守旧、故步自封。

- **关系界限**：要了解多重关系对社会心理服务可能造成的影响；不要接受服务对象的请客送礼，特别不要与服务对象或其家庭成员建立亲密关系。

- **谨防偏见**：要以尊重的态度接待服务对象，尽量保持客观中立、不评判；不要因自身潜在的偏见、能力局限等做出不适当行为。

- **危机处置**：要坚持生命至上的原则，发现服务对象有自杀或伤人等严重危险情况应及时进行处置；不要因忽视不具备完全民事行为能力的人及未成年人被性侵或失能老人被虐待等情况。

- **诚实守信**：要对服务对象遵守承诺；不要做虚假宣传。

以上十条伦理规范（存在一定的局限性）的内容更偏向于心理咨询与治疗，而与社会工作、社会治理，特别是基层社会治理实践过程中可能会遇到的一些复杂情境有关的细节条款则没有过多涉及。同时《社会心理服务工作伦理规范》也没有把参与基层社会治理服务者和网格员列入社会心理服务的专业人员中，因此未来我们要在此基础上进行不断修改和完善。

已有的伦理规范更多聚焦于微观的心理层面并没有上升到更宏观的维度。社会主义核心价值从国家层面、社会层面、个人层面都进行了相应的一些规定和指引，可以为我们的社会心理服务工作的核心价值观带来宝贵的参考和借鉴意义，总结起来有以下四个方面的内容。

- **善行**：以服务对象为中心，尊重并保障他们自决、隐私保密等一些权益，并在避免伤害的基础之上，尽可能让服务对象实现自我成长，从中受益。这其实对应社会主义核心价值观中个人层面的**友善**、群体层面的**平等**以及社会层面的**和谐**。
- **责任**：作为一名专业的助人服务工作者，我们要保证我们的服务标准和专业水平，还应该学习、掌握并遵守专业的伦理法规，我们有义务和使命维护整个行业声誉，承担相应的社会责任。这其实也对应了核心价值观中**敬业**和**法治**的内容。
- **公正**：公平公正地对待服务对象，尽可能避免产生一些偏见和歧视；尊重服务对象自我观点的表达和不同的文化背景；从中我们也可以认识到自己的能力和技术的局限与边界。这体现了社会主义核心价值观中自由、平等、公正、文明的内容。
- **诚实**：诚实守信是建立专业关系中非常关键的要点之一。无论是在我们服务工作的过程中，还是在日常的研究、实践、生活中都应该保持真诚和诚信，当遇到可能存在的利益冲突时，要尽量避免伤害，避免剥削，避免多重关系，保持真诚。这也体现了核心价值观中诚信的内容。

案例解析

本小节案例呈现了与心理咨询伦理守则相关的内容，可供社会心理服务工作者参考。案例已经过改编处理。

【案例 1】

咨询师 A 正在和服务对象 B 进行咨询工作。服务对象 B 做室内装修生意，但很长时间已经没有生意了，咨询师 A 正好准备装修房子，因此在寻找适合的装修公司，所以咨询师 A 就想以市场价格请正在咨询的服务对象 B 帮忙装修。咨询师 A 认为这笔收入对服务对象 B 很有帮助且服务对象 B 也很可能会接受这份工作。

该案例主要涉及双重关系的伦理问题。多重关系在心理咨询中是指咨询师与寻求专业服务者之间除心理咨询或治疗关系外还存在或发展出其他涉及利益和情感联结等特点的人际关系状况。若除专业关系外存在一种社会关系则称为双重关系；存在两种及以上社会关系，则称为多重关系。

《中国心理学会临床与咨询心理学工作伦理守则》专业关系 1.4 中明确规定："心理师不得以收受实物、获得劳动服务或其他方式作为其专业服务的回报，以防止冲突、剥削、破坏专业关系等潜在的危险"。在此案例中，咨询师 A 虽出于好意但若双方缔结装修合同则意味着除咨访关系外还建立了雇佣关系，存在双重关系，违背了职业伦理的规定，阻碍咨询工作的开展。在双方履行雇佣合同过程中，可能会存在服务对象在工作中意外受伤、咨询师不满意装修效果而使服务对象感到被苛责，以及服务对象对咨询师的个人生活有更多的了解以致咨询师在与服务对象探索个人冲突的边界模糊等情况，对咨询效果造成严重负面影响，不利于服务对象的福祉。

【案例 2】

服务对象 C 向咨询师 D 哭诉自己当年不嫌弃丈夫一贫如洗，不顾家人反对结了婚并和丈夫白手起家，历经千辛万苦打拼多年才闯出一番事业，万万没想到丈夫却有了外遇。C 女士发现后质问，一开始丈夫还矢口否认，后来谎言一再被戳破后恼羞成怒，不仅大方承认在外有女人还动手打了她，而且威胁 C 女士最好睁一只眼闭只眼，免得挨打。咨询室中，C 女士越想越生气、越讲越委屈，认为自己实在没脸见人，生无可恋了，倒不如自我了断、一了百了，可想到如果自己死了不就刚好让丈夫称心如意了，因而又心有不甘。与此同时，C 女士心里也放不下年幼的孩子，担心孩子被虐待，扬言与其自己去死，不如来个玉石俱焚。

在此案例中，服务对象遭遇了被伴侣背叛和家暴威胁，从而产生了自杀及与家人同归于尽的想法。一般情况下，服务对象的个人信息及在咨询中所言都属于隐私，咨询师有责任维护和保障服务对象的隐私权，做好保密工作。咨询师应遵循《中国心理学会临床与咨询心理学工作伦理守则》第 3 章隐私权和保密性中的相关原则，但需要注意的是伦理守则还规定"心理师应清楚地了解保密原则的应用有其限度"并将突破保密的情况提前告知服务对象，服务对象有伤害自身或伤害他人的严重危险的情况就属于保密原则的例外情况。在本案例中，服务对象向咨询师明确表达了自我伤害和伤害他人的想法，咨询师有责任围绕风险情况进一步进行询问、澄清并评估危机程度，视实际风险等级与服务对象协商突破保密相关事宜。若服务对象是未成年人则应在尽可能征得本人同意的前提下及时联系其合法监护人。

当服务对象有自我伤害或伤害他人的风险时，咨询师的首要任务是细致评估其自杀风险和绝望感程度，例如可以通过询问以下这些问题进行危机评估：

1. 近期经历了什么样的负性生活事件（如亲人离世或重要亲密关系丧失等）；

2. 是否有被害妄想或有被害内容的幻听；

3. 情绪低落或愉悦感缺乏的程度；

4. 是否存在人际交往功能和社会功能退缩；

5. 有没有具体的计划来采取自杀行动；

6. 有没有自杀家族史；

7. 有没有精神病史；

8. 有没有自杀未遂史；

9. 有没有饮酒史或者酒精滥用的经历；

10. 有没有罹患晚期疾病。

通过上述问题了解和评估危机程度，尽量与服务对象共同协商确定是否需要突破保密原则，向可确认的潜在受害者或相关部门预警。在本案例中，咨询师还要考虑如何保护服务对象不在将来继续被家暴，例如，可以建议服务对象先去咨询律师，让服务对象了解《中华人民共和国反家庭暴力法》的相关内容后协助服务对象澄清思路。此外，还可以向居委会或妇联进行反馈，必要时联系公安机关。

现有实践的局限性与未来展望

目前还没有社会心理服务工作所属部门或协会建立专门的伦理组织，也没有制定发布更贴合社会心理服务实践的专业伦理规范来规范和监管日常的社会心理服务，组织相应的伦理培训。

未来应继续推进社会心理服务工作和伦理本土化、专业化、职业化，使其更有利于当下社会发展的大环境，同时提倡多元主体构建，让更多一线基层的社会心理服务工作者参与相关伦理规范的制定与完善过程。

结 语

建设面向未来的中国特色社会心理服务体系

回望过去，全国社会心理服务体系建设三年试点工作开展期间，各试点地区积极响应国家号召，将社会心理服务嵌入老百姓生产生活和社会治理实践的方方面面，自主探索建立了极具当地特色又切实有效的社会心理服务工作模式和方法。不少非试点地区也发挥自身主观能动性自发进行了社会心理服务体系建设探索，也取得了良好的成效。2021 年年底，全国社会心理服务体系建设试点工作圆满结束，各地试点建设的宝贵经验、智慧和模式为下一步社会心理服务体系建设的全面推开奠定了坚实的基础。

着眼当下，中国特色社会主义进入新时代，我国正迈向全面建成社会主义现代化强国新征程，社会心理服务体系建设也迎来了新的发展机遇，面临着新的挑战。社会心理服务体系建设正是全心全意为人民服务的集中体现，也是党和国家维护人民群众心理健康，加强和创新社会治理的一项创新举措和重要战略。

展望未来，我们要在党的领导下持续加强社会心理服务体系建设，进一步增强人民群众的获得感、幸福感、安全感。具体而言，首先要坚持"一个中心"，社会心理服务体系建设要始终以人民为中心，以需求为导向，围绕人民搭建全方位、全周期、全过程的社会支持系统。其次要坚持"两个结合"，将社会心理服务体系建设同中国具体实际、同中华优秀传统文化相结合，即立足我国国情，精准把握当前社会主要矛盾，在社会心理服务工作中坚持问题导向和系统解决；植根中华文明，为社会心理服务体系建设焕发更强劲的生命力注入智慧和营养。最后要坚持"三个兼顾"，第一是兼顾微观个体、中观群体和宏观社会的问题解决和素质提高；第二是兼顾心理、社会工作和社会治理的专业学习和实践应用；第三是兼顾健康中国、美丽中国、平安中国和幸福中国的建设发展和质效提升。

综上所述，在以高质量发展推进中国式现代化的新征程中，各级各部门应联合相关社会组织机构，把握新机遇，持续主动开展多领域、多层次、多元化的普惠性社会心理服务，不断健全和完善中国特色的社会心理服务体系，为新时代的中国人提供一种更高能高效的工作方式，更灵活更有韧性的思维模式，以及更幸福美好的生活样式。社会心理服务体系建设是党和国家在用"心"奋力实现人民群众精神生活的共同富裕，更是在追求所有中国人对"心安"和国泰民安的美好期盼！

延伸阅读

第二章

1. 张静：《社会治理：组织、观念与方法》

2. 童星：《中国社会治理》

第三章

1. 阿尔贝特·施韦泽：《敬畏生命：五十年来的基本论述》

2. 维克多·弗兰克尔：《活出生命的意义》

3. 阿尔弗雷德·阿德勒：《自卑与超越》

4. 阿尔弗雷德·阿德勒：《儿童教育心理学》

5. 玛莎·戴维斯、伊丽莎白·罗宾斯·艾舍尔曼、马修·麦凯：《放松与减压手册》

6. 阿尔伯特·艾利斯：《理性情绪疗法》

7. 乔·卡巴金：《正念：此刻是一枝花》

8. 马歇尔·B.卢森堡：《非暴力沟通》

9. 理查德·K.詹姆斯、伯尔·E.吉利兰：《危机干预策略》（第七版）

10. 中国法制出版社：《中华人民共和国精神卫生法》

11. 钱铭怡：《〈中国心理学会临床与咨询心理学工作伦理守则〉解读》

12. 克拉拉·E.希尔：《助人技术：探索、领悟、行动三阶段模式》（第3版）

参考文献

第二章

1. 单向前.数字赋能市域社会治理现代化:以芜湖市探索经验为例［J］.社会治理,2022（7）:5-10.

2. 燕继荣,张志原.市民诉求驱动的城市社区治理体系创新——以北京市F街道"接诉即办"实践为例［J］.中国行政管理,2022（10）:54-64.

3. 徐芳.多元主体参与视角下社会治理的困境与出路［J］.中共山西省委党校学报,2020,43（4）:49-53.

4. 卢春龙.新中国70年社会治理之回顾与新时代展望［J］.学习与探索,2019（10）:60-70.

5. 邱娜娜.聚焦"五力"完善基层社会治理体制机制［J］.机构与行政,2021（10）:19-20.

6. 张婷婷,赵美玲.社会治理现代化视域下社会矛盾预防化解的多维路径［J］.理论导刊,2021（12）:70-76.

7. 朱新韬.初步建成立体化智能化全方位的社会治安防控体系［N］.南宁日报,2022-12-14（1）.

8. 吴超.公共安全管理的若干基础理论［J］.安全,2021,42（4）:1-7+89.

9. 严佳,张海波.公共安全及其治理:理论内涵与制度实践［J］.南京社会科学,2022（12）:75-85.

10. 赵飞霞.加快推进社会心理服务体系建设［N］.绍兴日报,2020-07-30（6）.

11. 张文显.新时代中国社会治理的理论、制度和实践创新［J］.法商研究，2020，37（2）：3-17.

12. 卫思谕.提升社会心理服务效能［N］.中国社会科学报，2022-02-28（2）.

13. 何永刚，孙梦飞，刘继川，刘孝宇.商丘创新"智治"模式打造市域社会治理新坐标［N］.河南法制报，2022-11-30（2）.

14. 张祖棣.市域社会治理现代化的实现路径研究［D］.昆明：云南大学，2021.

15. 中央党校国家行政学院科研部.社会治理案例集［M］.北京：中共中央党校出版社，2022.

16. 何雪松.超大城市镇域社区治理研究［M］.上海：华东理工大学出版社，2022.

17. 黄晓春.特大城市社会治理：理论与实践［M］.北京：中国社会科学出版社，2022.

18. 李强，安超.中国基层社会治理［M］.北京：清华大学出版社，2023.

19. 彭宗峰.社区治理的历史嬗变：一种知识社会学考察［M］.北京：中国社会科学出版社，2022.

20. 田毅鹏.基层社会治理中的传统与现代：社会治理体系和治理能力现代化新论［M］.长春：吉林大学出版社，2022.

21. 原珂.城市社区治理理论与实践［M］.北京：中国建筑工业出版社，2020.

22. 俞可平.治理与善治［M］.北京：社会科学文献出版社，2000.

23. 张静.社会治理：组织、观念与方法［M］.北京：商务印书馆，2019.

24. 张志鹏，张伟.社区治理理论与实务［M］.南京：南京大学出版社，2022.

25. 王杰秀.构建中国特色儿童福利体系的基本路径［J］.浙江工商大学学报，2015（6）：107-111.

26. 于丽琴.家庭教育中心理虐待问题的研究［J］.东岳论丛，2007，28（6）：3.

27. 冯元.儿童心理虐待行为过程与社会工作干预策略——基于一个儿童受虐案例的分析［J］.浙江工商大学学报，2017，147（6）：10.

28. 李霈.辅导员应对心理障碍学生的案例剖析与启示［J］.长江工程职业技术学院学报，2017，34（1）：39-42.

29. 俞国良，谢天.社会转型：社会心理服务与社会心态培育［J］.河北学刊，2018，38（2）：175-177.

30. 杨丽.社会心理服务体系建设中的供需困境与对策［J］.领导科学论坛，2022（8）：54-58.

31. 舒曼.建立积极社会心理服务体系助力建设幸福江西［J］.老区建设，2022（19）：6-7.

32. 王丽莉，邰静怡，马文生.社会心理服务参与社会治理：价值、困境与进路［J］.行政科学论坛，2022，9（8）：28-33.

33. 王春玲.基层社会治理面临的困境及破解之策［J］.中共郑州市委党校学报，2022（2）：55-58.

34. 文军，刘雨航.面向不确定性：新发展阶段中国社会治理的困境及其应对［J］.地理科学，2022，42（3）：390-400.

35. 黄琴.浅析市域社会治理现代化智慧体系构建路径［J］.中共乐山市委党校学报，2022，24（5）：82-84.

36. 李店标.市域社会治理现代化的立法进路［J］.理论导刊，2022（6）：68-74.

37. 陈红军，朱宇轩.国家治理现代化进程中的社会治理体制创新［J］.经济研究导刊，2022（32）：137-139.

38. 焦沛然，陈天本.社会治安防控体系视角下心理防控研究［J］.山西警察学院学报，2022，30（3）：72-80.

39. 陈玲玲.镇化进程中贵州公共安全体系建设现状、困境与对策［J］.论与当代，2022（5）：33-37.

40. 张文显.新时代中国社会治理的理论、制度和实践创新［J］.法商研究，2020，37（2）：3-17.

41. 刘晓明，高率航.社会心理服务融入基层治理：价值、挑战与路径［J］.理论探讨，2022（6）：73-78.

42. 戴欢欢，陈荣卓.联动治理：市域社会治理的逻辑与路径［J］.社会科学家，2022（10）：91-97.

43. 王丽莉，邰静怡，马文生.社会心理服务参与社会治理：价值、困境与进路［J］.行政科学论坛，2022，9（8）：28-33.

44. 赵飞霞.加快推进社会心理服务体系建设［N］.绍兴日报，2020-07-30（6）.

45. 陈雅娟.新时代我国社会心理服务的实践研究［D］.赣州：江西理工大学，2020.

46. 苗苁 . 治理现代化视角下我国社会心理服务体系建设的路径创新［J］. 山东大学学报（哲学社会科学版），2021（6）：119-127.

47. 童星 . 中国社会治理［M］. 北京，中国人民大学出版社，2018.

第三章

1. Rothbaum F，Weisz J R . Child psychopathology and the quest for control［J］. 1989.

2. Baltes P B，Smith J. Toward a psychology of wisdom and its ontogenesis［M］. 1990.

3. 杰伊·海利 . 不寻常的治疗：艾瑞克森心理治疗技术［M］. 苏小波，译 . 太原：希望出版社，2011.

4. 阿尔弗雷德·阿德勒 . 自卑与超越［M］. 黄光国，译 . 北京：作家出版社，1986.

5. 阿尔弗雷德·阿德勒 . 儿童的人格形成及其培养（汉译世界教育名著丛书）［M］. 韦启昌，译 . 石家庄：河北人民出版社，2002.

6. 陆杰华，韦晓丹 . "全面两孩"政策下大龄二孩家庭亲子 / 同胞关系的调适机理探究［J］. 河北学刊，2017，37（6），204-209.

7. 李明 . 成人之美：明说叙事疗法［M］. 北京：中国人民大学出版社，2021.

8. 张琰 . 三种情绪表情的识别及其相互影响研究［J］. 苏州大学，2010.

9. 钱铭怡，Gerda Methorst. 合理情绪疗法：Ⅰ . 理论与方法［J］. 中国心理卫生杂志，1988（3）：5.

10. 陆明 . 合理情绪疗法的理论与实践［J］. 长春工业大学学报：社会科学版，2008，20（6）：3.

11. 王卫国 . 基于专业标准的幼儿教师情绪管理对策探析［J］. 教育探索，2015，（1）：4.

12. 徐凤姝 . 社会心理的认识与调控［M］. 北京：人民出版社，1989.

13. 黄培伦 . 组织行为学［M］. 广州：华南理工大学出版社，2001，248.

14. 樊富珉，张翔 . 人际冲突与冲突管理研究综述［J］. 中国矿业大学学报：社会科学版，2003（3）：82-91.

15. 韩玉果 . 冲突与冲突管理的研究综述［J］. 数字技术与应用，2008（11）：2.

16. 多恩·赫尔雷格尔，约翰·W. 斯洛克姆，理查德·W. 伍德曼 . 组织行为学（下）［M］. 俞文钊，丁彪，译 .9 版 . 上海：华东师范大学出版社，2001.

17. 郭念锋.国家职业资格培训教程——心理咨询师（基础知识）[M].北京：民族出版社，2005.

18. 程海云，朋玉环.心理健康标准的研究回顾与探新[J].赤峰学院学报：自然科学版，2012（23）：4.

19. 郭念锋.国家职业资格培训教程——心理咨询师（三级）[M].北京：民族出版社，2011.

20. 马喜亭，刘立新.大学生心理危机干预体系中的转介机制[J].教育与职业，2012（2）：2.

21. 中国人大网.中华人民共和国精神卫生法.（2018-06-12）.

22. Weiner I B. Psychological Disturbance in Adolescence，2nd Edition[J].1992.

23. Bateson G，Jackson D D，Haley J，et al. Toward a theory of schizophrenia[J]. Systems Research and Behavioral Science，1956，1（4）：251-264.

24. 汤普森·普劳特，道格拉斯·布朗.儿童青少年心理咨询与治疗：针对学校、家庭和心理咨询机构的理论及应用指南[M].林丹华，吴波，李一飞，等译.北京：中国轻工业出版社，2002.

25. 郭兰婷，邱晓兰，陈炜.儿童少年精神病学[M].北京：人民卫生出版社，2009.

26. 陶国泰，郑毅，宋维村.儿童少年精神医学[M].南京：江苏科学技术出版社，2008.

27. 戴维·R.谢弗.发展心理学：儿童与青少年[M].邹泓，等译.北京：中国轻工业出版社，2005.

28. A.卡尔.儿童和青少年临床心理学[M].上海：华东师范大学出版社，2005.

29. 钱铭怡.变态心理学[M].北京：北京大学出版社，2006.

30. 姜文学.恐怖和妄想性神经症案例分析[J].大众心理学，2014（11）：2.

31. 钱铭怡.变态心理学[M].北京：北京大学出版社，2006.

32. American Psychiatric Association. Diagnostic and Statistical Manual of Mental Disorders（DSM-V）[M].American Psychiatric Association，2013.

33. 中华医学会精神科分会.CCMD-3中国精神障碍分类与诊断标准[M].3版.济南：山东科学技术出版社，2001.

34. 法律出版社.中华人民共和国精神卫生法[J].司法业务文选，2012，16（37）：41-50.

35. 中国心理学会临床心理学注册工作委员会标准制定工作组.中国心理学会临床与咨询心理学工作伦理守则（第二版）[J].心理学报，2018，50（11）：1314-1322.

36. 伯尔·E.吉利兰，理查德·K.詹姆斯.危机干预策略［M］.北京：中国轻工业出版社，2000.

37. 芭芭拉·鲁宾·韦恩瑞伯.危机干预与创伤反应理论与实务［M］.北京：世界图书出版社，2003.

38. 段鑫星，程婧.大学生心理危机干预［M］.北京：科学出版社，2006.

39. 郭召良.认知行为疗法：123项实用技术［M］.北京：人民邮电出版社，2022.

40. 卡普兰.心理测验：原理，应用和问题［M］.北京：世界图书出版公司北京公司，2007.

41. 陈国鹏.心理测验的原理和应用［J］.诊断学理论与实践，2005（3）：261-265+276.

42. Robert E. Hales，Stuart C. Yudofsky，Glen O. Gabbard. 美国精神病学教科书［M］.张明园，肖泽萍，译.5版.北京：人民卫生出版社，2010.

43. 史蒂夫·德·沙泽尔.超越奇迹：焦点解决短期治疗［M］.重庆：重庆大学出版社，2011.

44. 钱铭怡.心理咨询与心理治疗［M］.北京：北京大学出版社，1994.

45. 克拉拉·E.希尔.助人技术：探索、领悟、行动三阶段模式［M］.胡博等，译.北京：中国人民大学出版社，2013.

46. 许维素.焦点解决短期心理治疗的应用［M］.北京：世界图书出版公司北京公司，2009.

47. Dennis Saleebey. 优势视角：社会工作实践的新模式［M］.上海：华东理工大学出版社，2004.

48. 萨提亚.萨提亚家庭治疗模式［M］.北京：世界图书出版公司北京公司，2007.

49. 西蒙.循环提问［M］.北京：商务印书馆，2013.

50. 劳国华.家庭系统疗法与个体疗法比较的视角［J］.校园心理，2016，（5）：336-338.

51. 国家及各地区国民经济和社会发展第十四个五年规划和2035年远景目标纲要［J］.中国信息界，2022（5）：110.

52. 张宇，高继祥.团体心理辅导和拓展训练的比较研究［J］.体育科技，2013，

34（1）：66-67+93.

53. 杨永芳.戒毒者团体心理辅导的必要性探讨［J］.鸡西大学学报，2010，10（2）：51-52.

54. 苏丹宁.团体心理辅导对青少年运动员意志品质的培育影响［J］.科技风，2020（12）：243.

55. 吴颖新.团体心理行为训练对高校贫困生人际交往障碍的积极作用分析［J］.校园心理，2011，（2）：122-123.

56. 孟姗.团体心理辅导在高校学生工作中的应用［J］.电子制作，2013（20）：127-127.

57. 牛琦丽.关于城轨交通行业内部心理健康促进专员应知应会基础技能的探索与思考［J］.企业文化（中旬刊），2019（10）：266.

58. 王米渠.中医心理学研究综述［J］.辽宁中医杂志，1987（2）：3.

59. 杨倩.中医心理治疗的主要方法及启示［D］.南京：南京师范大学，2006.

60. 周英会，方秀娜.生命教育国内外发展及研究综述［J］.鸡西大学学报，2014，14（12）：10-12.

61. 林崇德.发展心理学［M］.3版.北京：人民教育出版社，2018.

62. 王菲.积极心理学的研究综述［J］.课程教育研究：新教师教学，2014（12）：226.

63. 黄佳.教育的价值［J］.亚太教育，2016（7）：269.

64. 段建华.主观幸福感概述［J］.心理科学进展，1996（1）：46-51.

65. 沈晓梅.基于心理资本的大学生就业能力培养［J］.中国高教研究，2013（12）：90-93.

66. 牛瑾瑞.论学生的自我效能感及其培养［J］.跨世纪（学术版），2008（1）：37-38.

67. 孙俊华，汪霞.博士研究生心理压力状况、压力源及影响因素研究 —— 基于江苏五所高校的调查数据［J］.学位与研究生教育，2021（7）：50-58.

68. 路怡雪，康钊.积极心理学指导下的社会心理服务体系建设路径［J］.教育观察，2022，11（35）：3.

69. 郑雪.人格心理学［M］.2版.广州：暨南大学出版社，2017.

70. 许燕.人格心理学［M］.2版.北京：北京师范出版社，2023.

71. 李欣.医学心理学［J］.中国实用乡村医生杂志，2017（5）：21-26.

72. 钱铭怡.变态心理学［M］.北京：北京大学出版社，2006（5）：331-333.

73. 陈艳.不同压力管理策略对情绪的影响［D］.苏州：苏州大学，2017.

74. 周芮，闫洪丰，李康震.我国社会心理服务体系的基本构成探析［J］.残疾人研究，2019（4）：33-44.

75. 王道阳，姚本先.当代大学生压力源调查分析［J］.中国卫生事业管理，2012（6）.

76. 蔡翘.Selye 应激学说与生理应激［J］.生理科学进展，1963（1）：4-13.

77. 钱铭怡.心理咨询与心理治疗（重排本）［M］.北京：北京大学出版社，2016，8：147-149.

78. 戴艳，高翔，郑日昌.焦点解决短期治疗（SFBT）的理论述评［J］.心理科学，2004（6）：1442-1445.

79. 朱华，王茜."焦点解决短期心理咨询"技术在高校辅导员谈心工作中的应用［J］.科教导刊，2015（16）：162-163，170.

80. 刘涛，李业平.萨提亚模式教会高校辅导员如何深度辅导［J］.现代职业教育，2019（32）：22-23.

81. 朱华，王茜."焦点解决短期心理咨询"技术在高校辅导员谈心工作中的应用［J］.科教导刊，2015（16）：162-163，170.

第四章

1. 宋林飞，朱力.社会工作概论［M］.南京：南京大学出版社，2002.

2. 库少雄.论案主自决［J］.社会工作，2004（2）：25-28.

3. 张丽剑.社会工作的核心价值伦理［M］.北京：科学出版社，2018.

4. 王思斌.社会工作概论［M］.2 版.北京：高等教育出版社，2006.

5. 中国心理学会临床与咨询心理学工作伦理守则［J］.心理学报，2018，50（11）：1314-1322.

6. Carl Rogers. On Becoming a Person：A Therapist's View of Psychotherapy［M］. Mariner Books，1995.

7. 杰拉尔德·科里.咨商与心理治疗的理论与实务［M］.5 版.上海：扬智文化出版

社，1999：254.

8. Carl Rogers. On Being A Person Best［M］. New York：Houghton Mifflin Company，1968：3.

9. Kemp S，Whittaker J K，Tracy E M. Person-environment practice：the social ecology of interpersonal helping. New York：Aldine De Gruyter，1997.

10. Talcott Parsons. The social system［M］. London：Routledge，1991.

11. 童敏 . 从问题视角到问题解决视角 —— 社会工作优势视角再审视［J］. 厦门：厦门大学学报：哲学社会科学版，2013（6）：1-7.

12. Sheafor Bradford W，Horejsi Charles J. Techniques and Guidelines for Social Work Practice［M］. Boston，MA：Allyn and Bacon，2009.

13. 库少雄 . 社会工作实务［M］. 3 版 . 北京：中国人民大学出版社，2022：29.

14. Richmond. Social Diagnosis. New York：Russell Sage Foundation，1909.

15. 玛丽·里士满 . 个案社会工作导论［M］. 刘丹，译 . 上海：华东理工大学出版社，2018.

16. 朱眉华，文军 . 社会工作实务手册 . 北京：社会科学文献出版社，2006.

17. Ellis. Rational Emotive Behavior Therapy（REBT）［M］. Springer US，2000.

18. Ellis A. Reason and Emotion in Psychotherapy. New York：Lyle Stuart，1991.

19. Minuchin. Families and Family Therapy［M］. Boston：Harvard University Press，1974.

20. 库少雄 . 社会工作实务［M］. 3 版 . 北京：中国人民大学出版社，2022.

21. Gisela Konopka. Social Work with Croups［M］. New York：National Association of Social Welfare，1960.

22. 威廉·法利，拉里·史密斯，斯科特·W. 博伊尔 . 社会工作概论［M］. 隋玉杰，等译 . 北京：中国人民大学出版社，2010.

23. Ferdinand Tonnies. Gemeinschaft und Gesellschaft：Grund begriffe der reinen Soziologie［M］. Cambridge University Press，2001.

24. Larry Lyon. the community in Urban Society［M］. Chicago：the Dorsey Press，1987.

25. 费孝通，乡土中国［M］. 北京：北京大学出版社，2012.

26. 朱眉华 . 社会工作实务（上）［M］. 上海：上海社会科学院出版社，2003.

27. Elizabeth Agnew. From Charity to Social Work：Mary E. Richmond and the Creation

of an American Profession. Champaign：University of Illinois press，2003.

28. 李莉，李金红.社会工作导论［M］.北京：中国人民大学出版社，2014.

29. Erikson E H. Childhood and society［M］. New York：WW Norton & Company，1994.

30. 全国社会工作者职业水平考试教材编写组.社会工作综合实务（中级）［M］.北京：中国社会出版社，2019.

31. 王思斌.社会工作导论［M］.北京：北京大学出版社，2011.

32. 李莉，李金红.社会工作导论［M］.北京：中国人民大学出版社，2014.

33. 王思斌.社会工作导论［M］.北京：北京大学出版社，2011.

34. 李晓凤.社会工作——原理·方法·实务［M］.武汉：武汉大学出版社，2008.

35. Richmond M. Social diagnosis［M］. New York：Russell Sage Foundation，1917.

36. 江涛.社会工作基础与实务［M］.北京：中国社会出版社，2016.

37. 闫洪丰.社会心理服务体系解析［M］.北京：科学出版社，2021.

38. 全国社会工作者职业水平考试教材编写组.社会工作综合实务（中级）［M］.北京：中国社会出版社，2018.

39. 钱熠，郑希羚.以"三社联动"助力社会心理服务体系建设［J］.中国民政，2022（6）：60.

40. 王思斌.社会工作导论［M］.北京：北京大学出版社，2021.

41. 闫洪丰.社会心理服务体系解析［M］.北京：科学出版社，2021.

42. 杜景珍.个案社会工作：理论·实务［M］.北京：知识产权出版社，2007.

43. 全国社会工作者职业水平考试教材编写组.社会工作综合实务（中级）［M］.北京：中国社会出版社，2018.

44. 郭召良.认知与行为疗法入门［M］.北京：人民邮电出版社，2020.

45. 钟代玲，叶存春.认知行为疗法联合沙盘游戏在心理咨询中的实例应用［J］.心理月刊，2023，18（1）：196-198.

46. 木子.社会心理服务体系建设与专业社会工作发展的思考［J］.中国社会工作，2018（19）：29-30.

47. 杜布森.认知行为治疗手册［M］.李占江，译.北京：人民卫生出版社，2015.

48. 傅宏.咨询心理学高级教程［M］.合肥：安徽人民出版社，2008.

49. 李婕.社区医务人员心理压力的社会工作干预研究［D］.西安：西北大学，2022.

50. 苗春刚.弱势群体权益保护理念与制度的嬗变研究［M］.北京：对外经济贸易大学出版社，2015.

51. 李莉，李金红.社会工作导论［M］.北京：中国人民大学出版社，2014.

52. 王思斌.社会工作概论［M］.3版.北京：高等教育出版社，2014.

53. 朱眉华，文军.社会工作实务手册［M］.北京：社会科学文献出版社，2006.

54. 王勇.弱势群体理论视域下留守儿童的权利保护［D］.苏州：苏州大学，2015.

55. 李占华.弱势群体权利保护的宪政关怀［J］.人大研究，2003（12）：22-25.

56. 祝奎.青少年社会工作实务中案主自决原则运用的伦理困境及其对策研究［D］.南昌：南昌大学，2022.

57. 颜时姣.基于社会资源理论大学生健康状况及影响因素研究［D］.武汉：华中科技大学，2019.

58. 苏力.弱势群体保护与法律面前人人平等——从孕妇李丽云死亡事件切入［J］.北京大学学报（哲学社会科学版），2008（6）：5-11.

59. 胡玉鸿."弱势群体"之类型：一项法社会学的考察［J］.江苏行政学院学报，2008（3）：92-98.

60. 宫敏燕.论弱势群体的保护［J］.广西社会科学，2008（6）：204-206.

61. 方世南，等.马克思恩格斯弱势群体权益保护思想［M］.上海：上海三联书店，2012.

62. 徐永祥.社区工作［M］.北京：高等教育出版社，2004.

63. 苏凤杰.儿童友好家园工作指南［M］.北京：北京师范大学出版社，2011.

64. 房列曙，陈恩虎，柴文杰.社区工作［M］.合肥：合肥工业大学出版社，2005.

65. 魏雨嫣.社区社会工作的资源链接与整合研究［D］.南京：南京师范大学，2017.

66. 费梅苹.社区青少年社会工作方法与技巧研究［M］.上海：华东理工大学，2006.

67. 钟舒婷.资源链接：社会工作在JD社区文化建设中的作用研究［D］.南昌：江西师范大学，2019.

68. 黄丽群.农村贫困孤寡老人养老保障个案服务中资源链接问题研究［D］.吉安：井冈山大学，2021.

69. 童志鹏.农村留守儿童社会工作服务资源链接研究［D］.吉安：井冈山大学，2021.

70. 段紫薇.H高校老龄教师居家养老服务供需错位及社会工作者资源链接［D］.哈

尔滨：哈尔滨工业大学，2021.

71. 张绍波，付伟，郭志博，肖遥.东北老工业基地社会心理服务体系构建中存在的问题及对策［J］.理论观察，2021（2）：103-105.

72. 徐爱兵.高校心理咨询师自我照顾策略的质性研究［J］.中国多媒体与网络教学学报（上旬刊），2019（8）：222-223.

73. 张天罡，刘本帅.浅谈救援人员的心理自我照顾［J］.中国应急救援，2020（5）：48-51.

74. 刘雪.社会工作者自我照顾研究［D］.湘潭：湘潭大学，2021.

75. 徐爱兵.照顾别人先照顾自己——基于扎根理论的高校心理咨询师自我照顾实证研究［J］.兵团教育学院学报，2022，32（3）：34-41.

76. 张彩云.中医心理护理在妇科优质护理服务中的作用［J］.内蒙古中医药，2013，32（25）：97.

77. 林桂永，梁娟娟，卢永红，李玉梅，盘秀姣.中医心理治疗与护理技术在老人临终关怀中的运用［J］.医学理论与实践，2013，26（4）：454-456.

78. 曾燕，王建军，文丽珍，等.卒中后抑郁患者中医心理护理方法探讨［C］//2012年中医神志病重点专科建设与发展、临床诊疗标准化及专业教材建设研讨会，2012：180-183.

79. 王若维，张玉芳，郭英慧.中医心理护理的发展现状及对策［J］.辽宁中医杂志，2010，37（6）：1149-1150.

第五章

1. 罗竹风.汉语大词典［M］.上海：汉语大词典出版社，1986.

2. 中国心理学会临床与咨询心理学工作伦理守则［J］.心理学报，2018，50（11）：1314-1322.

3. 中国心理学会临床心理学注册工作委员会.社会心理服务工作伦理规范［J］.心理学通讯.

4. Janine M. Bernard，Rodney K. Goodyear.临床心理督导纲要［M］.北京：中国轻工业出版社，2005.